세상의 도시
CITIES OF THE WORLD

세상의 도시
CITIES OF THE WORLD

인간의 꿈과 탐욕이 만들어낸 위대한 유산

피터 윗필드 | 김지현 옮김

황소자리

Cities of the World by Peter Whitfield
Copyright ⓒ 2005 in original English edition, Peter Whitfield
Copyright ⓒ 2010 in first Korean edition, Taurus Books

Korean translation copyright ⓒ 2010 by Taurus Books
All rights reserved.
This translation is published by arrangement with The British Libabrary Board, UK
through Yu Ri Jang Literary Agency, Korea.

이 책의 한국어판 저작권은 유리장 에이전시를 통해
저작권자와 독점 계약한 황소자리에 있습니다.
신 저작권법에 의해 한국 내에서 보호를 받는 저작물이므로
무단 전재와 무단 복제를 금합니다.

차례 Contents

- 008 머리말
- 009 서문: 역사 속의 도시

- 032 테오티우아칸 Teotihuacan: 사라진 도시

- 034 알렉산드리아 Alexandria
- 038 암스테르담 Amsterdam
- 040 아테네 Athens
- 042 배스 Bath
- 046 베이징 Beijing
- 048 베를린 Berlin
- 051 베른과 취리히 Bern and Zurich
- 054 보스턴 Boston
- 058 브리스틀 Bristol
- 062 칼레 Calais
- 064 케임브리지 Cambridge
- 066 케이프타운 Cape Town
- 068 시카고 Chicago
- 072 쾰른 Cologne
- 074 콘스탄티노플 Constantinople
- 078 쿠스코 Cuzco
- 080 델리 Delhi
- 084 더럼 Durham
- 086 에든버러 Edinburgh
- 088 피렌체 Florence
- 090 고아 Goa
- 092 헬싱괴르 Helsingor
- 094 이스파한 Isfahan
- 096 예루살렘 Jerusalem
- 100 카를스루에 Karlsruhe
- 102 라사 Lhasa
- 104 리스본 Lisbon
- 108 리버풀 Liverpool
- 110 런던 London
- 116 룩셈부르크 Luxembourg
- 118 맨체스터 Manchester
- 120 만토바 Mantua
- 122 마르세유 Marseille
- 124 멕시코시티 Mexio City
- 128 모스크바와 상트페테르부르크(레닌그라드) Moscow and St Peterburg(Leningrad)
- 134 나가사키 Nagasaki
- 136 나폴리 Naples
- 140 뉴욕 New York
- 144 옥스퍼드 Oxford
- 146 팔마노바 Palmanova
- 148 파리 Paris
- 154 필라델피아 Philadelphia
- 156 퀘벡과 뉴올리언스 Quebec and New Orleans
- 160 리우데자네이루와 브라질리아 Rio de Janeiro and Brasilia
- 164 로마 Rome
- 170 사이공(호치민시티) Saigon(Ho Chi Minh City)
- 172 세인트앤드루스 St. Andrews
- 176 솔트레이크시티 Salt Lake City
- 178 잘츠부르크 Salzburg
- 180 샌프란시스코 San Francisco
- 182 산토도밍고 Santo Domingo
- 184 서배너 Savannah
- 186 세비야 Seville
- 188 스톡홀름 Stockholm
- 192 시드니 Sydney
- 194 탕헤르 Tangier
- 196 베네치아 Venice
- 200 빈 Vienna
- 204 워싱턴 Washington
- 208 뷔르츠부르크 Würzburg

- 210 아질리아와 태양의 도시 Azilia and the City of the Sun: 건설하지 못한 꿈의 도시

- 212 참고문헌
- 213 색인

캐나다　　　　　퀘벡 •

　　　　　　시카고　　　• 보스턴
• 솔트레이크시티　　필라델피아 • 뉴욕
• 샌프란시스코　　　워싱턴 •
　　　　미국
　　　　　　　　　▲ 서배너
　　　　뉴올리언스 •　아질리아

　　　멕시코
　　　　　　　　　　　　　도미니카 공화국
멕시코시티 • ▲ 테오티우아칸
　　　　　　　　　• 산토도밍고

탕헤르 •
모로코

　　　페루　　　브라질
　　　• 쿠스코
　　　　　　　• 브라질리아

　　　　　　　• 리우데자네이루

머리말 Preface

"내 꿈의 내용이 얼마나 단조롭고 지루해졌는지 말하기 부끄러울 정도다. 낭만적인 데라고는 하나도 없고 심지어 목가적인 데도 없다. 꿈에 내가 한 번도 가보지 못했고 직접 보리라고는 생각조차 할 수 없는 도시의 건축과 건물에 관한 것만 나온다. 해가 뜬 후부터 질 때까지 로마, 암스테르담, 파리, 리스본을 돌아다니면서 교회, 궁전, 광장, 시장, 상점, 교외지역, 유적지를 보고 이루 말할 수 없는 기쁨을 느낀다. 각각의 여정이 지도처럼 기억나고, 낮의 햇빛 속에서 분명하게 드러나는 모습이 마치 깨어서 정말 그곳에 있는 것만 같다."

– 찰스 램Charles Lamb
《마녀와 그 외 밤의 공포Witches and Other Night Fears》(1823) 중에서

이 책을 쓰면서 나는 찰스 램과 마찬가지로 상상 속에서 수많은 도시를 찾아갔다. 이 책은 여행서가 아니라 수많은 유명 도시의 형태와 그 정신을 역사적으로 조망한 책이다. 도시의 형태는 책에 실린 훌륭한 지도를 통해 한눈에 볼 수 있다. 지도에는 도시의 역사와 혼이 담겨 있다. 고대 항구와 산꼭대기 요새, 강의 만곡부, 도시를 둘러싼 성벽이 그려져 있고, 여러 세기를 거치며 하나씩 더해진 주택, 교회, 궁전도 있다.

이런 역사적인 지도 대부분은 근대의 실용적인 도시 평면도에서 찾아보기 어려운 회화적 특질을 지니고 있다. 중요한 건물을 입체적으로 표현한 지도는 파노라마 구도를 따른 일반 회화 형태로 도시 구조를 강렬하게 담아내었다. 팔다Falda의 로마 지도, 메리안Merian의 파리 지도, 비셔Visscher의 런던 지도, 리비어Revere의 보스턴 지도는 근대 도로 지도와 달리 전지적 조망으로 도시를 그려내고 있다. 이런 그림지도를 보면 과학의 시대에 위세를 떨치는 축적도에 밀려나기 이전까지 르네상스 풍의 투시도가 오랫동안 그려졌던 이유를 쉽게 짐작할 수 있다.

도시의 형태는 지정학적 환경과 그 안의 건축물로 결정된다. 하지만 도시의 정신은 어디에서 오는 것일까? 분명 시민들과 거리에서 일어난 역사적 사건으로 인해 생겨날 것이다. 이런 지세와 역사적 사건들은 도시의 대기에 은연중 스며들어 개별 도시인들의 관점을 형성해준다. 헨리 제임스는 로마에 대해 "이곳 거리에 굴러다니는 돌과 태양의 파편에 역사가 어려 있다."라고 쓰기도 했다.

과거 업적의 강렬함과 영향력을 고스란히 전해준다는 면에서 도시는 거대한 극장과도 같다. 옥스퍼드와 리우데자네이루가 다르고, 보스턴과 라사가 다르다. 그래서 다른 도시를 찾아갈 때마다 우리는 다른 사람이 된다. 도시마다 다른 정서를 경험하면서 그 안에 들어선 우리의 사유도 달라진다. 우리는 도시의 거울이 되는 것이다. 바로 이런 점 때문에 우리는 세계의 대도시를 사랑할 수밖에 없다.

이 책에서 소개하는 64개 도시를 선택하는 데는 아름답고 훌륭하게 묘사된 그림지도의 유무가 전제조건이기는 했으되, 앞서 이야기한 도시 정신을 잘 드러내고 있는지의 여부가 제일 중요한 요인으로 작용했다. 외형의 개성과 더불어 내면적인 개성을 중시해 선택했다는 의미이다. 그래서 도시의 개성과 특질을 기록하고 설명하려 심혈을 기울였다. 이 책은 도시의 탄생과 문명의 발달이 어떻게 연관되었는지를 밝히고 사상과 기술, 예술, 과학 그리고 종교의 중심지로 자리잡게 된 배경을 보여준다. 어떤 도시는 그 발달 과정에서 전혀 계획되지 않은 우연한 아름다움을 지니게 되었고, 또 다른 도시는 한 대가의 의지로 형태를 잡거나 재건되었다.

도시 역사가들은 오랫동안 위대한 도시의 정석 혹은 비결을 찾기 위해 노력했지만 성공하지 못했다. 이 책 역시 마찬가지이다. 다만 분명한 사실 하나는 도시의 정신적 안녕은 그 물리적 형태와 연계되어 있다는 점이다. 거리의 질서정연한 아름다움은 사회 통합과 개인의 평화를 고취시킬 것이다. 이것이 이상적인 도시의 모습이다. 과거의 도시에서는 종종 구현되기도 했던 이런 이상이 현재 우리에게는 이룰 수 없는 일이 되었다는 사실은 불명예인 동시에 한 번 도전해볼 만한 과제를 남겨주기도 하다. 도시의 역사를 다룬 여타의 책과 마찬가지로, 이 책 역시 인류가 자신들을 위해 만들어낸 도시환경을 더욱 풍요롭게 하고 더욱 문명화시키는 동시에 잘 통제하는 일이 과연 가능한가 하는 질문을 토대로 하여 씌어졌다.

서문: 역사 속의 도시

대부분의 사람들에게 도시란 우리 삶의 형태를 정하는 동시에 그 삶을 담아주는 그릇이다. 역사적으로 모든 사상과 에너지의 중심에는 도시가 있어서 문명화를 이끌었다. 자연이 인류를 태동시킨 환경이라면 도시는 인류가 만들어낸 환경이다. 인류의 상호작용을 나눈 활동 무대인 것이다. 인간과 도시의 파란만장한 관계, 특히 지난 2세기 동안의 그 요란한 관계 속에서 인류는 근원적인 문제에 직면했다. 인간은 스스로의 운명을 통제할 수 있는가 아니면 인간이 작동시킨 비인격적인 힘에 굴복해야만 하는가?

인간이 만들어낸 힘은 사회, 경제, 기술적 동력을 의미하고 '도시'라는 단어는 '문명' 또는 '문명화'라는 단어와 직결된다. 우리는 이런 연결고리에 대해 끊임없이 탐구하고, 그 관계를 재건하여 유지시켜야 한다. 도시는 인간 그 자체이기 때문이다. 위엄 있는 도시, 불결한 도시, 친밀한 도시, 비인간적인 도시, 창의적인 도시, 암적인 도시. 이 모든 이미지가 부도덕하고 부족한 인간을 투영한다.

인간의 문화가 정립되던 초기, 인류의 이동과 정착은 부족생활의 주기를 지정하는 두 개의 축이었다. 안정성과 유동성 사이에는 끊임없는 긴장관계가 조성되었다. 이동의 동기는 먹을거리를 찾는 데 있었다. 사냥과 채집활동으로는 1평방마일 당 여섯 명 정도밖에 먹일 수 없었다. 정착생활과 문명화는 상당한 양의 먹을거리를 지속적으로 공급할 수 있는가에 달린 셈이었다. 생물학적 생존 이상의 진보를 이루기 위해서는 잉여의 음식과 저장 수단이 필요했다. 여분의 식량이 있어야만 식량생산 이외의 다른 활동이 가능해지고 건설업자, 장인, 성직자, 입법자, 군인 그리고 지적 영역을 탐험할 이들이 생겨날 수 있었다.

비판, 발명, 계획, 사고가 가능한 유한계급의 존재는 우리가 '문명화'라고 부르는 도시 문화의 이정표라고 해도 좋을 것이다. 분명한 것은 이런 다양한 활동이 결합되면서 일상생활 전반을 보다 풍요롭게, 그리고 이전보다 훨씬 더 복잡하게 만들었다는 사실이다. 그러면서 도시는 영혼을 얻었다.

약 1만 년 전 고대 근동지역에 농경문화 즉 작물 경작과 가축 사육이 이루어지면서 잉여식량이 발생하게 되었다. 이로 인해 유목생활을 하던 인류는 정착해 거주지, 제단 그리고 마을을 만들어냈다. 하지만 이런 요소들이 서로에게 어떻게 영향을 미쳐 도시가 되거나 못 되는지, 그 원인과 방법에 대해서는 밝혀진 바가 없다. 메소포타미아, 이집트, 인더스 계곡, 중국, 멕시코-중미 일대의 메소아메리카 지역에서는 기원전 2000년경에 이미 도시가 존재했다. 반면 유럽, 아프리카, 북미 그리고 대부분의 아시아 지역에서는 촌락의 형태가 지속되었다.

정착의 형태가 변화한 가장 큰 원인은 분명 정치적인 것이었다. 일단의 왕족에게 권력이 집중되면 그 권력자들은 지역공동체의 에너지를 관리하여 중앙집권화를 이뤄낼 수 있었다. 초기 도시 역사에서 실로 중요한 의미를 지닌 왕정은 이후 몇천 년 동안 그 명맥을 유지했다. 뛰어난 기술과 훌륭한 도구를 지닌 사냥꾼은 다른 이를 지배하는 일에 관심을 두게 된다. 그리하여 그가 왕이 되고, 군사령관이 되고, 법관이 되는 것이다. 그의 손에 모든 중요한 잉여물 처리가 위임되고, 공공건물을 건설할 수 있는 권력이 주어진다. 그러면 성벽을 세우고, 궁전과 신전을 세우게 되는 것이다. 대략 5,000년 전 메소포타미아와 이집트에 세계 최초의 도시를 건설할 수 있었던 것은 일종의 기계장치를 이용했기에 가능했다. 바로 수천 명의 인간이 부품이 되어 한 가지의 공동목표 아래 일사분란하게 움직이는 인간 기계가 있었던 것이다.

도시는 창의력이 분출되는 과정에서 생겨난다. 수레, 쟁기, 직조기, 범선, 수학, 달력, 야금술, 화폐제도, 문필업, 기록문학, 법전 같은 것이 그 과정에서 태어나는 것이다. 정치력과 기술력이 하나로 응축되어 집중화로 이어지고, 집중화는 더 많은 사람과 에너지를 도시로 끌어당기는 결과를 낳는다. 마치 자석처럼 모든 것을 끌어당긴 도시는 더 나은 혁신을 위한 환경

메소포타미아는 도시의 발상지이며 동시에 최초의 도시 그림을 전해준 정보원이기도 하다. 이 그림에서는 성벽으로 둘러싸인 도시에 왕이 앉아 있는 반면, 미천한 백성들은 가업에 힘쓰는 모습을 볼 수 있다. 레이어드Layard의 《니네베의 유적Monuments of Nineveh》(1849) 중에서. 대영도서관The British Library. Cup 648.c.1, Pl.77

을 조성한다. 그러면 점점 더 많은 사람들이 부와 지위, 학문, 권력을 찾아 도시로 모여든다. 도시의 구조는 점점 복잡해지고, 이 구조를 통제하기 위해 정치권력과 법적 권위가 발달하며 그 모든 힘이 지배자와 입법자의 손에 들어간다. 하지만 촌락이 배타적이고 구속적인 반면 도시는 개방적이고 유동적이다.

도시의 기원은 저술업의 기원과 맥을 같이 한다. 기록, 법률, 달력, 계약의 필요성이 총체적으로 공유되는 집단기억을 낳게 되고 이는 역사를 기록하는 출발점이 된다. 행정부, 입법부, 세관, 군부가 생겨난다는 것은 곧 도시의 탄생을 의미한다. 또한 도시는 사상의 보고로 신전, 학교, 학술원, 도서관, 천문대 등에서 일하는 전문가 지식인들을 후원한다.

극단적인 노동 분화는 도시의 특징이다. 이는 인류 자기변환의 동인이 되기도 한다. 역사적으로 사상의 근원이자 지성적 진보의 시발점이 된 곳은 시골이 아니라 도시였다.

그렇다면 최초의 도시는 어디일까? 최근에 발견된 바로는 기원전 8000년경이나 그 이전에 정착이 이루어졌던 여리고Jericho와 카탈후유크Catal Huyuk가 지목되고 있다. 그리고 모래 아래 파묻혀 있는 (이와 비슷한) 도시가 더 있을 수도 있다. 아나톨리아Anatolia의 카탈후유크는 대략 6,000명 정도의 인구가 진흙벽돌 집을 짓고 살았던 걸로 추정된다. 반면 여리고는 규모가 훨씬 작았다. 그리고 양쪽 모두 정치나 계급구조가 태동하지는 않았던 걸로 보인다. 하지만 제례의식을 거행하던 제단이 카탈후유크에서 발견되었다. 또한 금속 세공 및 직물 직조의 흔적과 함께 최초의 도시를 묘사한 훌륭한 벽화도 발견되었다. 이 프레스코화에서는 계단식 건물이 모여 있는, 카탈후유크로 추정되는 도시와 그 뒤의 활화산을 파노라마 기법으로 표현하고 있다. 카탈후유크가 도시계획 아래 만들어진 도시라고 생각하기는 어렵다. 각 건물은 서로 인접해서 미로와 같은 무리를 이루고 있다. 공공 공간 및 공공 건축물과 같은 도시계획의 주요 요소가 빠져 있기도 하다. 이것은 고대 여리고도 마찬가지다.

반면 그로부터 3,000~4,000년이 흐른 뒤 생겨난 메소포타미아의 왕조 도시들은 매우 다른 규모를 자랑한다. 우르Ur의 도시는 10만 명의 인구에 신전과 궁을 보유하고 있었다. 계층화된 사회구조와 성문법이 존재했고, 신이 우주의 질서를 유지하듯 왕이 이 땅의 질서를 유지해야 한다는 신념체계도 있었던 것으로 추정된다. 그때 도시는 국가의 형태를 띤 자족 공동체를 형성하고 있었다. 촌락에서 도시로의 변화는 크기나 규모만이 아니라 그 목적과 사회구조가 달라진다는 것을 의미한다. 기념비적 건축물들이 계획적으로 세워져 백성과 적국을 위압하고 통치자의 신성한 권위를 선언했다. 신전과 지구라트ziggurats(고대 바빌로니아·아시리아의 피라미드형 사원.—역주)는 인간의 상상력과 기술력을 완전히 새로운 방식으로 구현해낸 것으로 촌락이나 전통예술 분야에서는 전례를 찾아볼 수 없는 것이었다.

하지만 한 도시의 부와 권력은 다른 도시국가의 침략 목표가 될 수밖에 없었다. 후대에 플라톤은 이렇게 기술했다. "사실상 모든 도시는 늘 다른 도시와 전쟁을 치르고 있다." 문명의 원동력이자 그 문명을 담아내는 그릇이었던 도시는 처음부터 다른 도시와 문명을 파괴하는 일에 전념하고 있었다. 그리하여 황폐화된 도시를 애도하는 비가가 고대 문학의 주류를 이뤘다.

서문: 역사 속의 도시

고대 도시는 모두 잠재적으로 다른 도시와 전쟁 중이라 할 수 있었다. 아시리아 군대가 경쟁 도시를 포위공격하고 있는 그림이다. 레이어드Layard의 《니네베의 유적Monuments of Nineveh》(1849) 중에서.
대영도서관The British Library, Cup 648.C.1, pl.66

19세기 화가의 상상력으로 복원된 님루드Nimrud의 도시. 님루드는 아시리아의 수도였던 니네베의 전신이다.
대영도서관The British Library, Cup 648.C.2, pl.

메소포타미아 지역에서 일군의 도시국가들이 생겨났다가 교전을 통해 통합되고, 그 결과 단일 지역에 기반을 둔 제국이 탄생했다. 수메르, 아카드가 그랬고 이후 바빌론과 아시리아도 이런 과정을 거쳐 생겨났다.

이론상으로는 도시에서 강한 영향력을 가진 것은 질서여야 한다. 하지만 과거에도 그랬고 현재도 그렇듯이 투쟁과 경쟁으로 점철되는 것이 도시생활이다. 법정에서, 시장에서, 사업에서, 정치에서, 사교생활에서, 거리에서 치열한 삶이 이어진다. 이런 도시들은 상당수 노예들의 노동에 의존했다. 그래서 도시생활 특유의 두려움·대립·스트레스가 생겨나고, 도시와 시골을 가르는 이분법적 사고가 태동했으며, 도시 이전을 순수의 시대라든지 황금기라 부르는 사람들이 늘어갔다.

이런 고대 도시를 한눈에 보여주는 청사진은 없다. 하지만 도시의 상징 중 가장 흥미로운 것으로 이집트의 상형문자가 있다. 원 안에 십자가를 그려넣은 기호로 도로, 사람, 상인들이 성벽으로 둘러싸인 곳의 중심지에서 만난다는 의미를 나타냈다. 시장, 왕궁,

도시를 의미하는 이집트의 히에로글리프hieroglyph(상형문자)는 성벽에 둘러싸인 네거리를 표현한 것이다. L. 베네볼로Benevolo의 《세계 도시사The History of the City》(1980) 중에서.
대영도서관The British Library. L.42/777

제단 등은 일반인들이 사는 주거지와 더불어 도시의 핵심적인 특징이다. 이집트에서 조금 독특한 점은 파라오마다 자신의 수도를 새로 정했다는 사실이다. 수도에 자신의 무덤을 세웠으므로, 수천 명의 일꾼들이 여러 해 동안 왕의 무덤 즉 피라미드를 세우기 위해 일했다.

개별 도시들은 메소포타미아에서 메소아메리카 지역에 이르는 다양한 문화권에서 탄생했다. 하지만 이들 도시의 발생에 필연적 이유는 없다. 다른 문화권은 도시 이전의 주거 형태를 한참 더 유지하기도 했던 것이다. 도시라는 개념이 수레와 같은 탈것이나 선박의 개념처럼 사람들에 의해 보급되거나 전파되었을 가능성은 없어 보인다. 그럼에도 불구하고 몇몇 역사학자들은 중앙아메리카 문화의 도시화와 같은 특질은 고대 근동지역 사람들이 해상으로 이주하면서 전파했을 것이라고 주장하기도 한다.

일부 고대 문화에서 도시는 강력한 상징이 되기도 했다. 인류 문명 최고의 성과인 동시에 신의 은총이 곁들여진 '아주 특별한' 업적으로 간주하는 것이다. 따라서 신의 가호가 없다면 언제라도 타락하고 멸망할 수 있는 것이 도시라고 보았다. 마르둑Marduk은 바빌로니아를 관장했고, 아테나는 아테네를, 야훼는 예루살렘을 맡아 보살피고 있었다. 평화와 법치, 선한 행정, 공동생활은 도시 삶의 이상이다. 하지만 유대교의 경우에는 이런 이상 실현에 실패하면서 신이 정한 적기가 되면 도시가 재건되어 새롭게 정화될 것이라는 비전을 갖게 되었다. 결국 새 예루살렘에 관한 꿈은 그리스도교 사상에 결정적인 영향력을 미치게 되었다.

• • •

"집이 모이면 마을이 된다. 하지만 도시를 만드는 건 시민들이다." 몇 세기 후 그리스인들은 이집트와 메소포타미아인들이 수천 년 동안 인간과 자연에 관해 알아낸 것보다 훨씬 더 많은 사실을 알아냈고, 사회생활의 형태에 있어서도 급진적인 혁신을 일궈냈다. 그리스 폴리스polis(도시국가)의 핵심적인 특징은 그 시민들에 있었다. 그들은 민주적 발언권을 갖고 있었으며 공중목욕탕이나 아고라, 극장과 같은 도시 공공장소에서 오락을 즐겼다. 특히 극장은 공론장 역할을 수행하며 사상과 오락의 발전에 중요한 기여를 하게 되는데, 이전의 이집트나 메소포타미아에서는 찾아볼 수 없는 것이었다.

아리스토텔레스는 그리스 폴리스의 삶을 "고결한 목적을 위한 공동생활"이라고 정의했다. 폴리스는 하나의 사상이자 사람들이 추구하는 이상향이었다. 이제 사람들의 머릿속에는 이상적인 도시라는 개념이 자리잡았고 그에 대해 격정적인 논쟁을 벌이는 데까지 나아갔다. 물리적인 의미나 건축학적 의미에서가 아니라 법률과 사회 구성이라는 면에서 완벽한 도시를 찾기 시작한 것이다. 사람들은 흔히 고대 아테네를 이상적인 황금시대를 일궈낸 도시라고 생각하지만 사실은 아크로폴리스 아래 자리잡은 혼잡하고 불결하며 남다른 특징이 없는 장소에 불과했다. 기원전 300년경의 한 작가는 다음과 같이 기록했다.

경작지 사이를 지나 아테네로 가는 길은 쾌적했다. 하지만 도시 자체는 급수 부족으로 메말라 있었다. 비참한 상태의 샛길에 초라한 집들이 들어서 있었다. 그중에 가끔씩 괜찮은 주택이 있기도 했다. 처음 방문한 사람이라면 그토록 명성이 자자한 아테네가 바로 그곳이란 사실을 좀처럼 믿을 수 없을 것이다.

아테네는 아크로폴리스가 아니었다. 아크로폴리스는 별도로 떨어져 있는 공간으로 도시 수호신의 신전이었다. 도시 예술가들의 재능과 사람들의 열성은 모두 그곳에 쏟아부어졌다. 그리스의 고대 국가, 폴리스의 한계는 사회적 배타성에 있었다. 외국인, 여성, 노예에게는 공민권이 완전히 차단되었던 것이다.

그리스인들이 도시생활에 대해 생각했던 것 중 핵심이 되는 개념은 도시란 운영하기 쉬운 수준의 크기를 유지해야 한다는 것이었다. 이런 개념으로 인해 그리스인들에게는 식민지 개척자의 역할이 떠맡겨졌다. 도시 인구가 최적 수준을 넘어 팽창하면, 일군의 시민들이 새로운 도시 건설을 위해 길을 떠났다. 새로운 도시는 그리스뿐 아니라 지중해 연안에 있는 지역까지 확대되었다. 이 과정에서 쉽게 복제할 수 있는 일정한 규격의 도시계획이 필요해졌다. 직각을 이루는 교차로에 기하학적 구조물을 세우는 것은 여러 면에서 자연스럽게 성장한 지역공동체와는 차별되었다. 비잔티움, 마르세유, 카르타고, 시라쿠사, 트레비존드 등 수백 개의 도시가 그리스 이민단에 의해 비슷한 방식으로 건설되었다. 알렉산더 대왕도 이런 전통에 따라 근동지역 곳곳에 도시를 설계했던 것이었다.

이런 헬레니즘 시대의 후기 도시들은 전통 폴리스와는 사뭇 달랐다. 새로운 정치 체제로 접어들면서 도시는 통치 왕조의 권력이 전시되는 곳으로 변모하고 온갖 기념비적 건물과 넓은 가로수길이 등장했다. 이후 도시계획에서는 이런 패턴이 반복적으로 이어졌다. 알렉산드리아는 정치적 위엄과 건축학적 웅장함을 드러내기 위한 세심한 계획에 의해 건설되어 아테네와는 전혀 다른 도시가 되었다.

도시 건설에 관한 그리스의 유업은 로마로 이어졌다. 하지만 로마의 경우 하나의 도시가 전세계를 지배하는 제국이 되고, 그 권력을 팽창시키는 방법으로 새 도시를 건설하는 독특한 발달 과정을 거치게 된다. 마치 로마 문화 전파의 씨를 심어나가듯 유럽과 지중해 연안 곳곳에 도시를 건설했던 것이다. 알프스 북쪽 전원지역에 도시를 세운 것도 로마인들이었다. 그곳은 이전에는 아무도 살지 않던 무인지대였다. 이런 로마의 도시는 문명의 중심지가 되었을 뿐 아니라 군사적, 관료적 통제의 도구가 되기도 했다. 획일적인 목표로 도시를 건설했다는 점은 로마 식민 도시의 전형적인 기본계획에 잘 나타나 있다. 도시를 방어하기 위한 성벽 안에 직사각형의 도시를 세우고 성문에서 안쪽으로 뻗어나가는 두 개의 대로를 만들어놓는 식이었다. 도로 하나는 남쪽에서 북쪽으로 이어지는 카르도cardo이고, 다른 하나는 동서를 연결하는 데쿠마누스decumannus였다. 이 두 도로는 도심에서 교차했는데 그곳에는 광장, 시장, 신전 그리고 총독의 거처가 세워졌다. 원 안에 십자로가 그려진, 도시라는 의미의 이집트 상형문자와 놀랍도록 닮아 있는 이런 도시 형태는 크고 작은 변형을 겪으며 알제리부터 독일까지, 시리아에서 브리타니아까지 전파되었다. 로마의 도시생활이 어떠했는지에 관한 기록은 거의 없다. 하지만 리바니우스Libanius의 증언이 남아 서기 300년 경의 안티오크를 묘사하고 있다. 안티오크에는 현대식 순환도로가 있었다고 한다.

길을 따라 걷다보면 죽 늘어선 민간인들의 주택 사이로 공공건물이 여기저기 흩어져 있는 모습이 보인다. 이쪽에 신전이 있는가 하면, 저쪽에는 공중목욕탕이 있다. 각 시설은 서로 조금씩 떨어져 있지만 근처 지역에서 접근하기에는 편리하다. 주랑이 있는 쪽으로 출입구가 나 있다. (…)

내가 보기에 도시생활에서 가장 유쾌하고 유용한 면은 사회와 인간의 교류다. 이런 모습이 발견되는 곳이야말로 도시라 할 것이다. 말하는 것도 좋은 일이지만 남의 말에 귀 기울이는 것이 더 좋고, 그보다 더 좋은 것은 친구의 경험에 공감하며 충고하고 그들의 기쁨과 슬픔을 함께 나누면서 일치감을 느끼는 일이다. 이런 기쁨과 그외 다른 셀 수 없이 많은 축복은 사람들과의 만남에서 찾을 수 있다. 집앞에 주랑이 없는 다른 도시의 사람들은 날씨가 나쁘면 서로 만날 수가 없다. 같은 도시에 살고 있지만 기실은 다른 도시에 사는 사람들처럼 소원하게 지내는 것이다. (…) 따로 떨어져 사는 일이 많아질수록 사람들과 친교를 나누는 습성을 잃게 된다. 반면 사람들과 친하게 지내는 우리의 습성은 끊임없는 교류로 더욱 성숙해진다. 다른 곳에서 사라진 친교가 여기서는 더욱 발전하게 된다.

리바니우스가 특히 자랑스러워하던 안티오크 거리에는 수많은 램프로 거리를 밝히는 조명 시설이 있었다.

우리 안티오크 시민들은 잠의 폭정에서 벗어났다. 태양의 빛이 이집트의 조명을 능가하는 램프로 이어져 우리를 밝혀주고 있다. 우리에게 밤과 낮의 차이는 빛의 종류가 다르다는 점뿐이다. 교역도 낮과

서문: 역사 속의 도시

▲ 아서 애쉬피텔Arthur Ashpitel이 그린 '복원한 로마'이다. 19세기에 그려진 이 그림은 고대 로마의 광장, 원로원, 신전을 묘사하고 있다.
빅토리아 앨버트 박물관Victoria and Albert Museum/www.bridgeman.co.uk

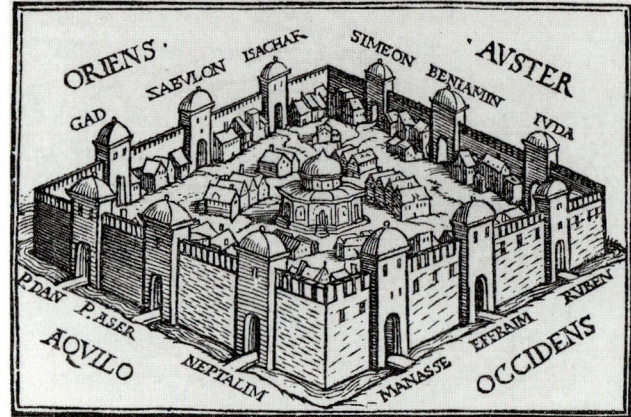

◀ 서구 화가들이 가장 많이 그렸던 예루살렘. 홀바인Holbein이 그린 성경 삽화다. 체계적이며 질서정연한 도시는 적군을 막아낼 성벽에 둘러싸여 있으며 그 중심에는 성전이 세워져 있어 완벽한 신권정치 공동체를 구현해낸다.
대영도서관The British Library, 012203.eee.16

▶ 암흑기 로마의 유산: 아를에 있는 원형경기장이 작은 요새도시로 변모해 있다.
대영도서관The British Library, 10167.aa.37

마찬가지로 이루어진다. 수공예품을 만드는 이가 있는가 하면, 웃으며 노래부르는 일에 전념하는 사람들도 있다.

로마에서의 도시생활은 포럼, 정원, 목욕탕, 원형경기장과 같은 훌륭한 공공장소를 중심으로 이루어졌다. 아테네에서 도시민 대부분이 매우 초라한 환경에서 살았던 반면, 로마인들은 최초의 고층주택인 6층짜리 인술라이insulae를 고안해냈다. 인구가 밀집한 곳에 세워져 경제적으로 유용한 공동주택이었다. 하지만 위생 설비도 갖추지 않고 어두운 데다 워낙 조잡하게 지어진 탓에 종종 건물이 무너져내려 거주민이 사망하기도 했다. 로마는 도시 환경의 불결함과 전염병으로 악명을 떨쳤다. 산의 깨끗한 물을 끌어오는 훌륭한 수로시설과 저 유명한 하수도 시설을 갖췄음에도 소용이 없었다. 하수도인 클로아카 막시마cloaca maxima는 돈을 지불할 수 있는 부유한 시민들만 사용할 수 있었다.

로마라는 도시에서 살아가는 데 무엇보다 혐오스러운 부분은 원형경기장이었다. 그곳에서 매일 자행되는 가공할 폭력은 문명 생활의 병적인 퇴행을 불러왔다. 당시 중앙아메리카에서 발달했던 산제물을 바치는 의식에 버금가는 섬뜩한 일이었다. 1세기에 접어들며 100만 인구를 자랑했다는 로마에서 이 기념비적 건축물은 도시의 부유함을 드러내는 상징이자 공공행정의 장인 동시에 소비지상주의와 제도화된 야만이라는 전대미문의 폭력이 자행되는 현장이었다.

도덕적으로 타락하고 정치적으로 퇴행하면서 그동안 로마가 쥐고 있던 세계 패권과 강력한 흡인력은 물리적인 것에서 영적인 영역으로 넘어가게 되었고, 새 예루살렘이라는 천국의 도시에 관한 사상을 탄생시킨다. 영적 권세를 지닌 그리스도교 교회가 로마의 세속적인 권력을 대체하고, 자신들에게 세계를 통치할 권한이 있음을 선언한 것이다. 이제 거룩한 왕국이 깨끗하고 순결한 도시를 재건하게 되리라는 유대교의 이념은 새로운 예루살렘이라는 강력한 상징으로 인간의 상상력을 사로잡게 되었다.

우르Ur, 바빌론Babylon, 멤피스Memphis, 테베Thebes, 아테네Athens, 알렉산드리아Alexandria, 콘스탄티노플Constantinople과 같은 고대 도시를 그려낸 당대의 지도는 온전하게 전해지지 않는다. 사실 그런 지도가 존재했다는 증거조차 없다. 하지만 로마의 경우, 토지 측량술과 도시계획 기술이 제국의 변천 과정에서 중요한 역할을 담당했다. 그러니 로마가 지도로 표현되지 않았다는 건 말도 안 되는 일일 것이다. 사실 포르마 우르비스 로마에Forma Urbis Romae(로마의 도시지도)라는 거대한 세부 지도가 서기 210년경 석판에 새겨졌다. 그 파편 일부가 지금도 전해지고 있어 축척 240분의 1 지도, 즉 20피트(609.6센티미터)가 1인치로 표현된 거대 규모의 그림지도 일부를 감상할 수 있다. 온전한 형태를 유지하고 있었다면 세로 13미터에 가로 18미터의 넓이였으리라 추정되는 지도다.

하지만 이런 축척이 지도 전체에 일정하게 반영된 것은 아니었다. 중요한 공공지역을 일반인들이 사는 주거지역보다 조금 더 크게 그리는 경향이 있었기 때문이다. 지도는 도시의 행정구역을 보여주지만 실제로 통치자들이 그런 구역을 어떻게 활용했는지, 그 구역이 개정될 수 있었는지 여부는 알 수가 없다. 포르마 우르비스 로마에는 예외적으로 현재까지 전해진 지도다. 고대 세계나 그리스 로마 시대 다른 도시의 지도가 그 같은 규모로 만들어진 적이 있는지는 알 수가 없다.

・・・

서기 400년에서 700년 사이 유럽인들은 극심한 이주활동을 벌이게 된다. 암흑시대라 불리는 이 시기, 도시생활은 혼란스러울 뿐 아니라 거의 파괴된 지경이었다. 거주민들이 야만족의 침입을 피해 달아나면서 도시 인구는 줄어들었다. 이 시기에는 시골의 눈에 띄지 않는 은신처가 도시의 궁보다 더 살기 좋았다. 로마는 인구가 줄어들고, 잡초 우거진 폐허로 변해가면서 이전 로마 제국의 도시들과 같은 운명을 맞이하고 있었다.

하지만 도시의 쇠락은 새로운 형태의 지역공동체가 발생하면서 상쇄되었다. 그리스도교 수도원이 새로운 폴리스로 등장해 새로운 형태의 공동생활을 양

서문: 역사 속의 도시

중세 유럽 도시로 묘사된 예루살렘을 십자군이 함락한 모습.
대영도서관 The British Library, Royal MS i.e.IX, f.222

산해낸 것이다. 이런 공동체의 삶은 종교적 가치에 기반을 둔 특별한 것으로 세속적인 사회생활에 근거한 인습적 원칙들을 부정했다. 권력, 특권, 부의 축적을 인정하지 않았다는 의미이다. 유럽에서 새로 생겨난 도시들은 바로 이러한 토대 아래 발전하기 시작했다. 수도원은 고대의 문화 및 일상생활의 이상을 차근차근 전파시키고 수용해나갔다. 게다가 암흑시대의 사회적 혼란 속에서 그리스도교는 유럽의 힘을 응집시키는 역할까지 맡아 대수도원장과 주교가 세속적인 권력을 획득하게 된다. 다른 책임 있는 권력자가 존재하지 않았기 때문이다. 로마 시대 이후 도시의 쇠락을 암울하게 그려낸 그림에서 서구 유럽의 진정한 모습을 발견할 수 있다.

서기 700년경 세계 지도를 연구해보면 비잔틴 지역, 이슬람 문화권, 인도, 중국 등지에서의 도시생활은 여전히 번성했었다. 특히 이슬람교도들은 스페인에서 아프가니스탄에 이르는 자신들의 영토를 잘 지켜냈음은 물론 다마스쿠스, 톨레도 등 기존 도시를 정복하고 바그다드와 카이로 등 새로운 도시를 건설하면서 이전의 로마가 그러했듯이 세력을 넓혀나갔다.

9세기와 10세기로 접어들면서 유럽의 도시는 회복세를 타기 시작했다. 이 과정은 군사력과 경제력이라는 두 개의 축으로 진행되었다. 우선 도시들은 스칸디나비아인의 침입이라는 새로운 위협에 맞서 스스로를 보호해야만 했다. 심지어 런던과 파리도 해안가에서 강줄기를 타고 쳐들어온 함대의 침입을 받아 약탈을 경험했다. 도시 성벽이 다시 세워지고, 님과 아를에서는 고대 로마의 원형경기장이 아담한 요새도시로 탈바꿈했다. 떠났던 사람들이 돌아와 도시는 식량과 기술을 담아내는 그릇으로서의 역할을 되찾기 시작했다. 점점 많아지는 사람들의 필요를 충족시켜줄 시장이 열리고 이웃 지역에서 재배된 식량과 먼 타국에서 가져온 이국적 물건을 사고팔았다. 시장을 찾는 사람들은 시장에 세워진, 십자가로 상징되는 '시장치안market peace'에 의해 보호받았다. 이전부터 존재했던 왕족 및 성직자들과 더불어 새로운 상인계층도 등장했다.

유럽 도시의 재건을 더욱 촉진했던 결정적인 요인은 이교도들이 그리스도교로 개종하면서 잘 조직화된 단일 권위의 영향력 아래 편재되었다는 점이다. 이로 인해 도시 간의 교역이 더욱 활발해지고 보다 안정적인 환경이 조성되었다. 유럽 전역의 도시들은 알프스 산맥을 관통하는 장거리 교역로로 연결되어 있었다. 반면 항구도시들은 발트해와 지중해 지역에서 물건을 전수받았는데 이는 신용대출과 은행업이 성장하면서 더욱 활발한 무역으로 이어졌다. 이제 도시와 시골은

아우구스티누스Augustine의 《신국City of God》에 삽입된 천국의 도시와 땅의 도시. 하늘 위에는 덕이, 땅에는 7대 죄악이 가득하다. 현실 도시와 이상 도시의 격차는 중세 신학이 지속적으로 고민했던 주제였다.
프랑스국립도서관Biblioth?que Nationale, Paris

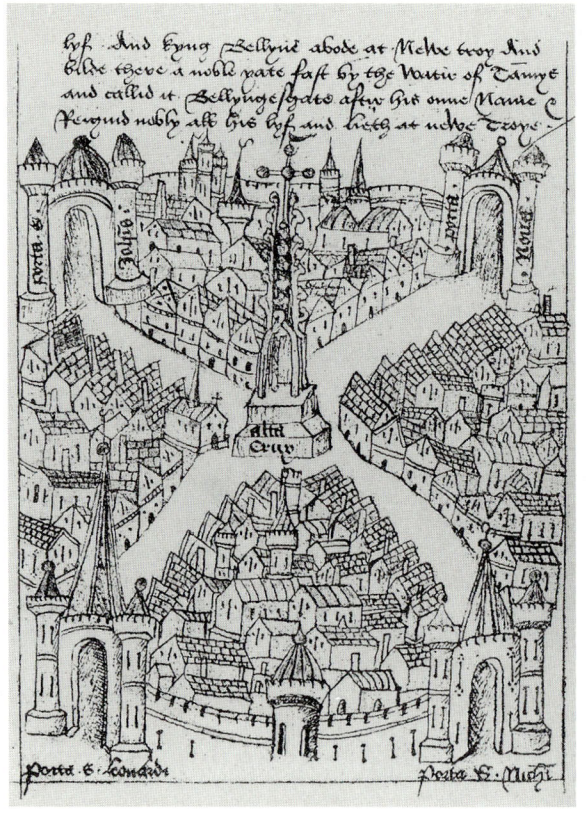

▲ 전형적인 중세 도시. 성벽의 주요 지점에 네 개의 성문이 있고, 그 문에서 길을 따라가면 시장을 상징하는 십자가 기념물을 만나게 되는 구조다. 1479년의 브리스틀Bristol.
대영도서관The British Library, Ac 8113/99

서로 연결되었다. 도시 인구의 성장이 식량의 수요를 늘렸기 때문이었다.

900년에서 1300년에 이르는 기간 동안 유럽 전역에 수천 개의 신도시가 생겨났고, 이로 인해 사회·정치에 근본적인 변화가 일어났다. 독일의 표현을 빌려 한마디로 말하자면 '도시의 공기가 자유를 주었다(Stadtluft macht frei).' 봉건 영주들이 시민들을 봉건적 부역 의무에서 풀어주는 대신 임대료를 받게 된 상황을 일컫는 말이다. 봉건 영주는 자신들의 지배 하에서 도시가 성장하는 것을 기꺼이 용인하고 도와주었다. 도시는 영주에게 현금 수익을 가져다주었기 때문이다. 이런 식으로 생긴 도시의 자유는 도시헌장에서 구체화되었다. 도시헌장은 시민의 자유를 정식으로 기술한 문서로 봉건제도가 막을 내리고 있음을 알리는 신호였다. 헌장에 따르면 시민들은 자신의 안위와 방어에 대한 책임도 스스로 져야 했다. 그래서 헌장은 영주에게 더욱 매력적으로 보였다.

그외 영주가 얻을 수 있는 수익원으로는 관세, 도로 통행료 그리고 온갖 종류의 과태료가 있었다. 이런 수익은 도시 행정부와 영주가 나누어갖곤 했다. 결국 중세 도시를 정의하는 기준은 물리적 구조가 아니라 서로 협력하여 노동하는 자유 시민들의 존재 여부였다. 시민들은 연합하여 길드나 조합을 결성하고 서로 도움을 주고받았다. 중세에 무소속의 개인은 파문선고를 받았거나 사회규범을 지키지 않은 반역자처럼 하찮은 존재였다. 사람들은 길드를 통해 자신의 정체성을 찾았다.

도시의 삶이 조합, 공통 종교와 깊은 연관을 맺고 있었던 반면, 도시의 특질을 가장 잘 드러내는 기관은 대학이었다. 대학이야말로 고대의 학문과 종교적 연구 결과를 보급하고 보존하는 데 전념하는 학자들의 길드였다. 중세 도시생활을 하나로 통합하는 힘은 종교의식에 있었다. 이에 관해서는 앤트워프에서 본 예배행진을 묘사한 알브레히트 뒤러Albrecht Düre의 글

◀ 1493년에 제작된 《뉘른베르크 크로니클Nuremberg Chronicle》의 제노바. 도시 경관도 제1세대에 해당하는 그림이다. 박진감 있는 생생한 묘사가 돋보이지만, 사실적이라기보다는 상상력을 발휘한 것이다. 르네상스 취향이 드러나 있다.
대영도서관The British Library, IB 6422

을 살펴보도록 하자.

어느 일요일, 앤트워프에 있는 성모교회에서 시작된 예배행진을 목격했다. 도시의 모든 조합원과 온갖 계층의 사람들이 각자의 지위에 어울리는 최고의 옷을 입고서 한데 모였다. 모든 계층과 길드 조합원들은 자신을 드러내는 표식을 갖고 있었다. 값비싼 촛대와 플랑드르 은제 트럼펫이 사람들 손에 들려 있었다. 독일처럼 피리 부는 사람과 북치는 사람들도 보였다. 모든 타악기와 관악기가 큰 소리로 연주되었다. 예배행진은 거리를 따라 이어졌는데 사람들은 앞사람과 적당한 간격을 둔 채 일렬로 걸어갔다. 행렬은 꼬리에 꼬리를 물고 이어졌다. 금세공업자, 화가, 석공, 수공예가, 조각가, 가구장이, 목수, 선원, 어부, 푸줏간 주인, 가죽 세공업자, 직물업자, 제빵업자, 재단업자, 코도반 구두공 등 실로 모든 종류의 장인과 도제공들 그리고 생계를 위해 일하는 상인들이 나와 있었다. 소매상, 도매상과 더불어 온갖 종류의 조력 상인들도 행렬에 참가했다. 그 다음으로 포수들이 총, 활, 석궁으로 무장한 채 걸어갔고, 기마병과 보병들이 뒤를 이었다. 그 다음에는 영주를 지키는 경비대가 있었다. 화사하고 귀족적인 자색 옷으로 차려입은 고위층들도 보였다. 그들 앞쪽에서는 각기 다른 가운을 경건하게 걸쳐입은 성직자와 도시 기관장들이 걸었다. 스무 명의 사람들은 아기 예수를 안은 값비싼 성모 마리아 성상을 머리 위로 인 채 하나님의 영광과 은혜를 기렸다.

이 글은 중세 도시의 세속적·종교적 기능을 생생히 묘사하고 있다. 도시는 무수히 많은 인간의 재능을 필요로 하기에 모든 시민들은 가난하든 부자이든 상관없이 각자 역할을 가지고 있었다.

그리고 이 시기, 즉 중세 후기의 도시는 우리가 최초로 그 본모습을 확인할 수 있는 도시다. 하지만 필사본 속의 작은 그림이거나 회화의 배경, 혹은 초기 인쇄 도서의 목판화로 남아 있는 경우가 대부분이었다.

중세를 통틀어 가장 빈번하게 묘사된 도시는 예루살렘이었다. 관례에 따라 탑이 모여 있는 형태로 그리기도 했지만 예루살렘 본연의 모습을 보다 잘 나타낸 형태도 있었다. 이런 그림으로 우리는 교회의 특징적인 모습을 파악할 수 있다. 좁고 구불구불한 거리 위로 뾰족하게 솟아 오른 첨탑이 있고, 작은 탑이 세워진 성벽 중간에 묵직한 성문이 있었다. 그리고 거기에 조그만 배가 가득한 항구나 강가의 모습이 더해지기도 했다. 오늘날 로텐부르크Rothenburg, 더럼Durham, 카르카손Carcassone, 라로셸La Rochelle과 같은 도시를 찾아가봐도 이와 비슷한 모습이다. 이런 도시가 이후에 생겨난 도시와 가장 크게 다른 점은 거리의 협소함이다. 사실상 모든 이동은 도보로 이루어졌고 수레와 같은 기구를 사용한 운송은 전무하다시피 했기 때문에 중세 도시의 거리는 좁디좁았다.

이 같은 초기의 시각 자료들 중 가장 중요한 자리를 차지하는 것은 1493년에 제작된 목판화 책 《뉘른베르크 크로니클Nuremberg Chronicle》이다. 이 판화집은 주요 도시 100여 개의 전경을 박력 있는 목판화로 표현하고 있다. 대부분의 그림이 관례에 따라 그려진 탓에 정밀하지 못하지만 개중에는 직접 체험을 통해 그려낸 믿을 만한 것도 있다. 1486년에 발간된 브레이덴바흐Breydenbach의 《성지순례Pilgrimage to the Holy Land》 등 초기 활자본 여행서 역시 도시의 모습을 담아냈다. 이 책에는 특히 예루살렘의 모습이 아주 인상적으로 그려져 있다. 한편 필사본 해도에서도 항구의 전경을 통해 도시의 일면을 찾아볼 수 있는데, 부온델몬테Buondelmonte의 〈도서지역 편Liber Insularium〉은 15세기 동안 여러 번 모사되었다. 1480년대에는 큰 종이에 인쇄된 최초의 도시 전경도가 발행되었다. 피렌체의 우수한 제판법으로 프렌체스코 로셀리Francesco Rosselli가 책의 삽화가 아닌 단독 지도책을 발행한 것이다.

초기의 도시 그림들이 보이는 가장 뚜렷한 특징은 일반적인 의미의 지도나 평면도가 아니라 그림이나 조감도 또는 파노라마 전경화로 제작되었다는 점이다. 예술적 작품으로 창조되거나 인간이 실제로는 볼 수 없는 유리한 위치에서 조망하는 도시의 모습을 상상력을 발휘해 그려낸 경우도 있다. 이런 그림이 그려진 이유는 살아 있는 도시의 생생한 모습을 직접적

17세기 암스테르담. 강과 바다에서 크고 작은 선박이 쇄도하는 부둣가의 모습이다. 이런 그림은 당시 매우 인기 있는 회화 형태였다. 배는 도시의 부 및 정치적 중요성의 원천인 도시와 외부세계의 연결고리를 상징한다.
www.bridgeman.co.uk

으로 전달하기 위해서다. 그래서 주요 건물이나 성벽, 주변 산, 항구 등을 강조하거나 시민들의 모습을 그려 넣기도 한다. 기능 본위로 만든 실용문서가 아니어서 도시 행정에는 사용될 수 없었다. 지도라기보다는 심미적인 이유 즉 도시를 다스리는 왕족들의 자긍심의 발로로 제작된 작품이라 보아야 할 것이다. 이런 도시 회화들 중 1500년경 야코포 데 바르바리 Jacopo de Barbari 가 그린 아름다운 베네치아의 조감도를 최고의 작품으로 꼽을 수 있다. 지중해의 해상 중심지로서 갖고 있던 독특한 장관을 재현해내는 그림이다. 새로운 양식의 도시 묘사는 당시 전개된 새로운 도시사의 특징을 고스란히 반영하는 것이었다. 이런 종류의 도시 파노라마 전경화는 2세기가 더 지나도록 많은 사람들에게 사랑받다가 보다 근대적인 의미의 도시 지도에게 그 지위를 빼앗겼다.

도시의 심미적인 화려함에 대한 각성은 르네상스의 사상과 일맥상통한다. 알베르티 Alberti 와 브루넬레스키 Brunelleschi 같은 건축가들은 도시를 하나의 소재로 생각하고 자신의 지성과 상상력을 마음껏 발휘해 그것을 표현해내려 했다. 그들의 후원자들 즉 이탈리아의 도시 통치자와 상인들은 많은 사람들이 살고 있는 복잡한 지역을 탁 트인 공간으로 변모시키고 그곳에 우아한 거리, 주택, 광장, 동상, 분수대를 설치하자는 건축가들의 말에 쉽게 동의했다. 르네상스 시대에는 원근법에 대한 연구가 이루어져 나무가 양쪽으로 늘어선 가로수길을 고안해냈고, 개별 건물들이 조화를 이루어야 한다는 생각을 하게 되었으며, 이상 도시 건설을 위한 이론적 틀을 정립하기에 이르렀다.

하지만 이 이상 도시는 예전 고대 시대에 논했던 법과 행정에서 철학적 이상을 구현하는 게 아니라, 다만 심미적인 측면에서의 이상을 의미하는 것이었다. 물론 양자는 서로 긴밀히 연결되어 있었다. 좋은 행정은 도시의 평화를 의미하고 곧 아름다운 도시로까지 연결된다. 핵심은 잘 정돈된 공간이다. 이는 물리적·사회적 의미에서 모두 질서정연함을 의미한다. 그런 도시라면 독특한 설계와 개성이 마음껏 발휘될 수 있었다. 이것은 로마 시대 이후 처음으로 도시계획 개념이 유럽에서 재등장했다는 의미를 갖는다.

• • •

르네상스의 이상은 15세기 후반 북이탈리아 지역 도시에서 발현되었다. 하지만 이것은 웅대하고 야심찬 도시계획의 두 번째 단계로 진입하는 서막에 지나지 않았다. 16세기와 17세기에 바로크 양식의 도시가 정치적 전제주의를 표현하는 도구로 출현한 것이다. 도시는 왕권을 드러내 자랑하고 미화하는 장이 되었다. 아이러니하게도 이런 움직임은 로마에서 시작되었던 것 같다. 로마 교황의 후계자들이 반쯤 무너져 혼란스러운 도시를 화려하게 재건, 기독교계의 중심지에 걸맞은 모습을 갖추기로 마음먹었던 것이다. 1580년대 식스투스 5세Sixtus V는 건축가 도메니코 폰타나Domenico Fontana에게 고대의 유적 사이를 뚫고 지나는 널찍하고 고른 길을 건설하도록 했다. 주요한 순례 성전을 연결하기 위해서였다. 피아자Piazzas(광장)는 도시 전체를 살펴볼 수 있는 중심지에 만들어졌다. 폰타나의 말을 빌려보자면, "이 아름다운 건물들은 종교적 목적을 뛰어넘어서 물질적 의미의 천국을 구현해냈다."

이런 식의 대대적인 도시 리모델링을 유럽의 다른 지배자들이 흉내내면서 수도를 새롭게 고치는 바람이 일었다. 파리, 빈, 베를린, 포츠담, 마드리드, 상트페테르부르크와 같은 도시들은 왕족의 명성을 상징하는 공간이 되었다. 특히 이목을 끄는 것은 베르니니Bernini와 같이 이 과정을 감독하기 위해 고용된 건축가 상당수가 극장 설계자였다는 점이다. 카를스루에의 경우 도로가 왕궁에서부터 방사상으로 퍼져나가는 거대한 바퀴 모양으로 설계되었다. 이는 세상의 중심을 상징하는 것이었다.

계획적으로 설계되어 왕족의 전시장이 된 도시의 개념은 페르시아로 퍼져나가 샤 아바스 1세Shah Abbas I의 이스파한까지 전해졌다. 포르투갈 사람들은 리스본의 웅장함을 인도의 고아에서 복제해냈다. 바로크 양식의 화려함과 활력은 멕시코, 쿠스코, 산토도밍고, 카르타헤나 등 신대륙 도시에서도 활용됐다. 이 국땅에 제국의 권세를 상징하기 위한 적당한 건축양식이 필요했기 때문이다. 도시의 심장부에 세워진 왕궁과 도시 가장자리의 새로운 볼거리가 서로 균형을 이루었다. 새롭게 건설된 거대한 방비용 성벽과 장식미가 배제된 방어 중심의 성곽인 능보稜堡 요새가 별모양으로 도시를 함께 둘러쌌다. 강력한 대포에 대한 방비책이었다. 공격적인 군주들은 항상 전쟁을 정치 도구로 이용했기에 방비책은 반드시 필요했다.

도시계획과 웅장한 건축물의 시대정신은 도시 전경을 담은 책에서 잘 표현되었다. 유럽의 위대한 지도 제작자들이 간행한 출판물이 등장하기 시작한 것이다. 그 시작은 브라운과 호겐베르크의 《세계의 도시Civitates Orbis Terrarum》로 1572년에서 1617년 사이 6권까지 발간되었다. 유럽, 중동, 아시아, 미국에 걸친 지역에서 자그마치 546개나 되는 도시를 선택해 그 아름다운 전경을 그려냈다. 최고의 자료들을 참고하여 제작한 이 지도책은 지상 여행이라는 개념을 새로운 차원으로 끌어올린 불후의 성공작이 되었다. 영국 의사 로버트 버튼Robert Burton은 《우울의 해부Anatomy of Melancholy》(1621)에서 다음과 같이 말했다.

지도를 연구하고 관찰하는 일에서 말할 수 없는 기쁨을 느끼는 사람들, 그러니까 멀리 떨어져 있는 세계 각국의 주, 읍, 도시를 쳐다보는 일을 좋아하는 사람들이 있다. (…) 브라운과 호겐베르크가 선보인 도시에 관한 책들을 정독하는 것보다 더 큰 즐거움이 있을까?

브라운과 호겐베르크의 지도는 모두 투시도로 그려졌다. '모든 도로와 길을 살펴보고 건물과 빈 공간들을 볼 수 있는 관점에서 도시를 그려야만 한다.'는 브라운의 규정을 따른 것이다. 이런 투시도나 조감도는 교회, 성, 시장, 성벽, 강(강가에 지어진 도시의 경우) 그리고 주변의 시골지역까지 잘 드러낼 수 있다. 한편 그림 최전면에는 항상 그 지역 특유의 옷차림을 한 사람 몇이 그려져 있었다. 전경을 바라보는 사람에게 그 도시의 삶이 어떠한지 힌트를 주려는 의도였으리라. 네덜란드의 위대한 지도 제작 가문인 블라우Blaeu

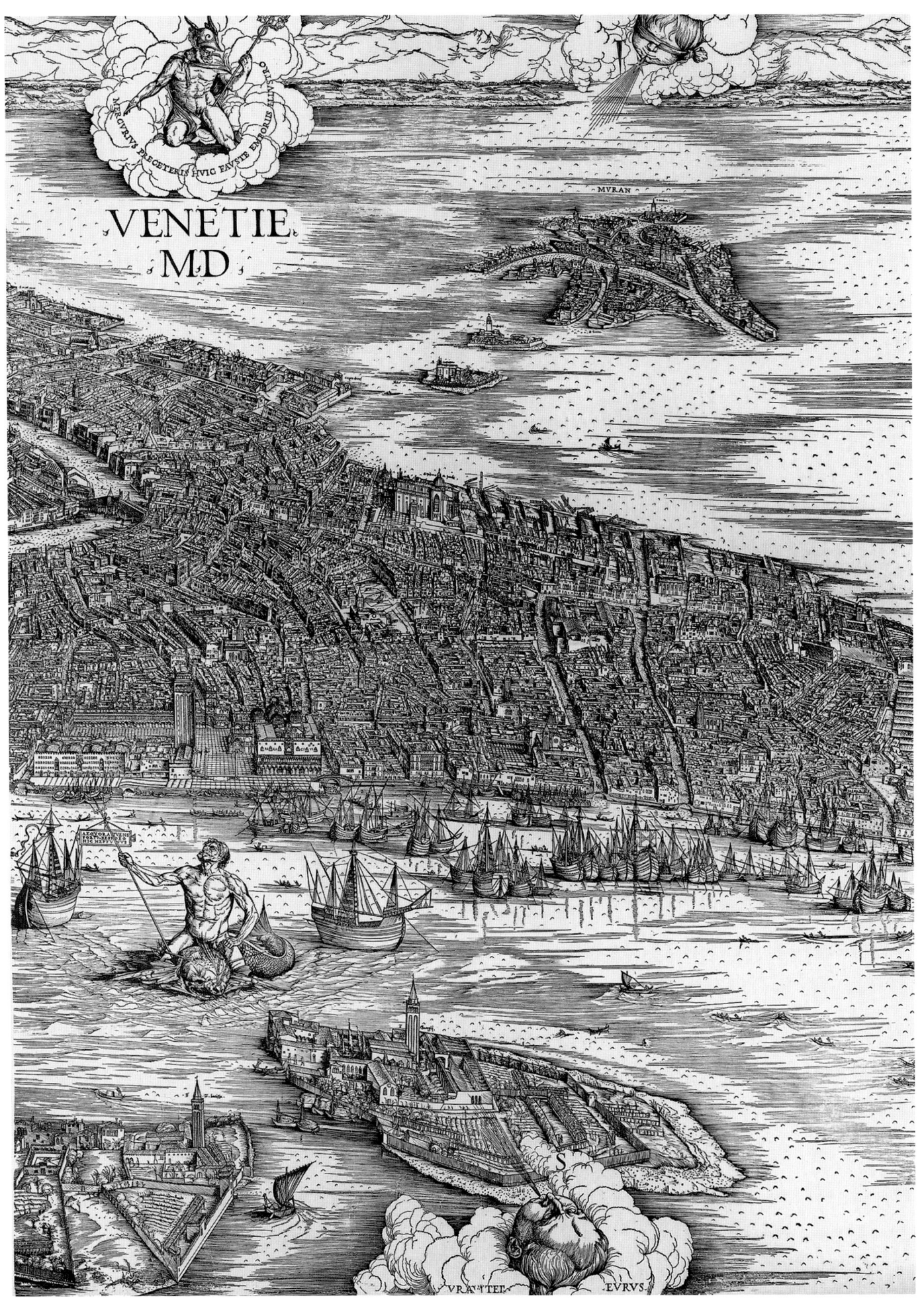

일가와 독일인 마테우스 메리안Matthaus Merian도 브라운과 호겐베르크의 방식을 따라했다. 마테우스는 21권짜리 시리즈로 발간한 파노라마 지형도 《유럽의 연극Theatrum Europaeum》을 1640년부터 출간한 바 있다. 이런 책들은 역사적으로나 심미적으로 매우 중요한 자료가 되지만 엄격한 의미에서 지도라고 부를 수는 없다. 그러나 유럽 대륙의 수많은 도시를 집어삼킨 쉴새없는 전쟁 탓에 전투 계획이나 포위공격 계획을 위한 도시 전경도가 필요했기에 그 인기는 갈수록 높아갔다.

가로수길, 궁, 능보 요새와 같은 바로크 시대 도시의 다양한 특질들은 중앙집권과 중앙통제의 증거다. 당시의 권력자들은 도시가 하나의 메커니즘으로 작용할 수 있고 또 그래야 한다고 생각했던 것 같다. 도시를 사람들이 만나고 여러 사상이 조우하는 자연스러운 만남의 장소로 보지 않았던 것이다. 새로운 과학기술이 도래하던 시대에 이런 생각은 상당히 타당한 측면이 있었다. 당대의 대표적 사상가 데카르트는 중앙통제 방식의 도시계획이 지닌 고도의 논리를 다음과 같이 설명했다.

한 명의 건축가가 설계하여 세운 건물은 몇 명이 함께 기획한 것보다 더 쾌적하고 우아하다는 걸 알 수 있다. 고대의 도시들은 촌락으로 출발하여 그 범위

1657년 스트라스부르Strasbourg. 전쟁으로 피폐해진 17세기 당시 대부분 유럽 도시 주변에는 거대한 요새가 우뚝 서 있었다.
대영도서관The British Library, Maps C.25.b.19

◀ 바르바리Barbari가 그린 1500년의 베네치아 조감도 중 일부. 르네상스 시대의 최고 회화로 꼽히는 이 그림은 하늘에 있는 신이 내려다본 것과 같은 관점에서 도시의 전경을 그렸다. 도시의 자긍심과 상상력에 강력하게 호소하는 이 그림은 후대 그림에 많은 영향을 주었다.
대영박물관British Museum, 1895-1-22-1192

군사적 공격 목표로서의 도시. 사관후보생이 1726년의 프로이센 군 교본으로 포위공격 이론을 배우고 있다.
대영도서관The British Library, 8825.h.35

대화재 이후의 런던. 오길비Ogilby와 모건Morgan이 1676년에 그린 상세도로, 최초의 런던 지도다.
대영도서관The British Library, Crace II.61(19)

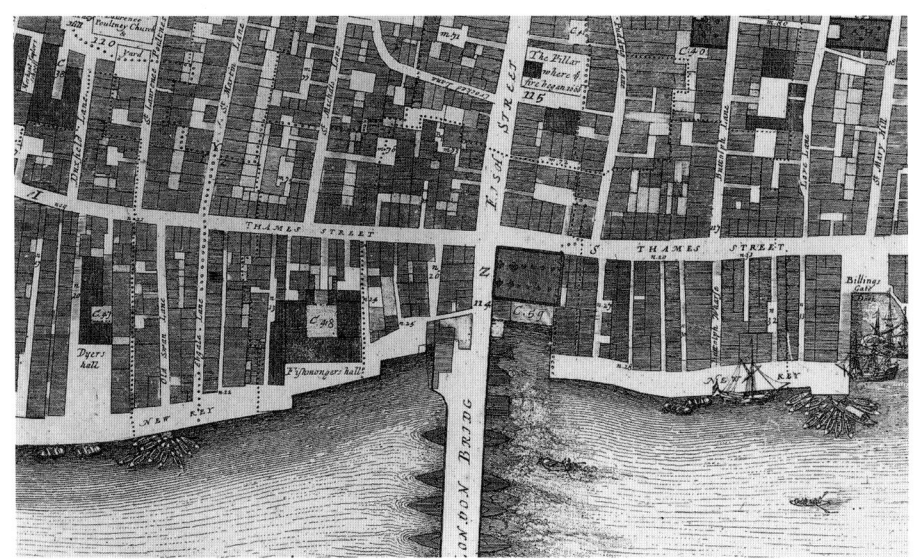

가 점점 넓어지고 시간이 흐르며 거대한 도시로 발전했지만, 탁 트인 평야를 두고 한 명의 전문 건축가가 마음껏 설계한 계획도시와 비교해볼 때 부족한 점이 많았다. 물론 심미적인 관점에서 볼 때, 전자의 도시 건물들이 후자의 건물들을 압도할 수는 있다. 그렇더라도 무계획적인 배치로 인해 뒤틀리고 불규칙하게 구부러진 도로를 보면 인간의 의지와 이성이 발휘되지 않은 채 운에 맡겨진 도시가 어떤 결과를 맞게 되는지 확연히 알 수 있다.

바로크 시대 도시의 화려함과 웅장함은 오랜 세월을 지나 전해내려온 유물을 통해 지금도 느껴볼 수 있다. 일반적으로 바로크 양식은 도시계획과 건축의 형태로 정치권력을 표현하는 데 가장 적합하다고 알려져 있다. 가로수길과 기념건축물이 있는 워싱턴은 이 시대 최후의 바로크 시대 도시라고 일컬어지지만 사실 19세기까지 공공건물과 행정건물에는 바로크 양식이 채용되었다. 뉴델리 건설과 실현되지 못한 시카고의 번햄 플랜, 1930년대 중반 나치 치하의 베를린에 대한 알베르트 슈페르의 구상을 살펴보면 바로크 양식과 정치권력 사이의 떼려야 뗄 수 없는 연결고리를 확인할 수 있다.

17세기와 18세기 도성에서 왕궁의 영향력은 사회사와 풍속사의 새로운 장을 열기도 했다. 먼저 새롭게 단장된 널찍한 포장도로는 차량 등의 교통수단을 위한 이상적 환경을 제공했다. 과거의 친근하고 좁은 길을 도보로 이동하던 방식에서 벗어난 것이다. 새로운 교통수단은 향후 도시계획에 지대한 영향을 끼쳤으며 빈부격차를 강화하는 도구가 되었다. 이런 격차는 각 구역 주민들의 계층적 차이에서 더욱 구체적으로 드러났다. 런던, 파리 등지에서 외곽의 광대한 사유지가 거주지역으로 개발되어 궁중 관료 및 행정관의 측근들이 품위를 지키며 사는 동네로 변모했다. 수세기 동안 숙련공이나 노동자들과 섞여 살았던 귀족들이 자기들만의 거주지를 마련한 것이다.

이런 일련의 과정은 도시를 상업적 공간으로 변모시켜 구매, 판매, 임대활동을 통해 생계를 유지하는 장으로 거듭나게 했다. 거리와 주택은 부와 신분증명서를 보관하는 곳이 되었다. 또 새롭게 건설된 다양한 기관과 건물에서 편의를 제공받는 사람들이 돈을 지불하면서 도시를 풍족하게 만들기 시작했다. 호텔, 극장, 유원지, 화랑, 상점과 같은 곳들을 중심으로 부와 권력을 지닌 계층과 그렇지 못한 계층이 점진적으로 구별되기 시작했다. 이런 형태의 사교생활은 무척 매력적이어서 수많은 리조트 타운까지 생겨났다. 배스Bath는 대표적인 사례다. 편안한 분위기의 배스는 왕궁에서 떨어져 향락을 좇으며 사교적으로 허세를 부리고 싶어하는 이를 위한 장소가 되었다.

도시계획이라는 개념을 탄생시킨 바로크 시대의

도시들은 우리가 알고 있는 도시의 축척 지도도 만들어냈다. 로마, 파리, 상트페테르부르크, 카를스루에, 필라델피아, 뉴올리언스 그리고 대화재 이후의 런던과 같은 곳에서 이루었던 설계 혁신은 정확한 축척으로 제작된 지도가 있기에 가능했다. 과거의 회화적 전경도나 파노라마 지도와는 근본적으로 다른 지도가 그려진 것이다. 인간의 눈으로 본 장면을 구현해내는 전경도는 수학적으로 축척된 도면에게 그 자리를 내주어야 했다. 축척도는 지도의 개별 구역을 정확하게 살펴보도록 해주고 다른 부분과 비례하여 어느 정도의 크기인지 정확하게 가늠할 수 있도록 했다. 이런 식의 지도가 있어야 과학적이고 실용적인 설계가 가능했다.

이런 원칙은 1500년에서 1700년 사이의 기간 동안 지세도 분야에서 천천히 자리를 잡아나갔다. 그리하여 측량기사는 도시의 특색 있는 건물을 입체적으로 그리거나 파노라마 기법을 활용하여 아름다움을 표현하는 전경도를 자제하고 보다 엄격하고 실용적인 도로 지도만을 그리게 되었다. 최초의 도로 지도는 존 오길비와 윌리엄 모건이 대화재 이후 런던 재건을 위해 1676년에 제작한 획기적인 지도다. 물론 투시도의 매력은 여전해서 1739년 파리를 그린 튀르고 지도에서도 이를 찾아볼 수 있다. 하지만 이 역시 제도공이 거리 사이의 공간을 재치 있게 넓혀놓았기 때문에 가능했다. 1753년 상트페테르부르크의 왕실과학아카데미에서 발간한 지도에서도 여전히 몇몇 특별한 건물은 입체적으로 표현되었다.

도시 축척도가 등장했다고 해서 전경도가 사라진 것은 아니었지만 지도와 전경도가 구분되는 계기는 마련되었다. 18세기에 새뮤얼 벅과 너새니얼 벅 형제를 위시한 많은 화가들은 새로운 장르의 지형도를 발전시켰다. 산허리와 같은 자연스러운 곳에서 바라보고 지세를 표현하는 것이었다. 벅 형제의 전경도는 회화적 요소를 곁들인 고도의 세밀화였지만 브라운과 호겐베르크처럼 인공적인 대기 원근법을 통해 도시의 거리를 꿰뚫어보려는 시도는 하지 않았다.

미주의 도시는 초기 200년 동안에는 단순히 유럽의 도시를 신대륙에 이식한 것에 지나지 않았지만 다양한 건축양식과 도시생활 패턴을 선보였다. 퀘벡은 산 꼭대기에 성벽으로 둘러싸인 방비를 갖춘 요새도시였고, 보스턴은 자연스레 외곽을 늘려간 항구도시였다. 필라델피아는 런던에서 설계한 기하학적 계획도시였고, 워싱턴은 바로크 시대의 수도로 유럽의 모델을 본떠 설계되었다. 역사적 흐름에 밀려 미국적인 도시가 생겨나게 된 것은 시간이 한참 지난 후였다. 샌프란시스코는 골드러시 타운으로 급속히 성장했고, 솔트레이크시티는 유토피아 종파의 본거지가 되었다. 시카고는 전략상 중요한 철도 중심지이고, 뉴욕은 유럽에서 신대륙으로 들어오는 주요 항구이자

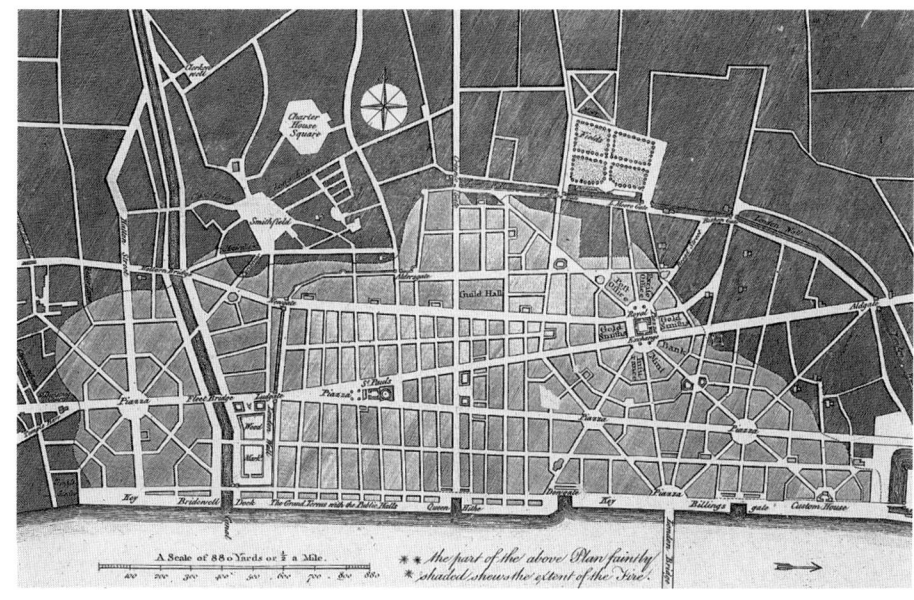

렌이 구현하지 못한 런던의 모습. 대화재 이후 렌은 가로수길, 대로, 광장, 기념비, 부두를 갖춘 웅장한 신도시를 제안했다. 하지만 재정과 편의주의로 인해 이 설계는 실현되지 못했다.
대영도서관The British Library, 576.m.15

도시계획가가 된 왕. 표트르 대제가 상트페테르부르크의 토대 사이에 서 있다.
애슈몰리언 박물관Ashmolean Museum, 옥스퍼드Oxford

수백만 이민자들이 거쳐야 하는 관문이었다. 이런 신도시들이 극적인 성장을 경험하는 동안 위대한 건축기술이 새로 발견돼 근대 도시설계를 견인했다. 도시의 성장이 수평적으로만 이루어지는 것이 아니라 수직으로도 일어날 수 있다는 사실을 알게 된 것이다. 그리하여 초고층 빌딩이 등장하기 시작했다.

● ● ●

웅장한 설계를 통해 이상적인 도시를 구현하려는 경향은 3세기 동안 유행했다. 하지만 1800년에 이르면서 이후 여러 세대 동안 도시계획의 가능성을 위태롭게 하고 거의 파괴할 수도 있을 만한 역사적 동력이 북유럽에서 작동하기 시작했다. 그 주된 과정은 산업화였지만 이에 앞서 커다란 변화가 있었다. 18세기 후반, 알 수 없는 이유로 유럽 인구가 폭증한 것이다. 반면 보다 효과적인 식량생산이 가능해진 덕에 농업 인구는 급감했다. 도시로 인구가 몰리는 것은 필연적인 일이었다. 여기에 더해 혁명적인 공장 노동이 막 시작되었다. 과거에는 집이나 소규모 공장에서 작업하는 게 전부였다. 하지만 1780년대 이후 편리한 증기 동력을 사용하면서 노동자들을 공장에 모아놓고 효율적으로 일을 시키는 풍토가 뿌리내리기 시작했다. 사람들은 공장에서 기계 돌보는 일을 했다. 사람 손보다 훨씬 빠르고 견고한 공장 기계들은 도시 역사의 새 장을 여는 데 중심적인 역할을 했다. 유럽 중서부에서 시작되어 북유럽과 북미 지역으로 급속히 전파된 산업도시의 형태는 19세기 신도시의 전형이었다. 수도를 포함한 오래된 도시들은 산업지구 발달에 따라 그 형태를 바꾸게 되었고, 공장 주변으로 신도시가 생겨났다. 이전의 도시가 행정과 종교, 국가 방위와 교역의 중심지로 발달했다면 새로운 도시는 생산의 중심지로서 성장해나갔다. 영국, 프랑스, 독일, 폴란드, 러시아, 미국 등에서 폭발적으로 증가한 인구는 검은 연기를 내뿜는 거대한 공장으로 흘러들었고, 사람들은 끝도 없이 늘어선 어두침침한 주택과 아파트에서 살았다. 도시생활의 구조는 자연히 달라졌다. 이 변화는 맨 처음 석탄과 철이 발견되는 곳을 중심으로 이루어졌다. 하지만 곧 철도가 놓이고 전기 동력이 발견되면서 거의 모든 지역에서 산업화가 일어났다. 그리하여 산업도시는 인근 시골지역으로까지 확대되기에 이르렀다.

기술 혁명과 도시의 급속한 팽창 등 일련의 사건들은 의식적인 기획에 따라 발생한 현상이 아니었다. 그리고 이런 변화의 규모와 특성에 대해 사회학자들이 주목하기까지는 몇십 년의 시간이 더 필요했다. 아마도 상류사회가 관찰할 수 없는 지역에서 시작된 현상이기 때문이었던 것 같다. 초창기, 산업 인구가 거주하고 노동하는 지역의 끔찍한 환경은 자유방임주의라는 견해로 정당화되었다. 강요되는 고된 노동, 배고픔, 빈곤이 그들의 성장을 제한했다. 빈민생활을 탈출할 수 있는 유일한 방법은 근면과 규율을 통한 개인적 차원의 노력뿐이었다. 빈민의 환경을 개선하려는 그 어떤 시도도 경제체제를 작동하게 해주는 기본 법칙인 개인주의를 전복시키는 일이 되었다. 하지만 1840년대로 접어들면서 도시의 산업화는 작가, 철학자, 박애주의자 그리고 정치가의 주요 관심사로 부상했다. 소설가 엘리자베스 개스켈Elizabeth Gaskell과 찰스 디킨스, 철학자 칼라일과 러스킨 그리고 개혁가인 채드윅과 샤프트버리 등이 이 새로운 도시 환경은 자연이 만들어낸 것이 아니라 인류의 산물이라는 사실을 증명하기 시작했다. 그들은 어떻게 해서든 다시 계획을 세워 도시에 인간미를 부여해야만 한다고 설파했다. 물론 가난한 사람들은 언제나 존재했다. 심지어 바로크 시대의 도성에서도 불결하고 비참한 지경의 사람들을 볼 수 있었다. 필딩Fielding의 소설이나 호가스Hogarth의 그림 속에 비춰진 런던 거리의 술집과 매음굴, 감옥이 있는 런던의 모습을 생각해보라. 하지만 산업화로 인해 빚어진 비인간화, 거대한 공장, 도시의 대기를 가득 메운 매연과 먼지 그리고 명목상으로 자유로운 인간이되 실질적으로 노예처럼 부림당하는 도시 노동자들의 절망과 익명성은 19세기 평론가들을 섬뜩하게 했다. 이는 이제껏 인간이 겪은 적 없는 새로운 현상이라는 그들의 판단은 정확했다. 조지 기싱George Gissing은 도시의 거주민들을 일컬어 '희망 없는 고된 노동에 시달리면서도 채워지지 않을 욕망의 갈증으로 고통받는 이들'이라고 말했다.

빅토리아 시대의 런던. 도시사의 새로운 장이 열렸던 순간이다. 기업 경영, 기계장치의 활용, 부의 탄생, 비열하고 격렬한 인간성 등의 특징이 구스타브 도레Gustave Doré의 회화 작품에 묘사되어 있다.
대영도서관The British Library, 1788.b.20.

노동자들의 고된 노동과 헛된 욕망 그리고 빈민촌의 존재는 사회를 보는 수많은 주장과 이념을 태동시켰고, 미래상에 관한 다양한 의견을 제시하게 만들었다. 그 한 극단에는 혁명적인 마르크스주의가 있다. 산업화된 도시에서 역사 발전 메커니즘이 작동해 곧 인간사회를 완전히 재구성하게 될 것이라고 확신하는 이념이었다. 또 다른 극단에는 이성과 자유의지에 기초한 사회계획을 통해 도시의 병폐를 해결하자는 주장이 있었다. 노동법, 의료 서비스, 주택 건축, 상하수도, 학교, 교통과 같은 것들을 개조하고 통합시켜 도시를 문명화된 환경으로 부활시켜야 한다는 것이다. 이런 일을 단계적으로 하나씩 이루어낸다는 건 기존의 산업도시에서는 무척 어려운 일이었다. 이에 따라 전원도시나 주택단지 같은 새로운 도시 건설이 대안으로 떠오르게 되었다. 새로운 도시는 기존 산업도시의 영향력이 미치는 곳에 지어져야 했다. 그곳에 서라면 완전히 다른 삶도 가능했다. 하지만 이 대안을 사회적으로 검토하기도 전에 시장과 개인의 힘이 먼저 개입해 '서버비아suburbia(도시 교외의 생활양식이라는 뜻.—역주)'이라는 자구책을 만들어냈다.

도시 거주민들은 오랫동안 시골과 그 무지함을 경멸해왔다. 그러면서도 한편으로는 도시의 압박감에서 벗어나 시골의 평화로움으로 되돌아가고자 하는 충동을 품고 있었다. 이런 감상은 테오크리토스Theocritus와 베르길리우스Vergilius에서 그 후대에 이르기까지 수많은 시인들의 주제가 되어왔다. 예전부터 여유가 있는 이들은 늘 도시 외곽에 주택을 지었다. 외곽지역은 조용하고 공기도 깨끗한 데다 정원을 만들 수 있는 공간도 충분했다. 16세기에도 이런 저택들은 런던 서부지역의 스트랜드Strand에 줄지어 서 있

19세기 버밍엄. 전경에는 웅장한 도시 건축물이, 배경에는 연기 자욱한 근교 공장지역의 모습이 그려져 있다.
버밍엄 도서관Birmingham Llibraries

었다. 같은 시기에 첼시는 '궁의 마을'로 알려지기도 했다. 푸트니Putney와 리치몬드 등 도시 외곽 마을 역시 매력적인 주거지로 널찍한 정원이 있는 우아한 주택이 즐비했다. 처음에는 말이나 개인 마차를 소유한 사람들만 이런 지역에서 머물 수 있었다. 하지만 19세기 중반 철도가 출현하면서 대대적인 교통혁명이 일어났고, 도심에서 접근하기 쉬운 마을은 모두 교외 주택지역으로 변모했다. 과거에 마을이 존재하지 않았던 곳에서는 철도가 새롭게 교외지역을 형성하는 촉매 역할을 했다. 덕분에 중산층이 사는 조용한 거리는 계속해서 늘어갔다.

공공질서 문란과 인구과밀화로 인해 발생한 문제를 개별적으로 해결하는 차원에서 생겨난 것이었다. 탈출을 위해 치른 대가는 이후 자동차 시대가 도래하면서 확실히 보상받은 셈이었다.

소규모 도시와 행정소재지 주변에도 교외 주거지역이 조성되었다. 이런 현상은 20세기에 들어서면서 여러 방향으로 시도된 도시 질병 치유책이 실패했다는 사실을 반증해주는 것이었다. 이런 해결책 중 가장 급진적인 것은 르 코르뷔제가 제안한 고밀도 고층건물로 이루어진 도시다. 이 건축양식은 이후 전세계 도시계획 관행에 지대한 영향을 미쳤다. 르 코르뷔제

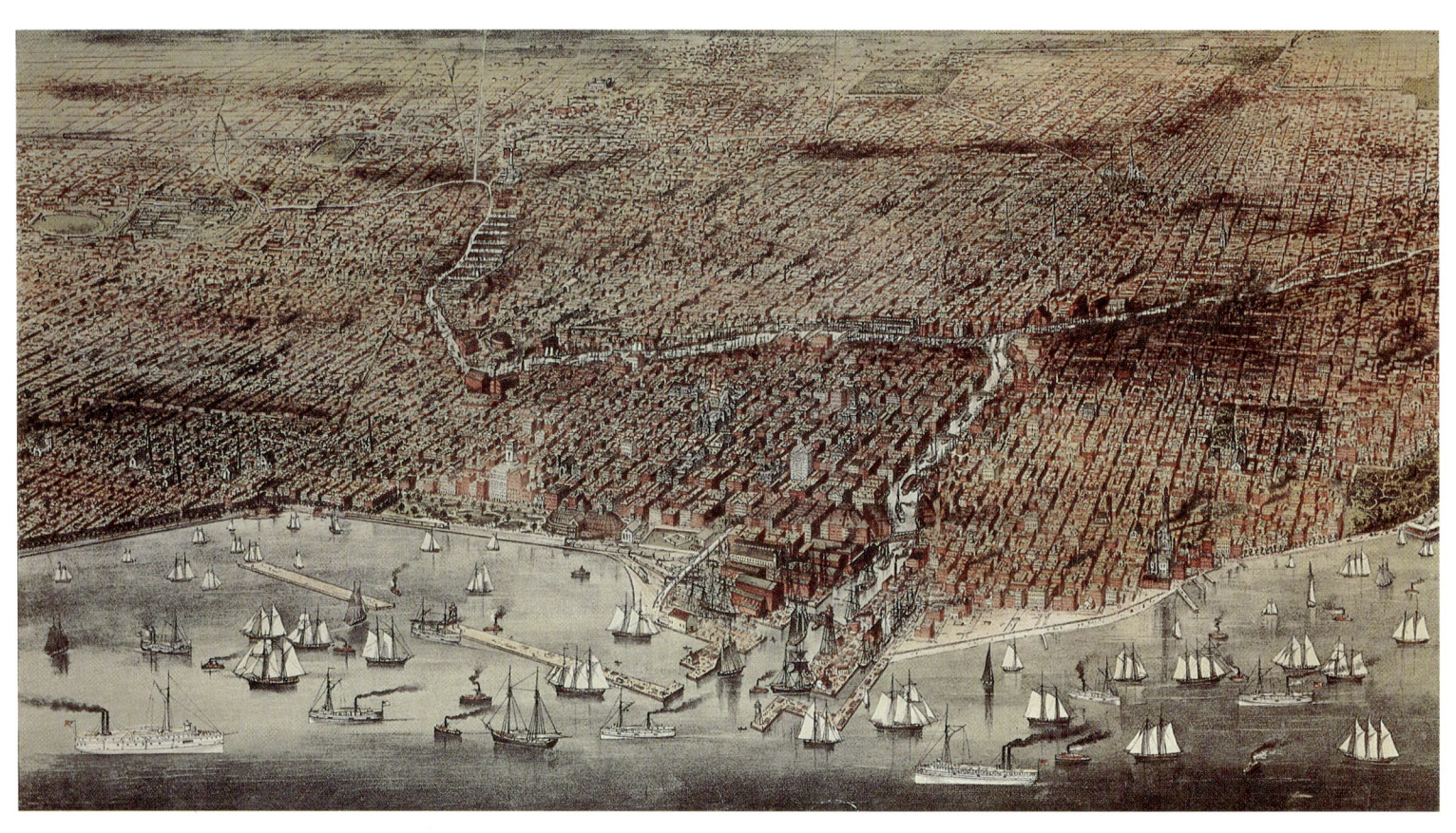

세계 콜럼버스 박람회를 개최하던 1893년의 시카고 전경. 그해 시카고는 세상에서 가장 빠른 성장 속도를 보여주었다.
www.bridgeman.co.uk

이런 지역들은 1870년에서 1920년까지 약 50년 동안 목가적인 평화를 누렸다. '철도 시대'가 저물고 '자동차 시대'가 도래하기 전까지의 기간이었다. 초기에 이런 교외지역은 자연적인 제한 요인을 지니고 있었다. 철도역까지는 도보로 걸어가야 했던 것이다. 하지만 1920년 이후 자동차가 등장하면서 이런 제한 요소를 없애버리자 교외지역은 걷잡을 수 없을 정도로 확장되기 시작했다. '서버비아suburbia'는 도심의

의 건축양식은 건물의 수평적 확산을 멈추는 대신 다른 용도로 사용할 도심 공간을 넉넉하게 확보하자는 의도를 갖고 있었다. 하지만 실험 결과는 참혹했다. 거대한 고층건물 숲에 질린 사람들이 너도나도 도심을 빠져나갔고, 교외에 주택을 마련할 돈조차 없는 빈민들만이 도심에 남아 슬럼가를 형성한 것이다. 도시계획은 정밀성과 거리가 먼 부정확한 기술이다. 일시적인 이론과 학설들은 너무나도 자주 다음 세대에

골칫거리만을 안겨주곤 했다. 1950년대와 1960년대 유럽과 북미지역의 도시에 들어선 코르뷔제 양식의 건축물들은 그 세기가 다하기도 전에 파괴되어버렸다. 우리는 계획 없이 잘 살 수 없다. 하지만 계획도시의 가능성을 무턱대고 믿을 수도 없는 노릇이다.

산업화의 진정한 유산은 도시의 영리화다. 공장뿐만 아니라 사무실 건물에서도 영리를 추구하게 될 것이다. 인간들이 가득 들어 있는 거대한 서류파일 캐비닛 같은 사무실 건물은 현대에 접어들면서 근대 도시의 일반적 상징이 되었다. 중세에는 성당이, 바로크 시대에는 궁이 담당했던 역할을 맡은 것이다. 매일 수백만의 사람들이 들고나는 사무실 건물은 오늘날 도시의 원동력이 되는 일터임에 분명하다. 거기에 먹을거리를 비롯해 다양한 형태의 삶을 영위하는 데 필요한 기본 부속물들을 공급해주는 상점까지 들어앉아 있었다.

도시가 직면한 난제는 수백만 거주민의 주거환경, 교통 그리고 안전의 문제였다. 하지만 아무리 고심해서 해결책을 찾아내도 늘 새로운 문제가 발생했다. 영리주의가 낳은 반작용과 변화 때문이었다. 더 크고, 빠르고, 새로운 것을 추구하는 영리주의는 도시를 끊임없이 변화시켰는데 그 동인은 도시민의 정신적, 이성적 유익이 아닌 영리추구였다. 근대 도시화에 대한 연구에서 알 수 있는 중요한 진실은 바로 도시의 물리적인 구조는 그 도시의 기능에 의해 정해진다는 것과 오늘날 도시의 가장 중요한 기능은 상업이라는 점이다. 도시계획은 제아무리 선한 의도를 가지고 시도되어도 이런 단순한 사실과의 경쟁에서 늘 지고 말았다. 도시가 질서정연해지고 질적으로 향상되고 인간미를 갖추기 위해서는 도시를 움직이는 원동력인 경제적 필요성에 보다 많은 인간적 숨결을 부여해서 균형을 맞춰야만 한다. 영리주의가 그 기능과 구조를 결정하는 한 도시는 스트레스 가득하고 위협적이며 비인간적인 공간으로 남게 될 것이다. 도시의 구조 자체에 경제적 필요성이라는 개념이 그대로 반영되기 때문이다. 현대 도시는 거대하고 박력 넘치며 절대로 부서지지 않을 불멸의 존재로 보임에도 불구하고 도시와 그 거주민들은 외부 적의 공격에 대책 없이 취약하고, 생업의 안정성 역시 마찬가지다.

하지만 도시는 항상 상업의 중심지가 아니었냐는 반론이 나올 수 있다. 중세의 쾰른, 르네상스의 베네치아, 17세기의 암스테르담, 18세기의 필라델피아 등은 제조업과 무역업을 통해 부를 축적하는 중심지 역할을 해왔으며, 이는 부인할 수 없는 사실이다. 하

서문: 역사 속의 도시

역동적인 산업도시를 미화하려는 의도가 엿보이는 그림. 번햄Burnham이 설계했지만 미처 이루지 못했던 1909년 시카고 관청의 투시도.
시카고 현대미술관Art Institute of Chicago

지만 당시 상업주의의 반작용은 종교, 예술, 사회 전체의 쾌락, 시민의 의무와 같은 다른 종류의 문명화 동력까지 그 도시와 도시민이 승인받는 것으로 상쇄되었다. 앞서 언급한 도시나 1800년대 이전의 도시들이라고 산업시대의 급속한 성장, 인구 증가, 교통문제 같은 부작용을 겪지 않은 건 아니다. 하지만 잊

지 말아야 할 것이 있다. 세계적으로 손꼽히는 위대한 도시들이 발휘하는 힘은 과거의 지적 유산과 물리적 아름다움을 고스란히 구현해낸다는 데 있다는 사실이다.

우리는 그런 도시들이 삶의 형태나 아름다움, 지혜를 담보하거나 그 상징이 되고 있다고 생각한다. 이 미덕들은 한때 그 도시에 살았던 위대한 인물들의 삶 속에서 종종 구현되는 특질로, 오랫동안 우리는 이를 잊고 지냈다. 그게 아니라면 우리가 아테네, 로마, 암스테르담, 잘츠부르크와 같은 곳에 모이는 이유가 무엇이겠는가? 그곳에서 플라톤, 카이사르, 렘브란트, 모차르트가 산책을 하고 그 도시의 풍광과 교감하며 영감을 얻지 않았다면 우리가 오래된 도시에 열광할 이유가 어디 있겠는가? 헨리 제임스처럼 우리는 그곳의 '거리에 굴러다니는 돌과 태양의 파편에' 역사가 있다고 느낀다. 물론 이런 느낌은 상당 부분 환상에 지나지 않는다. 수많은 세월이 흐르며 대부분의 도시들은 조금씩 개축되었다. 고대의 거리는 근대의 물질 공세에 뒤덮여 자취를 감췄다. 하지만 그 개성은 여전하다. 인간의 개별 세포가 끊임없이 새롭게 바뀜에도 불구하고 한 인간의 정체성은 그대로 남아 있는 것과 마찬가지다. 도시의 기능은 문명의 역사를 비춰주는 거울이기에 로마 수비대에서 중세 요새, 바로크 예술의 전시장, 산업화 시대의 도시 확대라는 발달 과정의 흔적을 추적하는 것이 가능할 수도 있다. 하지만 마모의 과정은 끊임이 없이 지속되고 있으니 이런 단계는 오로지 우리 상상 속에서만 존재하는 것이 사실이다.

과거의 유적과 현대 도시생활의 난제들을 대조하다보면 '도시란 무엇인가?'라는 근본적인 문제를 새삼 곱씹게 된다. 물리적인 면으로 보자면 도시란 단순히 돌덩어리 건물들과 거리를 지칭하는 말이 될 수 있다. 하지만 역사적으로 보면 그것은 중앙정부의 간섭에서 벗어나 자유롭게 살고자 하는 무리의 수중에 힘, 기술, 부를 집중시키고 그것을 바탕으로 일정 한도의 행정과 자생력까지 부여받게 된 특정 형태의 공간이다.

권력자들의 도시 지배 목적은 도시의 사회생활과 물리적 구조를 부유하게 하면서도 적정선에서 제한하는 데 있었다. 하지만 그런 지배자들은 누구였을까? 과거의 위대한 도시를 실제로 건설한 사람들은 누구일까? 알렉산드리아, 필라델피아, 런던, 베이징, 상트페테르부르크의 성벽, 왕궁, 광장, 주택가의 윤곽을 결정한 사람은 누구일까? 도시는 정치사와 건축사가 공존하는 곳이므로 이 다양한 질문 안에 답이 있다고 하겠다.

도시는 전제군주의 개인적인 의지에 의해 형태가 정해지거나 그 형태가 달라지는 경우도 있었고, 상업적 동인에 의해 그 외관이 결정되기도 했다. 도시의 역사 속에서는 자유와 자치를 얻으려는 움직임과 전제군주의 권력 행사 사이의 끊임없는 긴장이 도드라졌다. 양대 세력은 아름다운 도시를 지향한다는 공통점을 지녔지만 그 과정의 신비로운 연금술은 특정 공식으로 단순화하는 게 불가능해, 현대에는 도무지 그 기본 공식을 찾을 수 없게 되었다.

근대에 이르러 민주적인 도시 행정이 도시계획의 유산을 물려받게 되었다. 도시의 물리적 구조를 기획한 뒤 그 구조에 맞춰 사회생활이 주조되도록 한 것이다. 역설적인 것은 민주주의로 인해 경제, 여가활동, 운송, 미학, 영성 등 각 분야의 요구가 조화를 이룰 수 없게 되었다는 사실이다. 민주주의는 아직도 피렌체, 이스파한, 잘츠부르크, 라사와 같은 도시를 만들어내지 못하고 있다.

그렇다면 도시의 미래는 어떻게 될까? 도시를 잘 통제된 인간적인 공간으로 계획하는 일이 가능할까? 과거의 위대한 도시들로부터 배워야 할 점이 있을까? 아니면 그 고대 도시들은 단순한 박물관이 되어 현대를 살아가는 우리와는 전혀 무관한 과거의 업적에 그칠까?

몇 년 전에는 메가폴리스라는 거대도시의 성장을 예언하는 게 유행이었다. 수천 평방마일의 면적으로 확장된 도시가 멀찌감치 떨어져 있던 개별 도시 중심가들을 하나로 이어주는 거대도시. 가장 대표적인 사례로 꼽힌 건 미국 북동부 지역이었다. 보스턴에서 워싱턴으로 이어지는 지역이 성장하면서 한 도시 권역에 5,000만 인구가 포함될 것이란 예측이 있었다.

하지만 컴퓨터 시대의 과학기술은 전통적인 도시의 개념에 커다란 의문부호를 그려넣게 했다. 통신혁명이 일어난 상황에서 수백만 명이 매일 한 곳에 모여 일할 필요가 있을까? 그들의 일이란 전자 스크린을 통해 메시지를 주고받는 게 대부분인데 말이다. 더군다나 똑같은 전자 스크린이 각자의 집에도 다 있는 상황이라면? 이런 통신혁명이 도시의 교통난을 급격히 해소해서 결국 운송 및 서비스 업무의 어려움에 대한 해법이 되지는 않을까?

사실 상업과 행정은 여전히 도시에 집중되어 있다. 특히 주요 대도시와 수도에 편중되어 있는 형편이다. 도심의 특권과 권력은 여전히 그 위세가 꺾이지 않았다. 하지만 그보다 더 심오한 뭔가가 있다. 도시는 문화와 사상을 하나로 아우르며, 인간의 권력을 특정한 형태로 바꾸고 에너지를 문명으로 변화시킨 공간이다. 이것이야말로 도시가 맡은 역사적 역할이다. 마치 우리 뇌가 그러하듯이 도시는 문명화된 인간의 삶을 발전시키고 향후 삶의 방향성을 제시한다. 도시의 혁신 능력이 없었다면 인류는 쇠퇴한 채 끊임없는 발전과 변화를 이루지 못했을 것이다. 그랬다면 근대적 시각으로 보아 죽음을 맞이하는 것이나 마찬가지 형국이 되었으리라. 도시에서 번성할 수밖에 없었던 예술은 언제나 도시의 이 같은 에너지와 새로운 사상을 상징화해왔다. 예술은 도시생활의 최대 매력 중 하나다. 근대 상업주의의 근간이 되는 두 가지 원칙인 변화와 혁신이 계속해서 우위를 점하고 있는 한 제아무리 과학기술이 발달한다 해도 도시를 쇠퇴하게 만들지는 못할 것이다.

모든 것을 담는 그릇이자 자석이요 만남의 장소인 도시는 앞으로도 우리 삶의 과정 한가운데 정수로서 자리매김하게 될 것이다. 그래서 도시생활의 해악과 단점에도 불구하고 도시의 존재는 반가울 수밖에 없다. 만약 고립된 은둔생활이 인류 문명의 목적이었다고 말한다면 그것이야말로 5,000년 도시 역사에 대한 최악의 오판이 될 것이다.

서문: 역사 속의 도시

천국의 도시가 지구에 내려오다. 이것은 17세기 판화에서 일관되게 볼 수 있는 이상향이다.
대영도서관The British Library, 660.a.25

031

▲ 테오티우아칸 유적. '달의 피라미드' 남쪽에서 바라본 전경으로 왼쪽으로는 태양의 피라미드가 보이고 오른쪽으로는 2마일 길이의 '죽은 자의 거리Avenue of the Dead'가 뻗어 있다.
대영도서관The British Library, X.425/1231

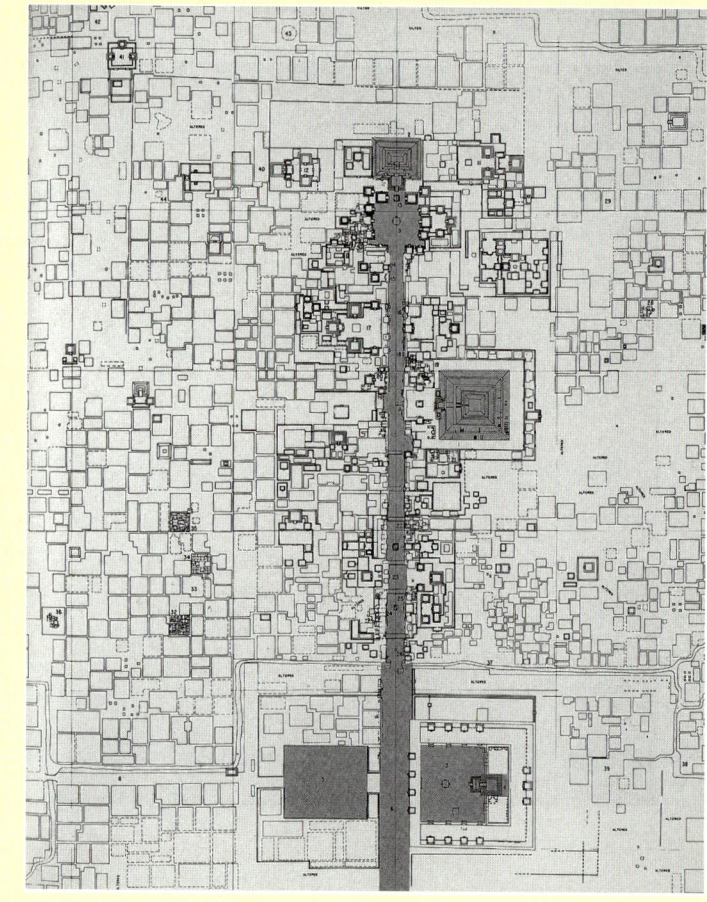

▶ 테오티우아칸은 갑작스레 자취를 감춰버린 멕시코의 신비로운 고대 도시다. 당대의 지도 그 어디에도 표시된 바 없고, 도시의 모습에 관한 기록 역시 남아 있지 않다. 도시 중앙대로를 중심으로 주변을 세심하게 그려넣은 이 지도는 미국 고고학자 르네 밀론René Millon이 그렸다. 남쪽에는 제례의식을 거행한 넓은 구역과 케찰코아틀 신전Temple de Quetzalcoatl이 있고, 가운데 오른쪽에 있는 것이 태양의 피라미드, 북쪽 끝에 있는 것이 달의 피라미드다.
— 칼 메이어Karl E. Meyer의 글 〈테오티우아칸〉(1973)중에서
대영도서관The British Library, X.425/1231

테오티우아칸 Teotihuacan
사라진 도시

도시는 인류 역사상 가장 웅대하면서도 가장 친근한 창조물이다. 그렇기에 '사라진 도시'라는 표현은 무언가 각별한 여운을 불러일으킨다. 높이 솟아오른 건물에 사람들이 가득 차 있던 활기 넘치는 도시가 버림받고 폐허가 된 채 모래 속에 묻혀버렸다는 건 참으로 이상한 일이다. 하지만 먼 과거에는 이런 일이 종종 발생했다.

과거에 사라져버린 위대한 도시 중에는 지금까지 그 실체를 분명히 유지하는 것들도 있다. 트로이, 바빌론, 니네베와 같은 도시의 이름은 문학에서 불후의 명성을 획득했으며 현대 고고학자들의 탐사작업 덕에 극적인 재발견을 이뤄내고 있다. 하지만 보다 흥미롭고 신비하다고 볼 수 있는 다른 도시들은 이런 역사적 실체가 밝혀지지 않았다. 베일 뒤에 가려져 있던 이들 도시의 발견은 이전에는 꿈도 꾸지 못했던 문화적 신기원에 다름 아니었다. 사라진 도시들의 유래나 도시민의 생활 방식 그리고 도시의 멸망은 여전히 풀리지 않는 문제로 남아 있지만, 그중 가장 큰 수수께끼는 단연 테오티우아칸이다.

1900년경까지 테오티우아칸 지역은 멕시코시티에서 북서부로 40마일(65킬로미터) 떨어진 평야의 풀 무성한 흙 둔덕에 불과했다. 하지만 이후 장기간의 발굴 작업이 벌어졌고 고대 아메리카에서 가장 위대한 도시로서 명성을 날렸음이 분명한 이곳의 모습이 드러났다. 웅장한 제례 건물과 대략 20만 명의 사람들이 거주했을 집들이 운집해 있었다. 근대 연대측정법으로 측정컨대 테오티우아칸은 대략 AD 200년경에 세워졌다. 무계획적으로 확충된 것이 아니라 엄밀한 계획 아래 발달한 것이 분명해 보인다.

도시의 중앙에는 일련의 사원과 피라미드가 세워졌고, 그 한가운데를 거대한 중앙 도로가 지나고 있는데 이것이 바로 '죽은 자의 거리 Avenue of the Dead'다. 총길이 2마일(3킬로미터)에 폭 130피트(40미터)에 달하는 이 거리의 끝에는 높은 제단이 놓여 있다. 이는 이 도로가 설계 당시부터 종교 제례와 행진을 감안해서 만들어졌으며 실제 그런 용도로 사용되었음을 암시한다. 이 거리를 내려다보고 있는 거대한 태양의 피라미드는 그 높이가 200피트(61미터)에 이르고 기저부의 폭은 700피트(213미터)에 달하며 중앙 도로와 이어진 거대한 계단을 통해 꼭대기에 오를 수 있도록 설계되었다. 태양의 피라미드라는 이름은 비교적 근대에 붙여진 것이다. 여름 절기인 하지에 이르면 태양의 정점이 바로 피라미드 꼭대기에 도달하기 때문에 피라미드 사방으로 그림자가 전혀 생기지 않는다. 추측하건대, 그 순간이야말로 공식적인 의례가 거행되는 시점이었을 것이다. 이는 도시와 우주의 연결성을 상징하는 것이었을지도 모른다.

'죽은 자의 거리' 양쪽에는 주거지로 사용된 궁의 폐허가 그 웅장함과 화려함을 뽐내고 있다. 그 도시의 상류층 거주지였음이 분명하다. 이 지역에서 조금 벗어나 외곽으로 나가면 훨씬 작은 규모의 주거지가 헤아릴 수 없이 많은데 일반인이 살던 곳으로 보인다. 중앙 도로의 북쪽 끝에는 태양의 피라미드 다음으로 큰 피라미드인 달의 피라미드가 있다. 테오티우아칸의 피라미드들은 수많은 역사학자들로 하여금 고대 아메리카 문명과 이집트 문명 간에 모종의 역사적 연관 고리가 존재할 것이란 추측을 하게 만들었다.

테오티우아칸의 정체는 무엇인가? 그 도시를 건설한 사람들은 누구인가? 그곳에서 행해진 의식은 무엇인가? 이렇게 커다란 도시가 자급자족했을 리는 없다. 분명 주변 국가에서 식량과 물자를 가져오는 장거리 무역 네트워크에 속해 있었을 것이다. 도심의 제례 지역은 겉보기처럼 의도적인 계획에 의해 세워진 것일까, 아니면 특별한 신앙에 따라 특유의 건물 구조와 배치를 자연스럽게 조성한 것일까? 도시의 사회적 구조는 어떠했을까? 어째서 왕정이나 군사시설 등의 흔적을 전혀 발견할 수 없는 것일까? 우리는 테오티우아칸 사람들이 마야인이나 아스텍인은 아닐 것이라고 추정한다. 하지만 문헌 기록이 전무해 그들의 역사나 정체를 정확히 밝혀줄 단서를 찾을 수가 없다. 전설에 따르면 수세기 전 아스텍인이 이 지역을 방문해서 도시의 거대한 크기와 불가해한 폐허를 본 후 '신들의 도시'라고 불렀다고 한다. 분명한 사실 하나는 AD 750년경 테오티우아칸에 큰 재해가 닥쳐왔다는 것이다. 화재로 황폐화된 도시를 사람들이 떠나버려 다시는 발길을 돌리지 않았다고 한다. 외부의 공격 때문이었다고 추측할 수는 있지만 그 주체가 누구였는지는 수수께끼다. 급격한 인구 증가가 원인이었을 수도 있다. 어쩌면 야만적인 신정과 관행화된 인신공희에 대한 저항이 있었는지도 모른다. 사원 아래에서 묶여 있는 사람들의 유골이 다수 발견되었다는 점이 중요한 증거가 될 수도 있겠다. 테오티우아칸에서 북동쪽으로 약 50마일(80킬로미터) 떨어진 저지대에 위치했으며 테오티우아칸보다 더 큰 피라미드를 보유하고 있는 촐룰라 역시 비슷한 시기에 사람들의 버림을 받은 것으로 보이는데, 이곳은 테오티우아칸의 자매도시였던 것으로 여겨진다.

아무튼 고대 아메리카에서 가장 화려하고 웅장했던 한 도시가 거의 하룻밤 사이 텅 빈 폐허로 변해버렸다. 단 하나의 유물도 남기지 않은 채 불가해한 수수께끼만을 후손에게 전하고 있는 것이다. 테오티우아칸의 이야기나 다른 사라져버린 도시의 이야기는 역사란 것이 일직선상에 존재하지 않는다는 깨달음과 함께 세계사 이전의 시간으로 우리를 데려다준다. 그때 문명은 섬나라 공동체의 성격을 띠고 있었다. 그리고 파괴적인 세력에 둘러싸이거나 그 내부에서 스스로 파괴력을 키웠다. 한 도시나 국가는 외부의 적에 의해, 혹은 성난 민중에 의해 흔적조차 없이 파괴될 수 있었던 것이다. 지금 우리는 대재앙으로 파괴되어 과거가 되어버린 현재를 상상조차 할 수 없다. 하지만 지난 수천 년 동안 많고 많은 도시들이 테오티우아칸과 같은 운명을 받아들여야만 했다.

알렉산드리아. 1798년 나폴레옹 1세의 탐험대가 조사한 내용대로 바다와 호수 사이의 좁은 모래톱에 위치한 도시 고유의 환경을 잘 보여주는 지도다. 고대에 파로스Pharos(이집트 북부 알렉산드리아Alexandria의 작은 반도.—역주)는 섬이었지만 수세기 동안 침니로 둑이 막혀버려 본토와 연결되었고 2개의 항구가 조성되었다. 이 고대 도시는 반도에서 '빌레 모데르네Ville Moderne'라 불리던 곳의 남쪽에 인접했으며, 카노푸스 대로는 도시를 동서로 가로질렀다.
대영도서관The British Library, 1899.K.1(74)

알렉산드리아 Alexandria

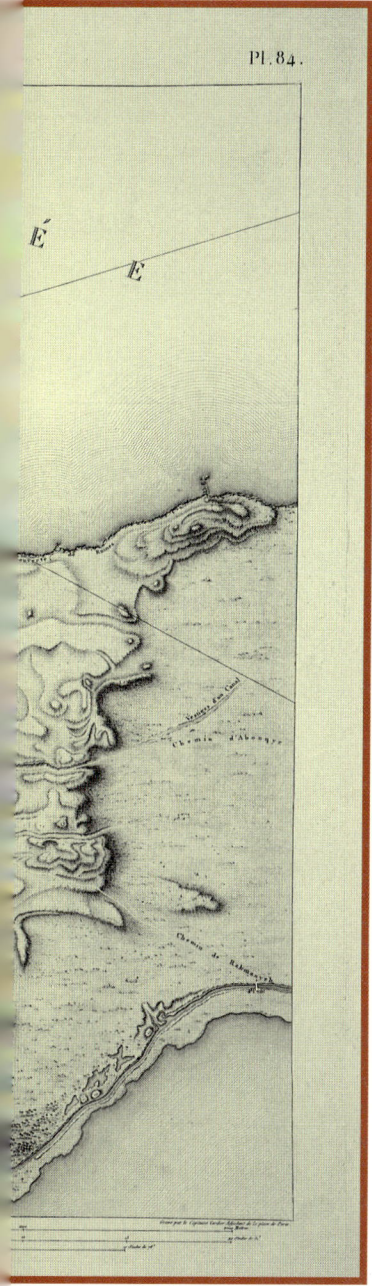

알렉산드리아만큼 그 기원이 정확하게 기록된 고대 도시는 없다. 기원전 332년, 알렉산더 대왕이 종교적 중심지이자 동부 지중해를 지휘할 해군기지로 세운 도시였다. 원래 그곳에는 라코티스Rakotis라는 오래된 마을이 있었다. 파로스 반도의 작은 근해 섬으로 최고의 정박지였으며 남쪽에는 나일강의 지류와 연결되는 담수호가 존재했다. 건축가 디노크라테스Dinocrates는 알렉산더 대왕으로부터 직접 헬레니즘 세계에서 단연 돋보이는 도시를 건설하라는 명을 받고 이곳을 찾았다.

주요 도로는 도시의 동서를 잇는 카노푸스 대로였는데 지금은 알-후리야 가Al-Hurriyah Avenue라고 불린다. 이 길의 서쪽 끝에는 소마 가도가 지나고 있다. 그 교차로에는 알렉산더의 위대한 도서관을 기리는 박물관이 서 있다. 현대적 의미에서 보면 도서관이라기보다 연구기관이었던 알렉산드리아 도서관은 예술과 학문의 산실이었다. 아테네 학당에서 초빙한 학자들이 이곳에서 일했다. 도심에 이런 시설이 자리잡고 있다는 사실 자체로 알렉산드리아는 헬레니즘의 지적 중심지가 되기에 충분했다.

소마 가도의 바다 쪽 길에는 두 개의 이집트 풍 오벨리스크가 서 있었다. 후대에 '클레오파트라의 바늘'이라 불린 이 오벨리스크는 현재 런던과 뉴욕으로 옮겨져 있다. 알렉산드리아에서 가장 유명했던 볼거리는 사실 바다에 있다. 바로 파로스 섬에 우뚝 솟아 있는 거대한 등대로 그 높이가 400피트(122미터)에 달하는데, 고대의 7대 불가사의 중 하나로 꼽힌다. 둑길이 섬으로 이어진 덕분에 동쪽과 서쪽에 항구가 효과적으로 형성되었다. 나일강과 도시를 연결하기 위한 운하도 팠는데 이는 다른 운하와 연결되어 홍해까지 이어졌다. 운하는 도시의 풍요와 부를 위해 필수적이었고, 운하 덕분에 이집트 및 다른 나라의 상품이 항구를 통해 들어올 수 있었다. 나아가 나일강 운하는 수로와 최근에 발굴된 저수지들을 통해 도시에 물을 공급하기도 했다.

알렉산더는 자신이 세우라 명한 수도를 살아생전 보지 못했다. 페르시아로 원정을 떠났다가 다시 돌아오지 못했기 때문이다. 기원전 323년에 알렉산더가 사망하자 이집트에 관한 지휘권은 그의 부관이었던 프톨레마이오스에게 넘어갔고 이후 그는 제국을 건설했다. 알렉산더의 사체를 되찾아 거대한 무덤을 만든 뒤 오랜 세월을 두고 도시민들이 볼 수 있도록 한 사람도 프톨레마이오스였다. 하지만 현대 고고학자들은 여지껏 그 무덤을 찾아내지 못했다. 다양한 장소가 무덤이 있었던 곳으로 지목되며 학자들의 관심을 끌었지만 언제나 허무한 결론을 내고 말았다.

기원전 1세기, 프톨레마이오스 왕조의 인간적인 약점과 빈약한 군사력 때문에 이집트는 이윤을 추구하는 로마인들에게 아주 매력적인 목표물이 되었다. 이후 알렉산드리아에서 일어난 사건들은 로마 역사의 황제시대를 열어가는 전투와 계략의 중요한 일부가 되었다. 프톨레마이오스 왕조의 마지막 후손인 클레오파트라는 율리우스 카이사르 1세를 사로잡았다가 나중에는 마르쿠스 안토니우스를 유혹해서 자신의 통치권을 지키려 했다. 하지만 클레오파트라가 악티움 전투에서 옥타비아누스에게 패배한 후 죽음을 맞이하자, 공식적으로 이집트는 로마제국령이 되었다. 알렉산드리아가 그리스 학문 및 철학을 로마와 서방 세계에 전하는 관문 역할을 했던 것은 바로 이 로마제국 시기였다.

유클리드, 아르키메데스, 에라토스테네스, 프톨레마이오스, 플로티노스와 같은 학자들은 모두 알렉산드리아에서 학문을 연구했고 후학을 가르쳤다. 하지만 동시에 알렉산드리아는 종교사상과 비술의 근원지이기도 했다. 신플라톤주의, 영지주의, 점성학, 연금술, 밀교가 모두 이곳에서 번성했고 각 분야의 영향력 있는 초기 문헌이 알렉산드리아에서 작성됐다. 이스라엘의 신앙을 헬라 철학과 결합시켜 철학적 유대교를 주장한 사람이 필로Philo였다면, 초기 그리스도교 신학자였던 클레멘트Clement와 오리게네스Origen는 그리스도교와

알렉산드리아에 있던 두 개의 오벨리스크는 '클레오파트라의 바늘'이라고 알려져 있다. 19세기 이집트 정부는 이것들을 런던과 뉴욕에 전달했다. 이 오벨리스크들은 실제로 클레오파트라와는 아무런 연관도 없다. 다만 기원전 150년경 헬리오폴리스에 세워졌다가 헬레니즘 시대에 알렉산드리아에 다시 세워졌다.
대영도서관The British Library, 10094.h.l

알렉산드리아 **Alexandria**

그리스 철학의 개념을 조화시키는 일에 매진했다.

비잔틴 제국에 편입된 알렉산드리아는 서기 616년 처음으로 페르시아의 공격을 받았고, 642년 아랍 민족에게 정복당했다. 아랍 민족은 북아프리카를 지나 스페인까지 그 세를 뻗어나갔다. 아랍 민족이 카이로의 전신인 알푸스타트Al-Fustat를 새로운 이슬람의 수도로 정하면서 알렉산드리아는 뛰어난 학문의 성과

유럽인들이 이집트의 역사와 문화에 새롭게 눈을 뜨게 하는 계기를 마련했다. 하지만 알렉산드리아의 이교도 시대를 나타내는 기념물들은 그리스도교인과 무슬림에 의해 조금씩 파괴되었다. 그 탓에 알렉산드리아는 고대 도시 중 과거의 흔적이 가장 적게 남아 있는 곳이 되었다. 오늘날의 알렉산드리아는 완전히 현대화된 모습이다.

를 자랑하며 정치의 중심지로 활약하던 오랜 역할을 접게 되었다. 이후 알렉산드리아는 주요한 항구로서 새로운 부흥기를 맞았지만 16세기 초에 접어들어 동쪽으로 가는 새로운 항로를 찾아낸 유럽인들은 알렉산드리아와 콘스탄티노플을 우회해 지나게 되었다. 그리고 1517년 투르크 제국이 이집트를 정복했고, 알렉산드리아는 제국에 그리 중요하지 않은 변경의 식민지로 전락했다. 나일강과 연결된 수로는 방치되었고 결국 침니로 막혀버렸다. 파로스 섬 정박지도 사정은 마찬가지였다. 이후 2세기 동안 알렉산드리아는 작은 어촌에 불과했다. 그러다 19세기 초 이집트의 민족주의가 부흥하면서 그 위상이 다시 높아지기 시작했다. 이는 나폴레옹 시대 영국-프랑스의 군사행동에 따른 결과로 등장한 사상이었다. 이런 움직임은

그림에도 불구하고 최근에 발굴해낸 유물들만으로 눈부신 장관을 이룬다. 시가 아래는 기원전 4세기의 무덤들이 즐비했다. 바로 알렉산드리아 제1세대들의 것이다. 항구 인근 바다에서 궁의 유적이 발견되기도 했다. 클레오파트라의 궁이었을 것으로 추정되는 그곳은 현재의 해변에서 조금 떨어져 있다. 하지만 현대의 고고학자들을 끊임없이 매료시키는 전리품은 알렉산더의 무덤이 될 것이다. 알렉산더 대왕의 무덤 위치를 알아낼 수만 있다면, 그것이야말로 알렉산드리아가 오랫동안 감춰왔던 과거의 영광을 되살리는 상징이 될 테니까.

▲ 알렉산드리아: 웅장한 등대가 있는 파로스 섬. 섬은 둑길로 본토와 연결되어 있었다. 등대는 고대의 불가사의 중 하나로, 위의 그림과 같은 수많은 상상화의 주제가 되어왔다.
www.bridgeman.co.uk

1544년 코르넬리스 안토니스준Cornelis Anthonniszoon이 그린 암스테르담. 북동쪽에서 바라보는 광경을 그린 이 그림으로 지금껏 우리 곁에 있는 이 중세 도시가 암스텔 강을 가운데 두고 가장자리는 싱겔 운하가 둘러싸는 지형을 늘 고수해왔음을 알 수 있다. 하지만 17세기에 새로운 운하를 파서 우회로가 나게 되는 서쪽으로 주택이 이어지기 시작했다. 오른쪽 상단의 넵튠 그림은 바르바리Barbari가 그린 베네치아 전경도에서 영감을 얻은 것 같다.

암스테르담 Amsterdam

암스테르담은 금지의 도시이자 절제의 도시다. 웅장한 산맥을 배경으로 한 도시도, 훌륭한 자연 항구를 품은 곳도, 위대한 역사적 사건의 배경이 된 적도 없는 곳이다. 거대한 성당도 없고 널찍한 대로가 있는 것도 아니며 당당한 광장도 없다. 예술가나 지식인들을 매료시키는 매력 또한 거의 없다. 이곳 출신으로 알려진 렘브란트도 기실 토박이가 아니다. 시인이나 소설가 또는 화가들에 의해 불후의 명성을 얻은 적도 없다. 하지만 암스테르담은 매우 성공적인 중산층 상공업자들의 도시다. 민주적이고 그림처럼 아름다운 건축물에 관대하며 부유한 시민들이 산다. 도시는 거리를 가로지르는 수로 덕분에 쾌적하다.

암스테르담의 역설은 오래 전부터 알려진 것으로, 매콜리Macaulay(영국의 문호·정치가.—역주) 특유의 미사여구에 잘 표현되어 있다.

안개로 뒤덮인 황량한 소택지는 질병을 내뿜는다. 나무도 돌멩이도 없는 소택지에는 단단한 땅도, 마실 수 있는 물도 없다. 한편으로는 바다가, 다른 한편으로는 라인강이 범람해 어렵사리 지켜내야 했던 이 땅에 결국은 유럽에서 가장 번성한 지역공동체가 세워졌다. 암스테르담 스타트하우스Stadhaus의 5마일 반경 안에 있는 돈이면 스코틀랜드 전체를 살 수도 있을 것이다.

암스테르담 역사의 한가운데는 수로와 그 수로를 통한 해양교역이 있다. 암스테르담은 처음부터 무역도시였기 때문이다. 17세기에 영국의 문인 존 이블린John Evelyn은 다음과 같이 서술했다. "집과 거리 사이로 상선의 함대가 계속 보였다. 집집마다 문앞에 바크선(뒷돛대만 세로 돛이고 나머지는 가로 돛인 세대박이 범선.—역주)이나 대형 선박 한 대씩을 두고 있었다."

원래 중세의 어촌에 불과했던 이곳에서는 암스텔 강의 지류가 쥬더 해로 진입해 들어갔다. 곧 강에는 제방이 쌓이고 절반으로 나뉜 지역을 연결하기 위해 댐도 세워졌다. 16세기 후반에 들어서면서 암스테르담은 네덜란드가 스페인 황제에게 저항하는 데 중심지 역할을 했다. 특히 1585년에 앤트워프가 스페인 사람들의 손아귀에 떨어지면서 수천 명의 프로테스탄트 신교도들이 암스테르담으로 피난을 왔다. 이와 동시에 가톨릭의 종교재판으로 스페인과 포르투갈에서 추방당한 수천 명의 유대인들이 유입되어 도시의 통상과 교역은 더욱 강화되었다. 이런 이민자들 중에는 스피노자의 동지들이 있었다. 이들의 금욕적이고 이성적인 철학은 암스테르담의 정신을 대표하는 것처럼 보였다. 1600년에 이르러 암스테르담의 도심은 유럽 해운업과 금융업의 중심지가 되었다. 이런 역할을 더욱 강화시켜준 것은 네덜란드 함대였다. 북해 조업을 하다가 가공할 해군으로 진화한 네덜란드 선단은 극동지역의 포르투갈 영토를 상당 부분 잠식했다. 암스테르담은 유럽에서 이루어지는 향신료, 보석, 커피, 비단 등 값비싼 화물의 교역을 거의 다 담당하는 무역 중심지가 되었다. 이는 17세기 암스테르담 황금시대의 물적 토대가 되었다. 상업을 통해 이룩한 부는 사치스러움으로 연결되고 건축과 예술 작품의 화려함으로 꽃을 피웠다.

이 중세 도시는 오랫동안 암스텔 강 주변으로만 밀집된 형태로 싱겔Singel 운하에 둘러싸여 있었다. 하지만 교역량이 급격히 증가하면서 싱겔 운하에 이어 헤렌 운하, 카이제 운하, 프린센 운하가 차례로 생겨났다. 이 운하를 통해 상품과 인력이 강변의 상인 집 문앞까지 운송되었다. 상인들의 집 전면은 독특한 박공구조로 만들어졌다. 질펀한 습지였던 까닭에 새로 만들어진 방파제 아래에는 가장 먼저 커다란 목재 하부가 들어섰다. 흔히들 암스테르담의 지하를 바라보면 거대한 겨울 숲이 보일 것이라 한다. 새로이 건설된 운하들은 도심을 중심축으로 해서 서로 연결되어 원을 이루었고, 그 운하 위에는 망루가 있는 견고한 성곽이 세워졌다. 1544년에 만들어진 조감도에서는 이런 구조를 분명하게 볼 수 있다. 특히 주목을 끄는 것은 수백 척의 배들이 항구로 모여들거나 쥬더 해에 머물고 있는 모습, 자못 흡족한 모습으로 그려진 넵튠 신의 모습이다. 넵튠은 암스테르담과 바다의 연결을 상징했다.

19세기로 접어들어 커다란 상선들이 로테르담과 함부르크로 유인되면서 암스테르담의 경기는 쇠하기 시작했지만 1876년에 북해 운하가 완성되면서 이곳의 상업 역사는 새로운 장을 맞이했다. 오늘날 암스테르담의 손꼽히는 부호들은 쉬이 모습을 드러내지 않는다. 그럼에도 불구하고 그들의 관용과 관대함 그리고 혁신적인 사고방식은 아직도 명성이 자자하다. 암스테르담은 바다에 둘러싸인 다른 도시와 비슷한 분위기이면서도 보다 편안하고 친근한 매력이 있다. 베네치아나 스톡홀름 혹은 상트페테르부르크의 아름다움이 좀더 칭송받고 눈에 띄기는 하지만 그들과는 다른 암스테르담만의 차분함이 존재하는 것이다.

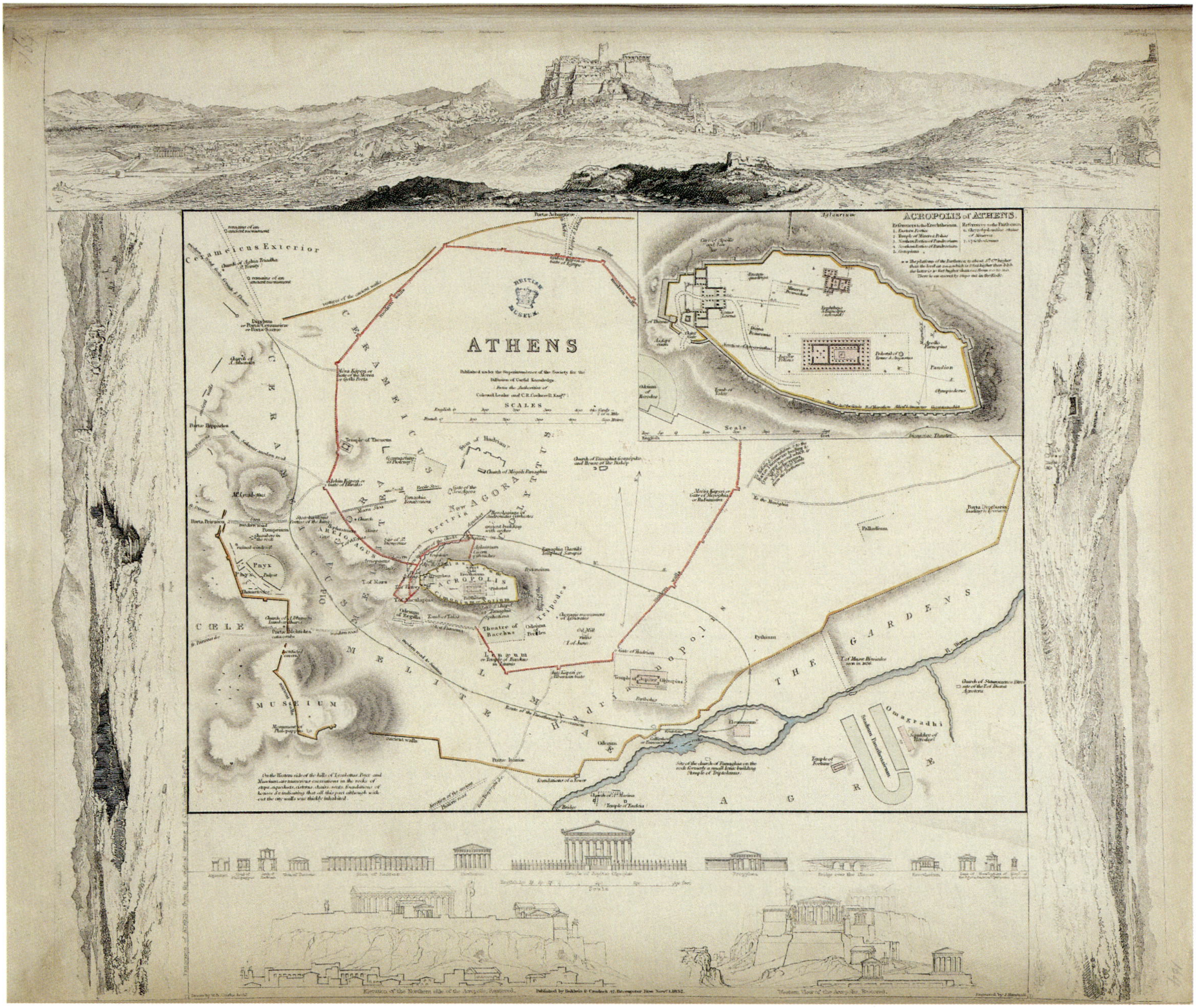

▲ 1844년의 아테네. 전통적인 아테네의 모습을 담은 지도는 현존하지 않는다. 그런 지도가 있었는지조차 알 수가 없다. 이 지도는 여러 세기의 터키 지배에서 벗어나 근대 그리스를 출범시키고 몇 년 후에 만들어졌다. 아크로폴리스 북쪽에 있는 오토 왕조의 주택과 신시가지는 보이지 않는다. 서구 학자들은 5세기 만에 처음으로 아테네의 원래 위치를 탐사하고 측량할 수 있게 되었다.
대영도서관The British Library, Maps 38.e.8

▶ 19세기 초반의 아테네 모습이다. 아크로폴리스가 인근 사막지역과 몇몇 주택을 내려다보고 있다.
대영도서관The British Library, TAB 1237.a

아테네 Athens

아테네라는 도시는 서구문명사에서 독특한 자리를 차지한다. 하지만 2세기 동안 훌륭한 지적 유산을 만들어낸 후 거의 2,000년이 넘는 세월 동안 외세의 지배를 받아 비루해진 곳이다. 고대 도시의 웅장한 파편들이 아크로폴리스에 남아 있지만 사실 우리가 아테네에 대해 알고 있는 지식 대부분은 고전문학의 묘사에 의존한다. 아테네 역사는 수세기에 걸친 침묵의 시간을 기점으로 크게 두 시기로 구분된다. 기원전 1500년경 아크로폴리스의 언덕은 도시를 지키는 성채인 동시에 신성한 성소로, 광활한 방벽에 둘러싸여 있었다. 아크로폴리스 밖에 형성된 부락은 처음에는 남쪽에만 한정되었고 북쪽은 묘역으로만 사용되었다. 기원전 6세기로 접어들어서야 아크로폴리스에 건설된 성소는 장엄한 석조사원으로 대체되었고 좀더 대중적인 종교 행사가 허용되었다. 저지대 지역에 방벽이 완전히 쳐진 덕에 더이상 아크로폴리스를 방어할 필요가 없었기 때문이다. 이 방벽은 헤로도토스와 다른 역사가들이 설명한 바 있지만 현재까지 그 흔적을 찾아내지 못했다.

거주지는 북쪽으로 뻗어갔고 새로운 아고라가 생겨났다. 시민들이 모여 다양한 활동을 벌이는 아고라의 한쪽에는 '샘솟는 집'이 있었다. 아테네 외부에서 토기 파이프를 통해 물을 끌어다 대는 곳이었다. 그 외에도 아고라 주변에는 극장, 의회, 법원, 개인 저택 등이 자리를 잡았다. 아테네는 기원전 480년 페르시아인들에 의해 함락되어 화염에 휩싸였지만, 이후 살라미스 전투에서 페르시아 해군을 격파하는 저력을 발휘했다. 도시는 즉시 재건되기 시작했다. 하지만 아크로폴리스는 약 30여 년의 세월을 더 기다린 후 페리클레스의 건축 계획 아래 파르테논 신전과 관문인 프로필라이아 그리고 에레크테움 신전을 갖게 되었다. 새로 조성된 아크로폴리스는 질서와 아름다움의 이상적 모습을 의식적으로 찬양할 뿐만 아니라 그리스의 다른 도시국가들을 능가하는 아테네의 패권에 대한 열망을 드러냈다.

아테네는 수많은 철학자를 배출한 곳이기도 하다. 플라톤이 설립한 아카데미아는 아고라에서 서쪽으로 1마일 떨어진 곳에 있었고 동쪽에는 아리스토텔레스가 개설한 라이시움 Lyceum 이 있었다. 스토아학파는 아고라의 옆에 있는 회랑을 의미하는 스토아 stoa 에서 이름을 따왔는데, 이들이 그곳에서 논쟁을 벌였기 때문이었다. 반면 에피쿠로스학파는 학파 창시자의 정원에서 모였다. 아테네가 쇠락하여 폐허가 된 뒤에도 진정한 아테네의 유산을 구현해 그 내용을 세상에 선보인 것은 바로 이 철학학원들이었다. 철학자들의 변증법적 진실 추구 정신을 후세에 전하였던 것이다.

하지만 아테네는 묘역 이외의 곳은 모두 불결하고 보잘것없었다고 알려져 있다. 아무렇게나 이어진 거리는 좁은 데다 흙투성이였고 하수구도, 조명도 없었다. 여러 면에서 아테네는 짜임새 없이 발달한 촌락과 비슷했던 것 같다. 인구는 꾸준히 증가했지만 크기에 제약을 둔 아테네는 잉여인구를 계속해서 도시 밖으로 내보내 새로운 도시를 세우게 했다.

아테네는 기원전 86년 로마에 함락당했다. 하지만 그 후로도 몇 세대에 걸쳐 지성의 중심지로서 번창해나갔다. 학교, 사원, 극장, 수로가 새롭게 건설되었다. 특히 로마의 하드리아누스 황제는 아테네를 아름답게 장식하는 일에 특별한 관심을 가지고 여러 번 방문하기도 했다. 이교가 부활하는 시기에는 아테네가 철학의 고향으로 숭상받았지만 기독교인인 황제 유스티니아누스가 재위한 서기 529년, 철학학원들은 폐쇄되었다. 이 사건은 고전주의 시대의 종말을 상징하는 것이었다. 콘스탄티노플이 그리스 세계의 중심지로 자리잡게 되면서 아테네는 서서히 조그만 지방 도시로 전락해갔다. 6세기에서 7세기 사이의 아테네 역사는 깊숙이 파묻혀 있다. 그 시기의 문건 어디에도 아테네는 언급되지 않았다. 어둠을 비춰줄 당대의 고고학적 유물조차 하나도 없다. 아테네는 1204년, 십자군에게 점령당했다. 같은 해 십자군은 콘스탄티노플 역시 차지했다. 파르테논 신전은 로마가톨릭의 성당이 되면서 종탑이 들어섰다.

1458년, 아테네는 쇄도하는 터키군의 손아귀에 떨어졌다. 그 후로 375년 동안 아테네는 터키의 땅이었다. 이슬람 사원인 모스크가 세워지고 동양적 요소가 아테네에 침투하기 시작했다. 1687년 후반 무렵, 베네치아 군대가 쏘아올린 포탄으로 파르테논 신전은 적지 않은 손상을 입었다. 마침내 터키에서 독립하여 새로운 왕 오토 폰 바이에른 Otto von Bayern 을 맞이했을 때, 그곳은 도시라 할 수 없을 지경이었다. 수천 명 남짓의 사람들이 아크로폴리스 북쪽 주거지에 흩어져 살고 있을 뿐이었다. 왕은 2층 석조건물에서 즉위식을 갖고 당장 근대 아테네 중심가 구획 작업에 착수하였다. 중심가는 신타그마 광장을 중심으로 서쪽과 북쪽으로 뻗어가는 형태가 되었다. 왕은 역사학자와 고고학자들을 불러모아 고대 아테네의 유적을 찾아내고 최선을 다해 복원하라고 주문하기도 했다. 그로부터 50년 간 과거 그리스 스타일의 공공건물을 세우는 정책을 시행하면서 아테네는 근대 유럽의 중심지로 서서히 탈바꿈했다.

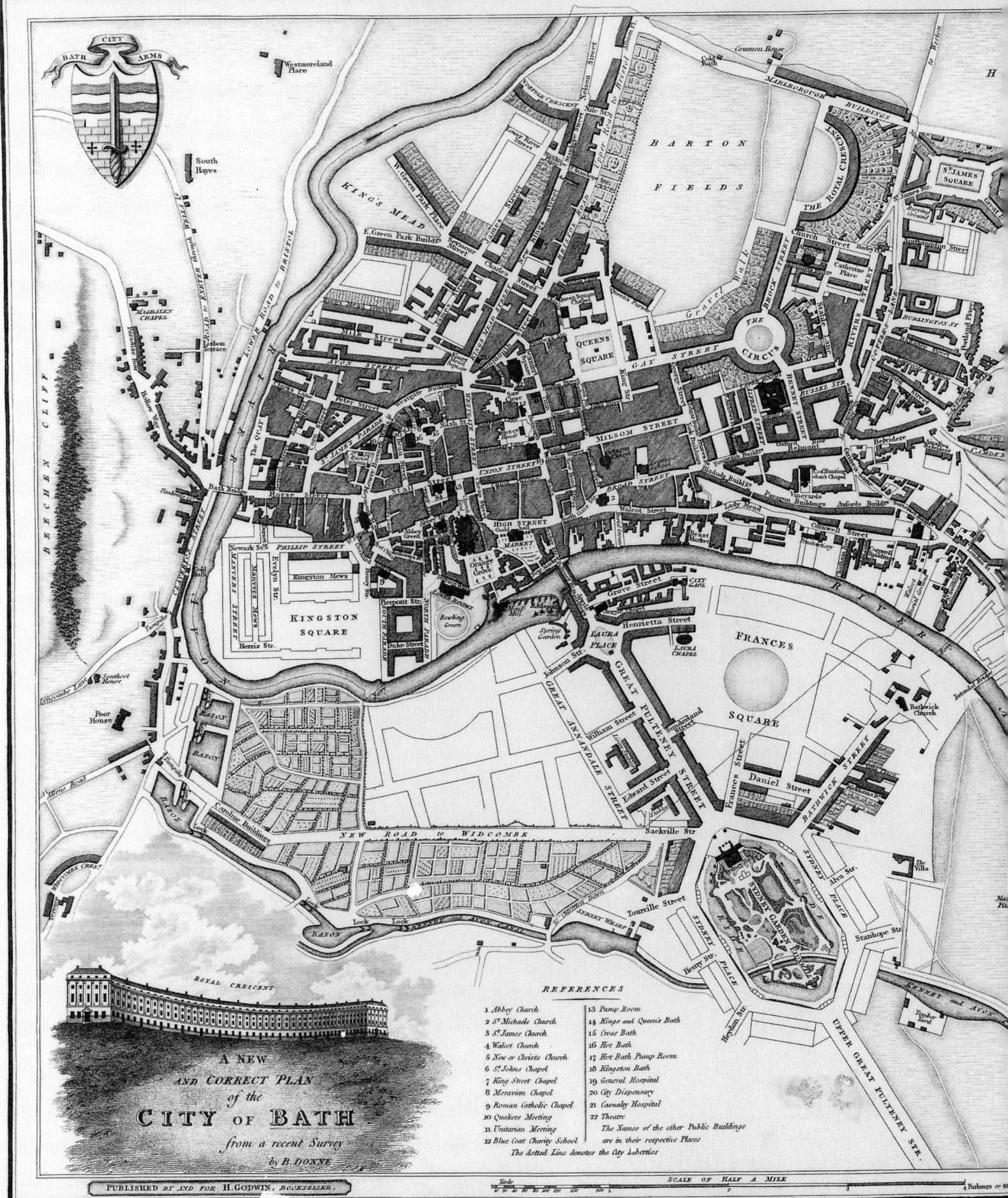

배스 Bath

배스 지역 부의 근원이 되어준 천연온천수를 영국 켈트족이 모르고 있었을 리 없다. 하지만 정작 그것을 개발하고 주변에 화려한 목욕시설과 도시를 세운 것은 로마인들이었다. 목욕탕은 휴식뿐 아니라 치료의 장소가 되었던 까닭에 켈트족의 여신 술리스Sulis와 로마의 여신 미네르바에게 바쳐졌다. 그래서 로마인들은 목욕탕을 아쿠아 술리스Aquae Sulis라고 불렀다. 하지만 로마제국 지배가 끝난 이후 사실상 버림받은 상태였던 배스는 중세로 접어들면서 섬유제조업의 중심지가 되고, 웨스트민스터 사원을 유치하면서 대성당의 도시가 되었다. 새롭게 온천장이 들어섰고 온천의 치료 효험 덕에 배스는 상류층이 좋아하는 매우 유명한 명소로 탈바꿈했다. 그리고 1600년에 이르자 의사들은 배스의 온천물을 음용수로 사용해도 좋다고 추천했다.

배스가 물리적인 면이나 사회적인 면에서 가장 크게 변화한 시기는 18세기 초반이다. 이는 몇 사람이 의식적으로 계획하고 지휘한 일이었다. 기업가이자 지주였던 랠프 앨런Ralph Allen은 1727년부터 건축가 존 우드John Wood와 손잡은 뒤 도심을 신고전주의 양식으로 재건해달라고 지속적으로 의뢰하였다. 건축가는 앨런이 소유한 채석장에서 아름답고 견고한 배스의 석재를 가져다가 맡은 일을 성공적으로 완수하였다. 널찍한 광장, 순환도로, 초승달 모양의 거리를 배치하여 영국 도시계획 역사에 남을 독특한 실험을 감행했다. 퀸스 스퀘어, 서커스 그리고 로열 크레센트 지역에 세워진 테라스 하우스는 팔라디오 양식의 궁을 닮아 있다. 이런 건축물들은 도시 위쪽의 고지대에 세워져서 더욱 숨막히는 절경을 만들어냈다. 강 건너편에는 로버트 애덤이 설계한 길이 1,000피트(300미터), 폭 100피트(30미터)의 그레이트 풀트니 거리가 동명의 독특한 다리로 도심과 연결되었다. 다리 위에는 상점들이 나란히 줄을 지어 서 있다. 그리고 연회장, 극장, 새롭게 설계된 온천장들이 이 우아한 새 도시의 구조를 완성시켜주었다.

이 모든 건축 작업을 진행한 취지는 배스에 더 많은 관광객을 유치하기 위함이었다. 영국 사회사를 통틀어 최초의 휴양지가 배스였던 까닭이다. 중세의 순례자들이 영적 건강을 증진시키기 위해 성지를 방문했다면 18세기의 순례자들은 수년 동안의 폭음, 폭식과 유흥에서 벗어나 몸에 활기를 되찾기 위해 여행을 했다. 찰스 2세와 앤 여왕 때부터 왕실에서도 배스를 즐겨찾았다. 그리고 그 뒤를 따라 건강을 추구하는 무리들이 찾아오면서 다양한 사교 행사와 여흥이 줄줄이 이어졌다. 연회, 연주회, 무도회, 공연, 도박, 승마, 쇼핑 등의 활동은 의전관이라는 이름으로 불리던 저 유명한 보 내쉬Beau Nash가 조정해 운영했다. 그는 앨런이나 우드 못지않

1810년 벤저민 던Benjamin Donne이 그린 배스. 배스가 상류사회에서 가장 사랑받던 시기에 그려진 이 그림은 제인 오스틴이 알고 있던 바로 그 배스다. 이 시기 지도로서는 다소 특이하게 지도의 위가 북쪽이 아니고 서쪽이다. 도시계획에 따라 강 동쪽에 세워지기로 되어 있던 프랜시스 스퀘어 단지는 건설되지 않았지만 공원이 되었다. 그레이트 풀트니의 우아한 주택단지를 제외한 연회장이나 상점과 같은 배스의 명소들은 강의 서쪽에 자리잡고 있다.
대영도서관The British Library, K Top XXXVII.23

배스. 뒤로 언덕배기와 우아한 건축물이 보인다. 그림처럼 아름다운 이런 전경은 수많은 풍경화의 소재가 되었다.
대영도서관The British Library, 199.i.7

게 배스에 화려한 이미지를 부여하는 데 중요한 역할을 하였다. 내쉬는 무도회와 연회의 체계를 세우고, 복장과 행동거지에 관한 규칙을 마련하고 숙박 가격을 규제했다.

하지만 조금 이상하게도 배스의 가장 큰 매력은 그곳의 평등주의다. 귀족, 신사계급, 부유한 상인, 목사, 군인들이 런던에서는 도저히 생각도 할 수 없는 방식으로 교제하며 지냈다. 누구나 참여할 수 있는 고급 여가활동은 배스의 최대 매력이었다. 1720~1820년 사이에 씌어진 모든 소설과 희곡들은 배스를 배경으로 삼거나 적어도 배스에 관해 언급할 정도였다. 우리가 흔히 생각하는 배스는 토비아스 스몰렛과 리처드 셰리던, 제인 오스틴이 복원해준 이미지에 상당 부분 기대고 있다. 웨슬리 목사는 배스를 '사탄의 본거지'로 여겼다. 그곳에서라면 사탄은 어떤 공격도 이겨낼 수 있으리라는 게 이유였다.

배스의 인기는 1840년경부터 수그러들기 시작했다. 증기기관의 시대가 열리면서 다른 휴양지를 찾는 일이 쉬워졌던 것이다. 특히 유럽 대륙으로 여행하는 일이 빈번해지는 한편 의학은 온천수의 효험을 뛰어넘는 지식들을 알려주었다. 어쩌면 그 덕일 수도 있다. 근대의 무자비한 개발이 남긴 참화에도 불구하고 배스의 대부분 지역은 옛 모습을 그대로 유지했고, 독특한 유적이 잘 보존된 조지 왕조시대 도시의 전형이 되었다. 배스에서는 지금도 우아한 생활의 필수요소는 우아한 환경이라 생각하고 있다.

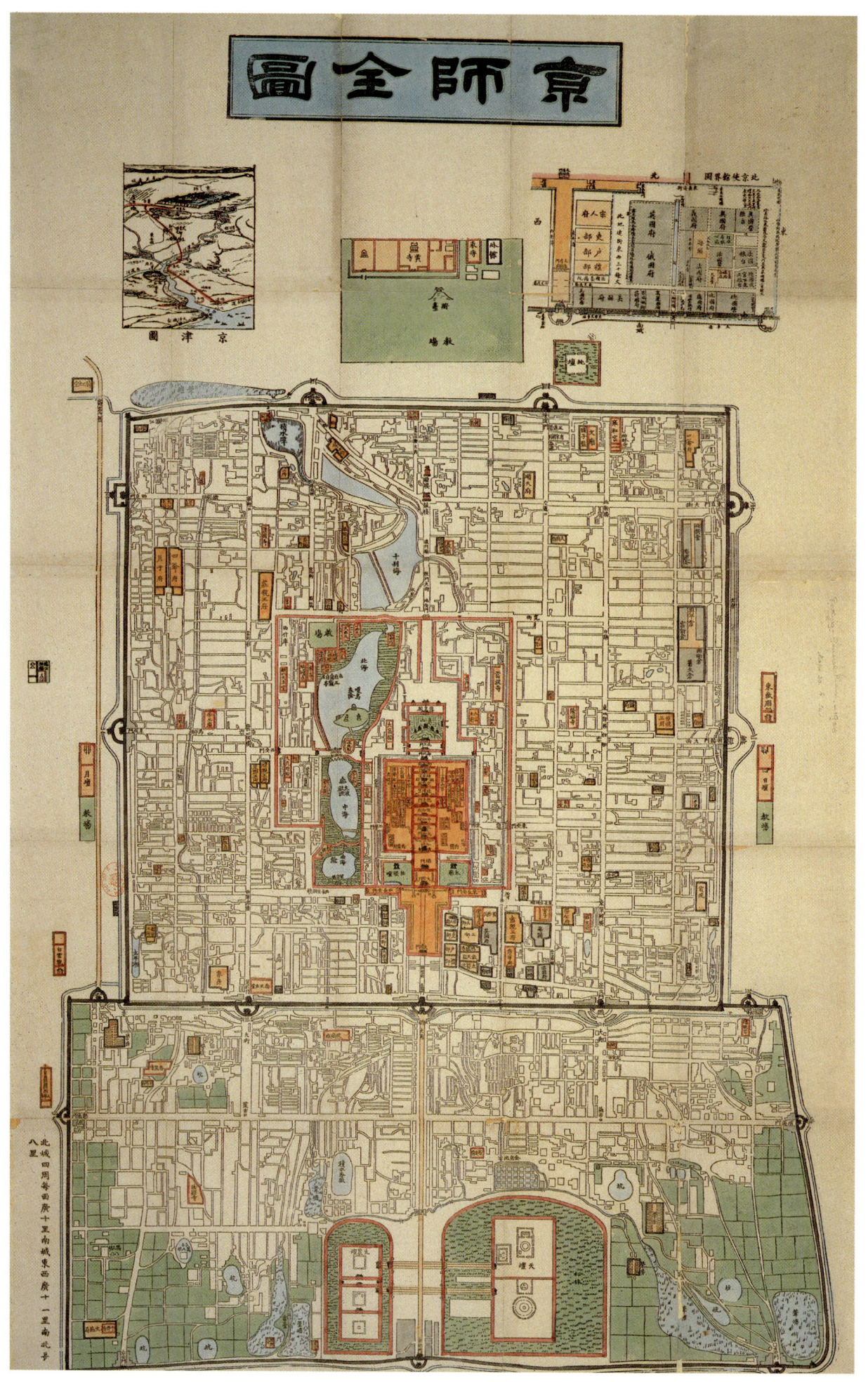

베이징. 1900년의 중국 목판지도. 고대부터 지금까지 이어지는 베이징의 바둑판 같이 반듯한 구조를 보여준다. 중심부에 자금성이 자리잡고 그 주변을 거리와 성문, 성벽이 흠잡을 데 없는 대칭구조를 이루며 둘러싸고 있다. 그 남쪽에는 16세기에 형성된 남부 근교지역이 있다. 여타 유럽의 역사적 도시들과 마찬가지로 성벽의 경계선 지역에는 현재 내부 순환로와 전철 노선이 자리잡았다.

대영도서관 The British Library 지도 30.b.54

베이징 Beijing

베이징은 2,000여 년 전 중국 북방 국경선 근처의 수비군 주둔 도시였다. 그 남쪽에는 비옥한 땅에 많은 이들이 모여사는 저지대가 있고, 만리장성(기원전 7세기에서 3세기 사이에 세워졌다) 너머 북서쪽으로는 산악지대와 몽골의 고원지대가 이어졌다. 12세기에 베이징은 중도(쭝두, 中都)라 불리면서 중국 북부를 다스리던 금나라의 수도가 되었다. 1215년 칭기즈칸과 그의 군대가 중국 북부의 몽골 지방에서 쳐들어왔다. 그들은 만리장성을 돌파하고 중도를 점령한 다음 불을 질러 도시를 초토화시켰다. 그로부터 반세기 후 칭기즈칸의 손자인 쿠빌라이 칸이 베이징을 재건한 뒤 칸발리크(Khanbaliq, 칸의 도시라는 의미. 한자로는 대도大都라 함.—역주)라는 몽골 이름을 붙이고 원나라(몽골제국)의 수도로 삼았다. 1270년 마르코 폴로가 보고 책으로 썼던 도시 역시 당시의 베이징이었다. 수많은 궁과 사원, 운하, 다리가 있고 50만에 육박하는 인구가 거주하는 대도(베이징)는 당대 유럽의 여느 도시를 능가하는 수준이었다. 이 시기에 만들어진 운하로 인해 멀리 떨어진 양쯔강에서부터 대도까지 배를 이용해 온갖 물건을 도심으로 실어나를 수 있었다. 이때의 건축물 중 현대까지 전해진 것은 하나도 없지만 이 특별한 도시의 직사각형 윤곽은 쿠빌라이 칸 시대의 것으로 여겨진다.

1368년 몽골제국의 중국 지배는 끝이 나고 명나라가 들어서면서 베이징의 역사에도 새로운 장이 열렸다. 현재 사용되는 베이징 즉 북경(북쪽의 수도)이라는 이름도 명나라 때 지은 것으로 그때부터 베이징은 성곽 안에 성곽이 있는 성곽도시가 되었다. 그리고 그 중심부에는 서양에 '금지된 도시'라고 알려진 자금성이라는 왕성이 들어섰다. 나침반의 기본 방위에 맞춰서 네모반듯하게 지어진 자금성은 크게 외조外朝와 내정內廷으로 나누어볼 수 있다. 황제가 대전의식을 거행하거나 연회를 베풀어 외국의 귀빈을 접대하던 외조가 바깥쪽에, 그리고 보통 사람들은 절대로 출입할 수 없는 곳으로 황제가 일반 업무를 보고 가족과 함께 거주하며 생활하던 내정이 안쪽에 있었다. 자금성은 동쪽에서 서쪽까지의 길이가 0.5마일(약 805미터) 정도이고 북쪽에서 남쪽까지의 길이는 그보다 조금 더 긴데, 기록에 의하면 이를 완공하기 위해 장정 20만 명이 14년에 걸쳐 노역을 했다고 한다. 중국을 다스리던 수많은 관료들 역시 자금성 안에 기거했다. 하지만 자금성 내 건축물 중에는 하늘을 찌를 듯 높이 솟은 것은 하나도 없었다. 이름에서 의미하듯 격리와 차단의 구조야말로 자금성의 강점이기 때문이다. 수세기 동안 베이징에서 가장 높은 건물은 123피트(37.5미터) 높이의 태화전太和殿이었다.

명나라 때의 직사각형 도시 형태는 근대의 베이징에서도 쉽게 찾아볼 수 있다. 북쪽에서 남쪽으로 이어지는 중앙 축을 중심으로 도시가 발달한 것이다. 성벽, 성문, 사원, 공원, 시장 등이 이 축을 중심으로 대칭구조를 이룬다. 도로는 이 황성을 동에서 서로 그리고 북에서 남으로 가로지르며 6개의 성문을 연결하고 있어서 베이징의 평면도는 바둑판을 연상시킨다. 로마의 도시 기술자가 보았다면 경탄해 마지않았을 모습이다. 공산주의 국가가 들어선 이후에도 이런 구조는 바뀌지 않았다. 현대 베이징의 중심은 지금도 제국 시절에 포고령이 선포되던 톈안먼天安門 광장이다. 1949년에 파괴되었던 고대 성벽의 흔적은 여타 유럽의 도시들과 마찬가지로 내부 순환로와 지하철 노선에서 찾아볼 수 있다.

5세기의 세월 동안 베이징의 역사는 외부세계와 완전히 단절된 채 흘러갔다. 하지만 19세기가 되자 서구 열강이 중국으로 밀려 들어왔다. 1859~1860년에는 영국 군과 프랑스 군이 쳐들어와 베이징을 약탈했지만 자금성은 안전하게 지켜졌다. 그 불가침의 신화가 처음으로 깨지게 된 것은 의화단사건(북청사변)이 좌절되고 중국 황족들의 내분이 일어난 후인 1900년이었다. 20세기에 들어서면서 수십 년 동안 벌어진 각종 소요사태 속에서도 기적적으로 본모습을 유지해온 자금성은 공산주의 중국의 한가운데에 서서 과거를 고스란히 보존하고 있는 유적이다. 1949년 10월, 베이징을 수도로 하는 중화인민공화국 탄생을 알렸던 곳도 바로 톈안먼 광장의 연단이었다. 오랜 세월 동안 중국을 규정짓는 사상은 경직된 중앙집권주의였다. 언제라도 압제와 극악무도한 만행이 자행될 수 있는 환경이었다. 이런 불운한 역사가 이어져왔다는 사실은 현대 베이징의 심장부에 우뚝 선 역사적 건축물들이 생생하게 전하고 있다.

베를린 Berlin

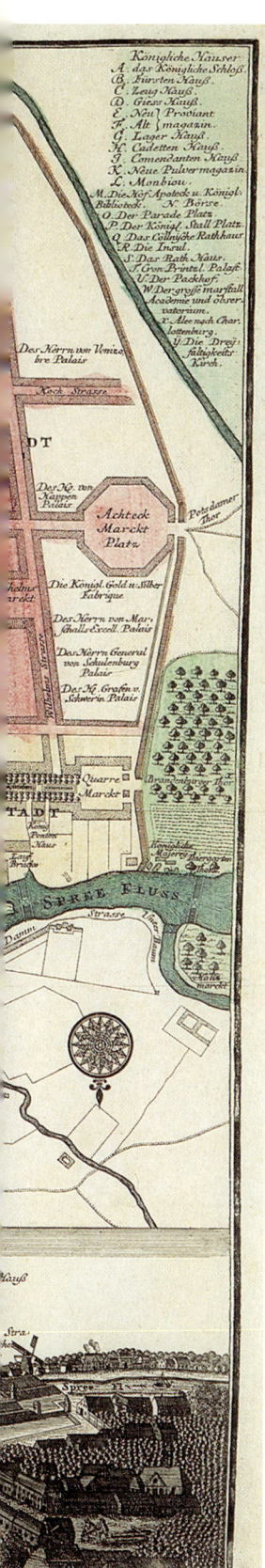

독일 역사상 가장 혼란스러웠던 수백 년의 비극은 베를린의 비운과 궤를 같이 한다. 군사력을 동원해 세워진 이 수도는 신고전주의 외관을 갖추고 있었지만 그 지배자가 철혈정책의 신화를 신봉했던 까닭에 폭격을 맞아 산산조각났다. 이후 베를린은 외세의 지배를 받으면서 양분되어 2세대에 걸치는 시간 동안 서로에게 적의를 품고 지냈다.

베를린이 역사적으로 조명받게 된 것은 13세기 들어서였다. 이때 베를린은 슈프레 강의 섬 주변에 조성된 보잘것없는 부락에 불과했다. 그리고 본래 베를린은 정확히 말해 자매도시였다. 슈프레 강에 있던 섬은 쾰른이라 불렸고 그 오른편 강가에 있는 요새 지역이 베를린이었다. 이 둘이 공식적으로 병합된 것은 17세기 후반이었다. 중세 베를린의 번화가 중 지금까지 모습을 보존하고 있는 곳은 마리엔 교회와 니콜라이 교회가 유일하다.

베를린의 중요성은 자연환경이나 지리적 이점에 있는 게 아니라 호엔촐레른 제국과 인연을 맺게 되는 역사적 사건에서 기인한다. 1411년, 독일 남서부의 중세 공국인 슈바벤의 귀족 가문 호엔촐레른의 프리드리히가 베를린이 있는 브란덴부르크 지역의 선제후로 임명되면서 베를린은 영주 거주도시 Residenzstadt가 되었다. 하지만 여전히 작은 지역에 머물러 1650년의 거주인구는 고작 1만 명이 조금 넘는 수준이었다. 베를린의 역사가 본격적으로 열린 것은 1640년, 프리드리히 빌헬름이 브란덴부르크의 대선제후로 즉위하고 난 이후였다. 프리드리히는 30년전쟁의 격변이 지난 후 베를린을 재건하기 시작했다. 근대 양식의 성채를 세워 방비를 갖추고 슈프레 강에서 시작되는 수로를 연 후 인근 촌락을 병합하여 하나의 도시로 정비했다. 무엇보다 중요한 것은 그가 독일어권 지역의 군부와 외교권을 획득했다는 점이다. 마침내 그의 아들이 프로이센의 왕이라는 칭호를 확보했고, 더욱 막강한 힘을 손에 쥔 그의 증손자 프리드리히 대왕은 베를린을 파리와 동급으로 만드는 일에 착수, 예술과 지식인들의 도시가 되게 하였다. 포츠담(브란덴부르크의 주도.—역주)은 이제 독일의 베르사유가 되었다. 운터덴린덴, 티어가르텐, 샤를로텐부르크 성, 겐다르멘 광장과 같은 베를린의 명소들이 들어선 것도 바로 이 시기였다. 브란덴부르크 문은 구식풍의 문을 대신해 1789년 보다 화려하게 지어졌다. 베를린에서는 신고전주의 건축양식이 여전히 선호되는 가운데 그리스 풍의 미의식에 프로이센적인 엄격함이 가미되었다. 화려한 건축물에 어울리는 지적 개화도 함께 이루어졌다. 왕실에서는 레싱 등 위상 있는 작가와 바흐 같은 음악가들을 유치했고, 1810년 알렉산더 폰 훔볼트가 대학을 설립했을 무렵 헤겔, 피히테, 그림 형제 등이 학생으로 재학했다. 후대의 조금 특별한 동창생으로 마르크스와 엥겔스도 꼽을 수 있다.

그럼에도 프로이센 사회와 그 의식의 기저에는 여전히 군부가 남아 있어서 베를린은 항상 요새도시로서의 면모를 갖춘 채 수만 명의 병사들이 주둔하는 상황이었다. 하지만 제아무리 최고의 프로이센 군대라 해도 나폴레옹을 막아낼 수는 없었다. 나폴레옹은 1806년에 베를린을 차지하고 약탈해서 브란덴부르크 문 위에 있던 청동전차를 파리로 보내버렸다.

19세기 초반, 독일의 무분별한 산업화는 베를린에 커다란 영향을 끼쳤다. 천연자원이 풍부한 지역에서는 산업화가 반드시 일어났고, 그로 인해 베를린은 훌륭한 교통망을 갖추게 되었다. 1815년 20만 명에 불과했던 베를린의 인구는 1880년에 이르자 1,200만 명에 달했다. 대선제후의 요새는 1860년대에 철거되었고 그 자리에는 순환철도인 링반Ringbahn이 놓여졌다. 하지만 산업화의 물결은 순환선 밖으로도 급속히 번져나가 값싸고 볼품없는 주택이 노동자들을 수용했다. 베를린은 1848년 유럽의 도시들을 휩쓸었던 거리의 혁명에 참여했지만

1730년 셔터Seutter가 그린 베를린. 평면도와 조망도 모두 남쪽을 향하고 있다. 아마도 황궁과 교회를 최전면에 놓기 위함인 것 같다. 슈프레 강은 운하로 만들어져 성벽 둘레를 따라 흐르는 해자 역할을 하는데 이로 인해 요새와 같은 인상을 더해준다. 프로이센 여왕의 이름을 딴 도로텐 포르슈타트 등의 교외지역이 이미 발달된 모습을 볼 수 있다. 강 바로 위쪽 오른편에는 브란덴부르크 문이 보인다. 프리드리히 빌헬름의 초상화로 가장자리를 장식한 카르투시(고대 이집트의 기념비 등에서 국왕의 이름 따위를 새긴 상형문자를 둘러싼 달걀꼴 또는 타원형의 장식 테두리.—역주)는 군국주의자에게 어울리는 형상이다.
대영도서관The British Library, Maps 29720(2)

브란덴부르크 문. 베를린 군부 역사의 상징으로 1791년에 완공되었다. 아테네의 아크로폴리스로 들어가는 문인 프로필라이아Propylaea와 상당히 흡사하게 만들어졌다. 위에 올려져 있던 청동전차는 나폴레옹이 떼어 승리의 트로피로 가져가는 바람에 잠시 동안 파리에 머물렀다. 제2차 세계대전 동안 파괴되었다가 개축된 이 문은 1961년부터 독일 통일이 이루어진 1989년까지는 동베를린과 서베를린 양쪽 모두에서 출입하지 못하도록 폐쇄되어 있었다.
대영도서관The British Library, Maps 1.c.16

200명의 사망자만 발생했을 뿐 진정한 의미의 민주주의 발전을 이루지는 못했다.

1871년에는 비스마르크의 외교술 덕에 대선제후 제위시절부터 베를린의 숙원사업이었던 일을 마침내 이루어냈다. 독일이 프로이센 왕 빌헬름 1세의 통치 아래 하나의 국가로 통일되면서 베를린이 제국의 제2수도가 된 것이다. 이 역사적 사건들을 기리기 위해 전승기념탑과 국회의사당 같은 웅장한 건축물이 세워졌지만 국회의사당의 경우 상징적인 의미만 있을 뿐 실제 권력은 거의 행사하지 못했다. 1880년대와 1890년대의 베를린이 국내 정치 문제에 무력해져 힘을 발휘하지 못한 탓이었다. 반면 경제활동은 유럽에서 가장 역동적이었다. 문화생활은 규율과 명예라는 군사적 이상에 매몰된 채였다. 많은 이들은 이 세 가지 동력으로 인해 19세기 말 독일이 후세에 길이 남을 위기에 봉착하게 되었다고 본다. 베를린 사회에 내포되어 있던 위험성과 긴장감은 테오도르 폰타네의 소설 속에 잘 드러난다. 이 작품에는 프로이센 사회의 엄격한 법규가 인신 제물을 필요로 하게 되리라는 내용이 예언처럼 등장한다.

제2차 세계대전 동안 굶주림으로 아사 직전까지 몰린 베를린의 인구가 정확히 얼마였는지 외부 세계에는 제대로 알려지지 않았듯, 1916년부터 시작된 파업과 평화시위 건수가 얼마였는지 역시 알려지지 않았다. 하지만 1918년 10월과 11월에 걸쳐 체제는 붕괴되었다. 매일 1,000명의 사람들이 유행성 독감과 영양실조로 죽어갔다. 무장한 군사들이 폭동을 일으켰고 호엔촐레른 왕가는 베를린에서 도망쳤다. 전쟁은 끝났고 11월 9일 독일 국회의사당 계단에서 독일공화국이 선포되었다.

하지만 거리의 폭력은 여전히 남아 민주적 행정을 펼치기에는 너무나 위험한 도시로 보였다. 행정부는 바이마르에 임시 거처를 마련했다. 1920년대 몇 년 동안 베를린은 아방가르드 예술과 유흥 사업으로 유명해졌다. 카바레와 초현실주의 영화의 본거지가 된 것이다. 하지만 독일 사회 깊숙이 자리잡은 전후 무력감을 목도한 군부는 1918년의 대실패를 다시 되돌리기로 마음먹고 활동을 벌였다. 대규모 거리 폭력시위는 나치당이 권력의 중심으로 급부상할 것을 알리는 전조였다. 베를린과 프로이센의 공공시설물을 싫어했던 히틀러는 자신의 건축가 알베르트 슈페어와 함께 베를린을 후세에 길이 남을 대단한 규모로 새롭게 고치겠다는 장대한 꿈을 키워갔다.

하지만 전쟁이 선수를 쳤다. 나치의 지배 동안 거의 모든 기존 건축물이 파괴되고 올림픽 경기장만 간신히 남았다. 다른 건축물들이 아직도 베를린에 흔적을 남기고 있긴 하지만, 최근 건축업자들이 프린츠 알브레히트 거리에 게슈타포의 고문실을 전시한 바 있다. 베를린 역사상 가장 수치스러운 이 시기의 절정은 1938년 크리스탈나흐트 Kristallnacht(깨진 유리의 밤)였다(공교롭게도 다시 한 번 11월 9일에 사건이 발생했다). 이때 유대인들의 집회소인 시나고그가 무차별로 파괴되었으며 돌이킬 수 없이 치명적인 박해가 가해졌다.

독일 제3제국은 천년제국이 될 생각이었다. 하지만 제국이 탄생한 지 12년 만에 베를린은 폐허로 변했고 트뤼메프라우엔(Trümmerfrauen, 잡석들을 골라 나르는 여자라는 뜻.—역주)이 맨손으로 폐허의 잔해들을 치우는 풍경만 남았다. 베를린의 수난은 여기서 끝나지 않았다. 전승국들이 서로의 이권을 놓고 대립하면서 베를린은 동독에 억류된 섬이 되어버렸고, 한가운데 콘크리트 벽이 세워져 그곳을 건너는 이에게는 죽음이라는 형벌이 가해졌다.

그리고 베를린은 또 한 번의 운명적인 날을 맞게 되는데, 1989년 11월 9일 장벽이 파괴된 것이다. 이제 베를린은 활력을 회복한 독일의 수도가 되었고 국회의사당은 다시 문을 열었다. 하지만 베를린은 그 어떤 수도보다 더 많은 과거의 망령에 시달리고 있다. 무엇을 어떻게 재건할 것인가 하는 문제에는 상징적인 의미가 너무도 많이 개입되는 탓에 베를린 사람들의 자부심뿐 아니라 수치심까지 일깨워지는 상황이다. 아마도 베를린이 번성하는 도시로 부활하기 위해서는 과거와는 조금 다른 모습이 되어야 할 것 같다. 과거의 상징성에 짓눌리지 말고 유럽의 여느 도시와 같은 모습을 되찾는 수밖에 없을 듯하다.

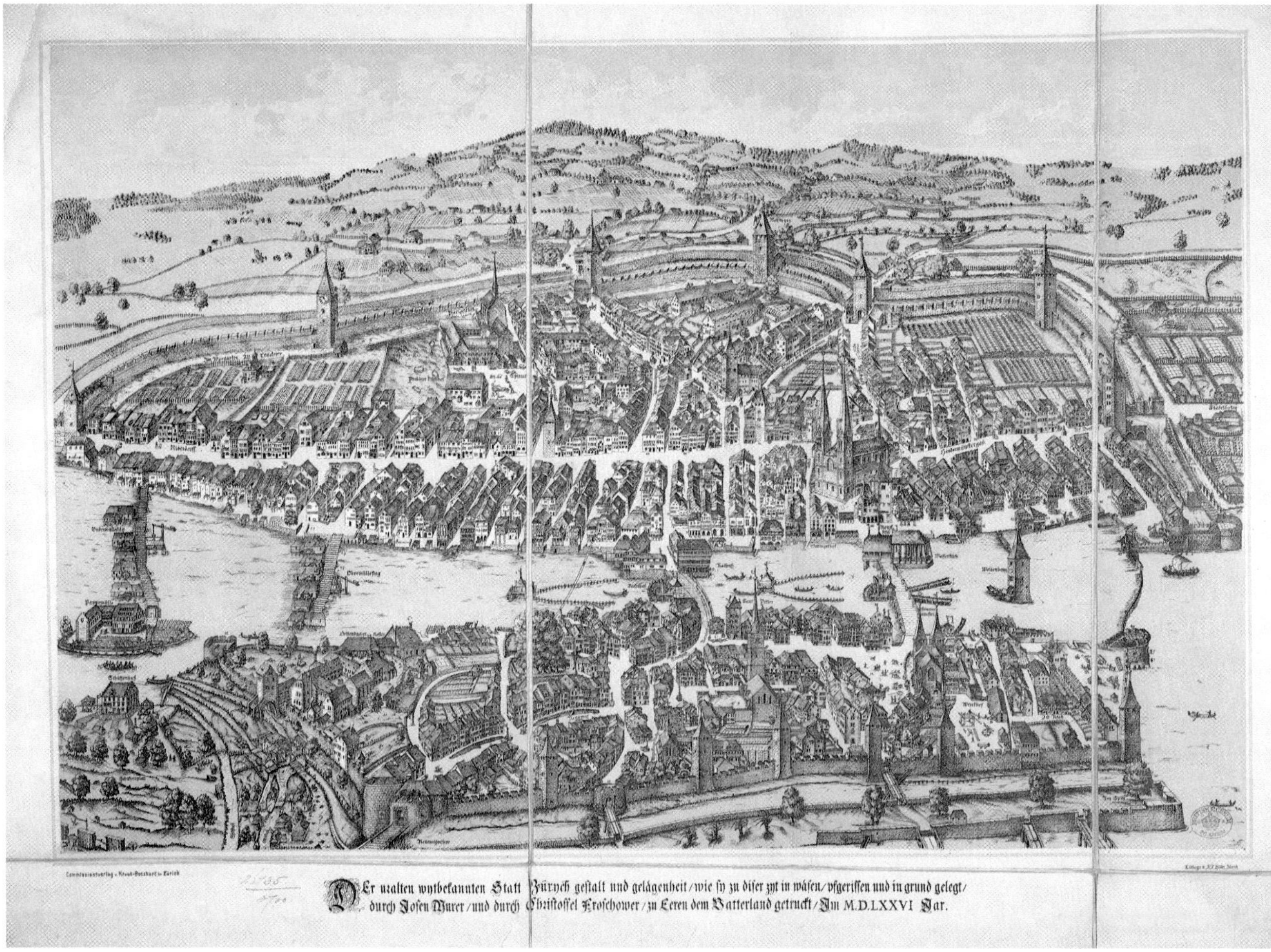

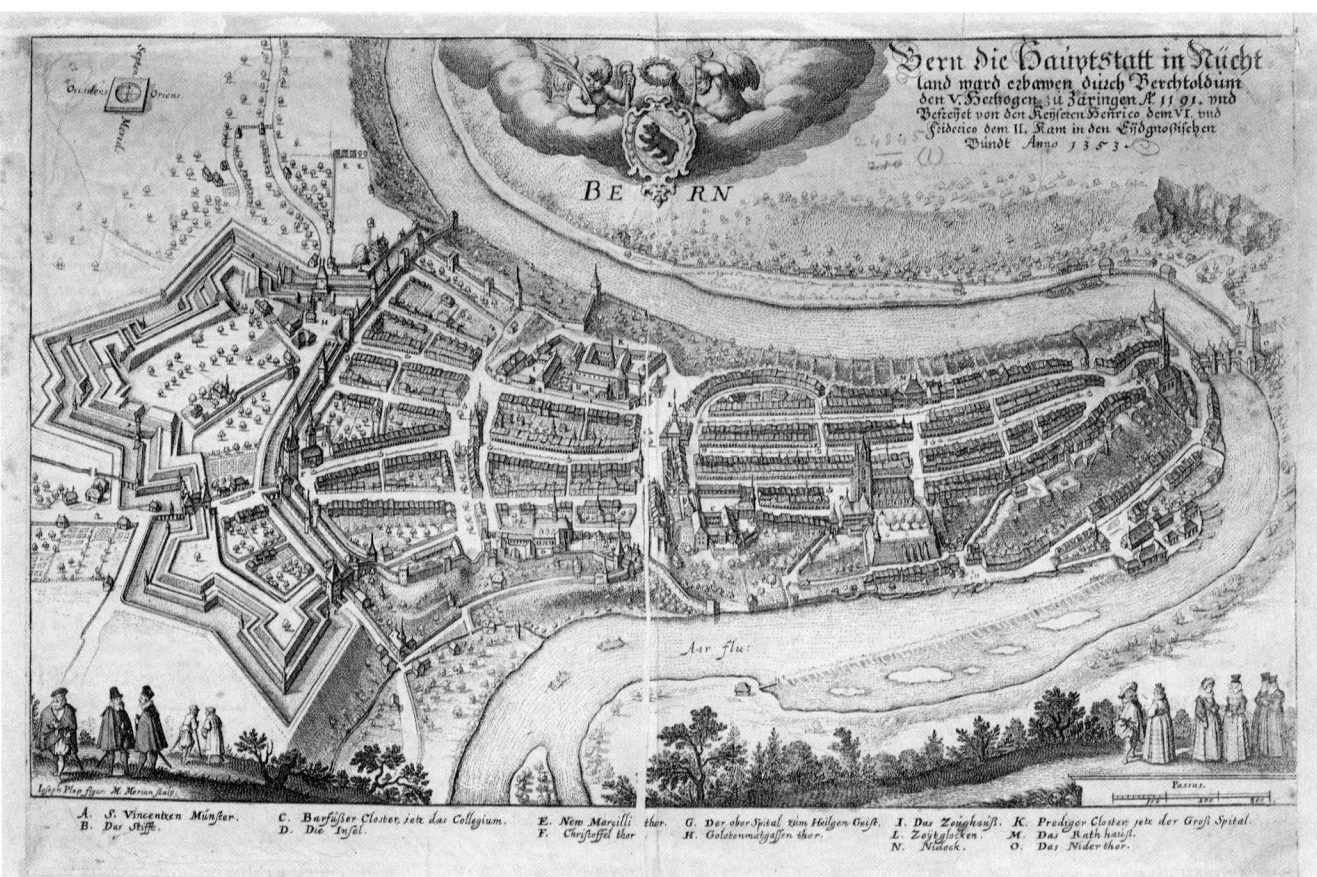

Der uralten wytbekannten Statt Zürych gestalt und gelägenheit, wie sy zu diser zyt in wäsen, vfgerissen und in grund gelegt, durch Josen Murer, und durch Christoffel Froschower zu Eeren dem Vatterland getruckt, Im M.D.LXXVI Jar.

Bern die Haupstatt in Nüchtland ward erbawen durch Berchtoldum den V. Hertzogen zu Zäringen Aº 1191. vnd Bestritten von den Keyseren Henrico dem VI. vnd Friderico dem II. Kam in den Eydgnossischen Bundt Anno 1353.

A. S. Vincentzen Münster.
B. Das Stifft.
C. Barfußer Closter, jetz das Collegium.
D. Die Insel.
E. Nem Marzilli thor.
F. Christoffel thor.
G. Der ober Spital zum Heilgen Geist.
H. Goletzenmatgassen thor.
I. Das Zeughauß.
L. Zeytglocken.
N. Nideck.
K. Prediger Closter jetz der Groß Spital.
M. Das Rathauß.
O. Das Niderthor.

베른과 취리히 Bern and Zurich

연방 국회의사당 소재지인 베른과 예술, 금융의 중심지인 취리히는 스위스의 비공식 수도 자리를 놓고 우열을 다투는 도시들이다. 역사가 살아 있으며 그림같이 아름답고 차분하고 세련된 베른은 스위스다운 면모를 갖췄다. 취리히는 국제적인 면모를 지닌 보헤미안 스타일로 전세계 사상과 금융이 만나는 장소다. 취리히는 산중의 호수에서 흘러내린 물이 흐르는 강 어귀에 자리잡고 있는 반면 베른은 강 상류의 물줄기가 주변을 감싸고 돌아 거의 섬이나 다름이 없다.

취리히 강가에서 선사시대의 주거지가 발견된 것으로 보아 베른보다 역사가 훨씬 더 오래되었다는 사실을 알 수 있다. 20마일(32킬로미터) 가량 호수를 따라가다가 만나게 되는 좁은 강어귀가 유일한 횡단 지점이다. 리마트 강은 아레 강과 합류해 라인강까지 흘러간다. 로마시대 이곳에 형성된 투리쿰이라는 마을은 엄밀한 의미에서 도시라기보다는 가교 역할을 하는 부락이었다. 중세 취리히는 뮌스터 다리와 라트하우스 다리 근처였는데, 특이하게도 다리를 중심으로 강변 양쪽이 고르게 발달해서 중요한 건물, 교회, 성문이 이곳에 자리잡았다. 물레방아를 이용한 제분소가 강 한가운데 산재했는데 1576년의 판화에 그 모습이 생생하게 남아 있다.

1518년부터 1535년에 이르는 동안 취리히는 스위스 종교개혁의 발현지이자 중심지가 되었다. 울리히 츠빙글리가 주도적 인물이었는데 그는 취리히의 상징적 건축물인 그로스뮌스터 대성당에서 활동했다. 취리히에 교회를 세우지 않았음에도 불구하고 칼뱅교는 승리를 거두었다. 하지만 신교도를 받아들인 도시와 구교를 신봉하는 지방 사이의 긴장감은 거듭 무력 충돌을 일으켰다. 19세기 중반에 이를 때까지 스위스연방은 종교 문제로 분열되어 있었다.

스위스를 대립 없는 평화와 중립의 땅으로 보는 것은 전적으로 근대에 들어 생겨난 시각이다. 스위스의 중립정책은 평화주의적 이상에서 나온 것이 아니라 언어와 종교로 분열된 스위스가 유럽의 갈등에 얽혀들면 절대로 살아남을 수 없다는 자각 때문이었다. 인근 국가들이 전쟁을 치르는 동안 중립정책을 편 취리히는 안전하게 돈을 보관할 수 있는 장소로 부상했고 제임스 조이스와 레닌 그리고 초현실주의의 창시자 등 망명 지식인들의 안식처가 되었다.

베른이 스위스 연방정부의 수도로 선택받은 건 1848년의 일이었다. 19세기와 20세기를 지나며 취리히의 건축물이 꾸준히 진화해간 것과 달리 베른 사람들은 중세 양식에서 변화를 주지 않고도 오랫동안 견딜 수 있는 건축 형태를 찾아냈다. 베른의 유일한 다리인 나이덱 다리에서 시작되는 이러한 건축 양식은 확 트인 공간을 가로지르며 동서를 연결하고 있다. 반도가 넓어지기 시작하는 지점에는 자연스레 전체 도시를 보호할 수 있는 단 하나의 방벽이 설치되었다. 동서 방향으로 난 거리를 따라 베른의 명물인 아케이드 거리 라우벤이 조성되었고 그 옆으로는 수많은 가게가 들어섰다. 원래 목재로 지어졌던 건물들은 1405년 엄청난 화재로 도시의 절반 이상이 파괴된 후 석재를 사용해 복원되었다. 이 아케이드 쇼핑가에서 여행객들은 태양빛, 바람, 비, 눈 등을 걱정하지 않고 몇 시간이고 돌아다닐 수가 있다. 이런 건축 양식을 고안해낸 사람은 분명 상업의 귀재였으리라. 라우벤의 매력은 여기서 그치지 않는다. 아케이드 쇼핑가는 기하학적인 직선도로가 아니라 베른 반도의 윤곽을 자연스레 따르는 우아한 곡선을 이루고 있어서 그 아름다움이 극적으로 배가된다.

베른은 오랫동안 조그만 지역공동체를 이루며 이 거리를 중심으로 발달해왔다. 1830년의 베른 인구는 겨우 2만 명이었다. 어떤 의미에서 보면 '이상 도시'라 할 만하다. 하지만 르네상스 건축가의 제도판 위에서가 아니라 자연적인 발전과정에서 완성된 이상 도시다. 그동안 베른은 원래 지역에서 조금씩 확장되며 발전했지만 알트슈타트Altstadt(고도)의 성격은 고스란히 남아 있다.

1576년 뮈러Murer와 프로샤우어Froschauer가 그린 취리히. 리마트 강을 가로질러 서쪽에서 동쪽으로 바라보고 그린 것으로 보이지 않는 오른편에 호수가 있다. 다리 위에 세워진 그 유명한 시청 건물이 중앙에, 대성당이 뒤쪽에 보인다. 츠빙글리가 스위스 종교개혁을 지휘했던 장소다.
대영도서관The British Library, Maps 26735(13)

1653년 베른. 마테우스 메리안Matthaeus Merian이 남쪽에서 보고 그린 전통적인 전경도이다. 아레 강이 꼭 감싸안고 있는 아담한 고대 도시를 잘 보여준다. 아케이드들이 늘어선 유명한 거리가 동서로 나 있고, 반도의 해협 부분에는 강력한 방비시설이 갖춰져 있었다.
대영도서관The British Library, Maps 24845(1)

1768년 보스턴 항. 폴 레버의 대표적인 판화로, 대로를 따라 시작된 부두는 항구 안으로 4분의 1마일 정도 더 들어가는 장소까지 이어진다. 나중에 부두가 더 세워지고 측면의 부잔교와 연결되었다. 부잔교와 부두 사이의 빈 공간을 메우는 것으로, 보스턴은 바다에 매립지를 만들어나가는 기나긴 여정을 시작했다.

대영도서관 The British Library, x802/5055

보스턴 Boston

뉴잉글랜드 역사의 중추를 맡고 있는 보스턴은 여러 세대 동안 유럽의 전통과 미국을 잇는 연결로였다. 동시에 이곳은 초기 미국 문화의 중심지이며 미국 독립과 정치혁명의 본원지였다. 미국의 독립이 확보된 이후 보스턴은 다시 한 번 미국의 도시 중에서 가장 유럽다운 도시로 부각되었다. 보스턴은 서쪽의 좁은 지역이 미국 본토와 연결되어 있는 반도였다. 근대로 접어들면서는 꾸준히 바다와 찰스 강의 간척지를 개발하여 도시를 확장시켰다.

이 반도의 원래 이름은 쇼멋, 최초의 거주민은 서쪽의 버려진 식민지에서 살아남았던 윌리엄 블랙스톤이라는 남자였다. 1625년에서 1630년까지 블랙스톤은 홀로 쇼멋 반도에서 살았던 것이 분명하다. 그러다가 그는 찰스 강 북부 위험지역에 살던 청교도 한 무리를 불러 반도에 정착시켰다. 이들은 1629년 찰스 1세의 칙령으로 세워진 매사추세츠 베이 회사의 일원들이었다. 이 회사의 관리자는 존 윈스롭이었다. 영국에서 일어난 일련의 사건에 연루된 이주민들은 성직자의 통치 아래 향후 50년 동안만 찰스 강 북부지역에 살도록 허가받은 상태였다. 이들은 윌리엄 블랙스톤의 목초지 45에이커를 30파운드에(현재 가치로 약 150달러) 사들였다. 그 목초지는 이후에 보스턴 공유지가 된다.

얼마 지나지 않아 블랙스톤이 보다 안락한 분위기의 로드아일랜드로 떠난 반면, 윈스롭은 자신이 속한 지역공동체의 미래에 대한 분명한 비전을 마련한 뒤 이주민들에게 이를 조목조목 설명해냈다. "지금 우리가 발 딛고 있는 이곳은 언덕 위의 도시가 될 것입니다. 모든 사람들의 눈이 우리를 향할 것입니다." 그리고 이들 이주민들의 고향인 영국 링컨셔의 도시 이름을 본떠 그곳을 보스턴이라 새롭게 명명했다. 이 새로운 정착지는 물리적으로 일정한 의도로 조성된 것이 아니기 때문에 이후 계획에 의해 세워진 식민도시의 특성을 전혀 지니지 않았다. 대신 반도라는 특성과 구릉지대, 습지, 바위투성이 제방 등이 많은 지형의 성격에 따라 최초의 거리가 조성되었다.

부두와 제방의 위치는 자연스레 동쪽을 향했고 주요 도로는 항구로 이어지는 육교에서 시작되었다. 그 항구의 위치는 대략 현재의 피츠제럴드 고속도로가 지나는 곳쯤이다. 선착장과 시장은 주요 도로가 해안도로를 향해 구부러지는 지점에 위치하게 되었는데 그 이유는 우선 화물을 쉽게 부리기 위함이었고 두 번째는 시장 맞은편에는 시민들의 연립주택이, 근처에는 총독의 집이 있었기 때문이다. 이후 1710년이 되어 롱 워프 선창가에 건물이 들어서자 거리는 항구로 더 뻗어나갔다. 다른 조그만 선창가들 역시 너도나도 항구로 진입해 들어가 모두 한 곳에서 만나게 되었다. 바다 간척사업은 이들 사이의 공간을 메우는 일에서 시작되었다. 덕분에 오늘날 선창가는 원래 해안선을 훨씬 넘어가는 곳까지 펼쳐져 있다. 이제 롱 워프 선창은 더이상 다른 선창보다 더 길지 않게 되었다. 보스턴의 구시가지는 자연스레 동부 해안거리 쪽에서 발달했다. 반면 북부에는 거대한 습지가 있었는데 주민들은 이를 둑으로 막은 뒤 밀 폰드 Mill Pond(물방아용 저수지)라고 불렀다. 항구로 이어지는 댐의 방수로를 이용해 제분소와 제재소의 동력을 생산해냈기 때문이다.

보스턴은 어업, 조선 그리고 유럽과의 무역을 통해 부를 축적했고 영국령 북아메리카에서 가장 커다란 지역사회를 만들었다. 1660년 3,000명에 불과하던 인구는 1740년 1만 7,000명으로 불어났다. 보스턴을 지배하던 청교도 규율은 엄격하게 집행되었다. 이단적인 신앙은 철저하게 배제했고 최후의 수단인 사형으로 엄벌하기도 했다. 신권정치의 지도자 중 주목할 만한 이들로는 매더 Mather 가문을 꼽을 수 있다. 이들은 1680년대 영국 왕실이 식민지에 대한 지배권을 다시 행사하려 했을 때 매사추세츠 식민지의 종교적 독립을 지켜내기 위해 격렬히 저항했지만 결국 실패하고 말았다.

청교도적 고립 정책은 보스턴의 부를 가능케 한 경

보스턴 Boston

제적 개방정책을 이길 수가 없었다. 하지만 그 독립정신은 정치 영역으로 전승되어 보스턴은 영국 런던의 거만한 지배에 대한 저항의 본거지이자 미국 혁명전쟁의 시발점이 되었다. 1770년의 보스턴 학살, 보스턴 차 사건, 폴 리비어의 파발, 벙커힐 전투와 같은 일련의 사건들이 보스턴을 무대로 일어났고 그 내용은 미국의 탄생이라는 대서사시에 기록되었다.

현대적인 마천루들 속에서도 여전히 그 흔적을 확인할 수 있는 전형적이고 명실상부한 보스턴의 건축 양식은 이런 대사건들이 일어난 후에야 비로소 구축되었다. 비콘 힐과 마운트버넌의 경사로에는 1780년대부터 우아한 연립주택이 들어섰고, 건축가 찰스 불핀치는 유럽 여행에서 얻은 영감을 토대로 루이스버그 광장과 프랭클린 플레이를 세웠다. 토지개량 공사와 평지화 작업도 수월해서 보다 반듯한 바둑판 모양의 거리가 조성되었다. 1850년에 이르러서는 북서쪽 백 베이 매립지공사가 완공돼 파리 스타일의 넓은 대로를 설계하는 것이 가능해졌다. 이 대로변에는 백 베이 플레이스라고 불리는 인상적인 주택이 늘어섰다. 1700년 이후 보스턴 반도에서 건물이 빽빽하게 들어선 지역은 거의 4배로 늘어나게 되었다. 유럽에서 밀려들어온 수많은 이민자들로 인해 보스턴은 계속해서 거대한 변화를 겪었다.

이즈음 보스턴은 경제적인 면에서 뉴욕과 필라델피아에 뒤처져 있었다. 하지만 문화적 관점에서 보면 여전히 귀족 명문의 본거지였다. 에머슨과 호손, 소로가 이 도시에서 미국 문학에 심대한 영향을 미친 직관적 개인주의라는 학파를 만들어내기도 했다. 19세기 보스턴 사회 및 지식인들 사이에 만연했던 엘리트 의식은 《헨리 애덤스의 교육론 The Education of Henry Adams》이라는 책이 훌륭하게 되살려내고 있다. 헨리 제임스의 소설 배경에서도 그런 경향을 찾아낼 수 있다. 이 같은 정신적 유산이야말로 미국 혁명의 기념비적 유물이나 18세기 건물만큼이나 사람들이 옛 보스턴에서 찾고 싶어하는 것들이다.

1776년 3월의 보스턴. 이 역사적 도시가 섬과 같은 위치에 있음을 잘 보여준다. 이 평면도는 런던에서 발행한 것으로, 앤드루 듀리가 영국 군대와 '반군'들의 배치 상태를 보여주기 위해 만든 것이다. 하지만 막상 인쇄되었을 당시에는 이미 시기를 놓쳐 소용이 없었다. '반군'들은 서북쪽에 진을 친 채 일련의 포위공격을 막아내고 있었고, 영국 군은 찰스타운 위쪽에 있는 벙커 힐 전투에서 초반 승리를 거두었음에도 불구하고 결국에는 배를 타고 보스턴에서 철수해야만 했다.
대영도서관 The British Library, Maps 1. Tab. 44(17)

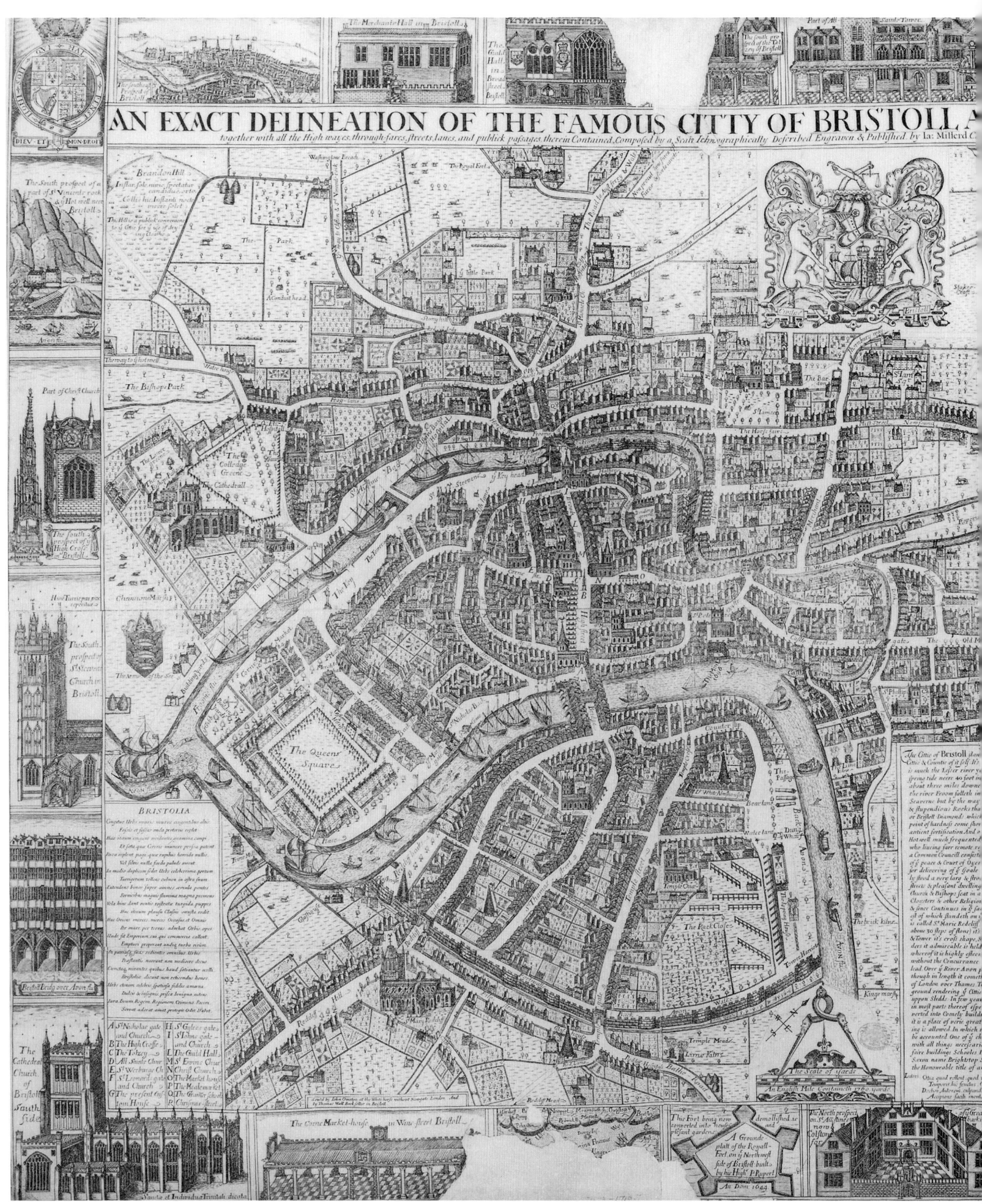

브리스틀 Bristol

중세의 이 양모 도시는 에이번 강 때문에 엇비슷한 다른 도시들과는 다른 운명을 맞이했다. 세번 강 하구에서 7마일 정도 떨어진 에이번 강은 그리 큰 규모는 아니지만 바다로 통하는 연결로가 되어주었다. 1200년경에 브리스틀은 유럽에 모직물을 수출하고 보르도와 스페인에서 와인을 수입해오는 일을 했다. 무역은 새로운 부두를 만들어야 할 정도로 대단히 성공적이었고, 1250년 큰 규모의 부두 건설공사에 들어갔다. 공사 결과 에이번 강과 보다 작은 프롬 강이 새로운 수로로 우회하게 되었고 브리스틀 중심부에 거의 섬이나 다름없는 지역을 만들어냈다. 중세시대 한 연대기 편자의 기록을 보면 다음과 같은 내용이 있다.

전세계 모든 국가의 선박에게서 상품을 받아들였기에 브리스틀은 영국의 모든 도시 중에서 가장 부유하다. (…) 밤낮으로 조수 간만의 차가 크고 도시 양쪽 강이 역류하여 넓고 깊은 바다와 만나는 까닭에 1,000척의 선박이 들고나기에 적합한 안전한 항구를 형성하고 있다. 강이 도시 주위를 감싸며 돌아나가는 까닭에 전체 도시가 물 위에 뜬 채 강가에 앉아 있는 형색이다.

현재는 섬 지역과 같은 이러한 형세는 사라졌다. 프롬 강이 완전히 지하로 흘러가게 되었기 때문이다. 브리스틀은 몇 세기 동안 영국 제2의 도시였다. 영국 런던에서 독립하여 자신들만의 무역권을 행사한다는 것은 브리스틀 상인들만의 자랑거리였다. 영국의 다른 무역거래는 런던을 통해 이루어졌지만, 미국과 유럽에서 상품을 수입한 뒤 잉글랜드 서부지방에 되파는 일은 브리스틀이 담당했다.

브리스틀 상선은 영국의 탐험여행 역사에서 상당한 역할을 했다. 1497년, 베네치아 태생의 수수께끼 같은 인물 존 캐벗이 항해를 시작한 곳이 바로 브리스틀이었다. 그는 지역 기업의 후원을 받아 뉴펀들랜드 섬을 발견하고 섬 주변의 풍부한 어장에 대한 보고서를 가지고 돌아왔다. 그로부터 일년 후 캐벗과 그의 함대는 두 번째 탐험여행에 나섰지만 역사에는 기록되지 못했다. 하지만 몇 년 동안 브리스틀 어부들은 주기적으로 대서양을 건너 그랜드뱅크스로 가서 대구를 잡아왔다. '소사이어티 오브 머천트 벤처러스 Society of Merchant Venturers (상인협회)' 라는 단체도 브리스틀에 생겨났지만 더이상의 역사적 발견은 이루어지지 않았다.

17세기로 들어서면서 브리스틀의 운명은 '3국의' 대서양 무역과 깊게 얽히게 되었다. 브리스틀 선박은 서아프리카에서 노예를 데려다가 카리브인들에게 팔았고 나중에는 미국의 식민지에 팔았다. 그리고 영국으로 돌아갈 때는 설탕, 코코아,

1710년 제임스 밀러드가 브리스틀 그린 지도. 영국 제2의 도시로 번성할 당시의 모습이 생생하게 묘사돼 있다. 지도 가장자리는 교회를 비롯해 브리스틀의 흥미로운 볼거리들로 장식했다. 콘 스트리트와 브로드 스트리트가 브리스틀의 중심가로 명성을 날리던 시절의 풍경을 돌아볼 수 있는 지도.
대영도서관쏠British Libary, Maps K Top 37, no.32

담배, 목화를 가지고 갔다. 이 기간에 축적된 부 덕분에 브리스틀에는 우아한 광장과 초승달 모양의 지역들이 생겨났고 클리프턴에 상류층을 겨냥한 교외지역도 들어섰다. 그렇지만 19세기 초엽 랭커셔의 목화산업이 성하고 노예무역이 폐지되는 상황에서 이런 종류의 통상무역 대부분은 리버풀로 이전되었다. 리버풀의 머지 강이 에이번 강보다 대형 선박을 맞이하기에 더 적합했기 때문이다. 이런 상황에 맞서기 위해 브리스틀은 에이번머스와 포티쉐드에 새로운 부두를 건설하고, 조수의 영향을 받는 에이번 강줄기 방향을 바꾸어 조수간만 없이 일정한 수심을 유지하는 항구를 마련했다. 하지만 이런 전략에도 불구하고 브리스틀의 해상무역 기능은 급격하게 쇠퇴했다.

브리스틀이 해양도시로서 명성을 날렸다고 하지만 문예의 역사 역시 돌아볼 만하다. 대니얼 디포가 알렉산더 셀커크를 만난 곳이 바로 브리스틀의 선술집이었던 것이다. 그 자리에서 디포는 셀커크가 후안페르난데스제도의 한 섬에서 고립된 채 보냈던 수년 간의 경험을 듣고 《로빈슨 크루소》라는 소설 속 인물을 만들어냈다. 세인트 메리 레드클리프 교회에 대해 잘 알고 있었던 토머스 채터턴은 자신의 시를 중세의 라울리 시편이라고 꾸민 뒤 그 교회 금고에서 찾아냈다고 주장했다. 그 누구보다 주목할 만한 이는 젊은 시절의 워즈워스 및 콜리지와 친분을 유지하면서 1798년 그들의 서정민요집을 발간했던 브리스틀의 서적상 조지프 코틀이다. 그로 인해 영국 시문학의 대변혁이 시작되었다. 특이한 것은 브리스틀이 포르투갈 문학사에서도 특별한 위치를 점했다는 사실이다. 포르투갈의 위대한 소설가 에사 데 케이로스가 1880년대에 영사로 머물렀던 곳이기 때문이다. 그는 브리스틀에서 자신의 최고 작품이자 19세기 리얼리즘의 고전으로 꼽히는 《아마로 신부의 범죄 The Sin of Father Amaro》를 썼다.

브리스틀: 1780년경 브로드 퀘이의 전경. 부두가 당시 영국 제2의 도시 심장부를 관통하고 있는 모습을 보여준다.
브리스틀시 박물관과 미술관 Bristol City Museum and Art Gallery/www.bridgeman.co.uk

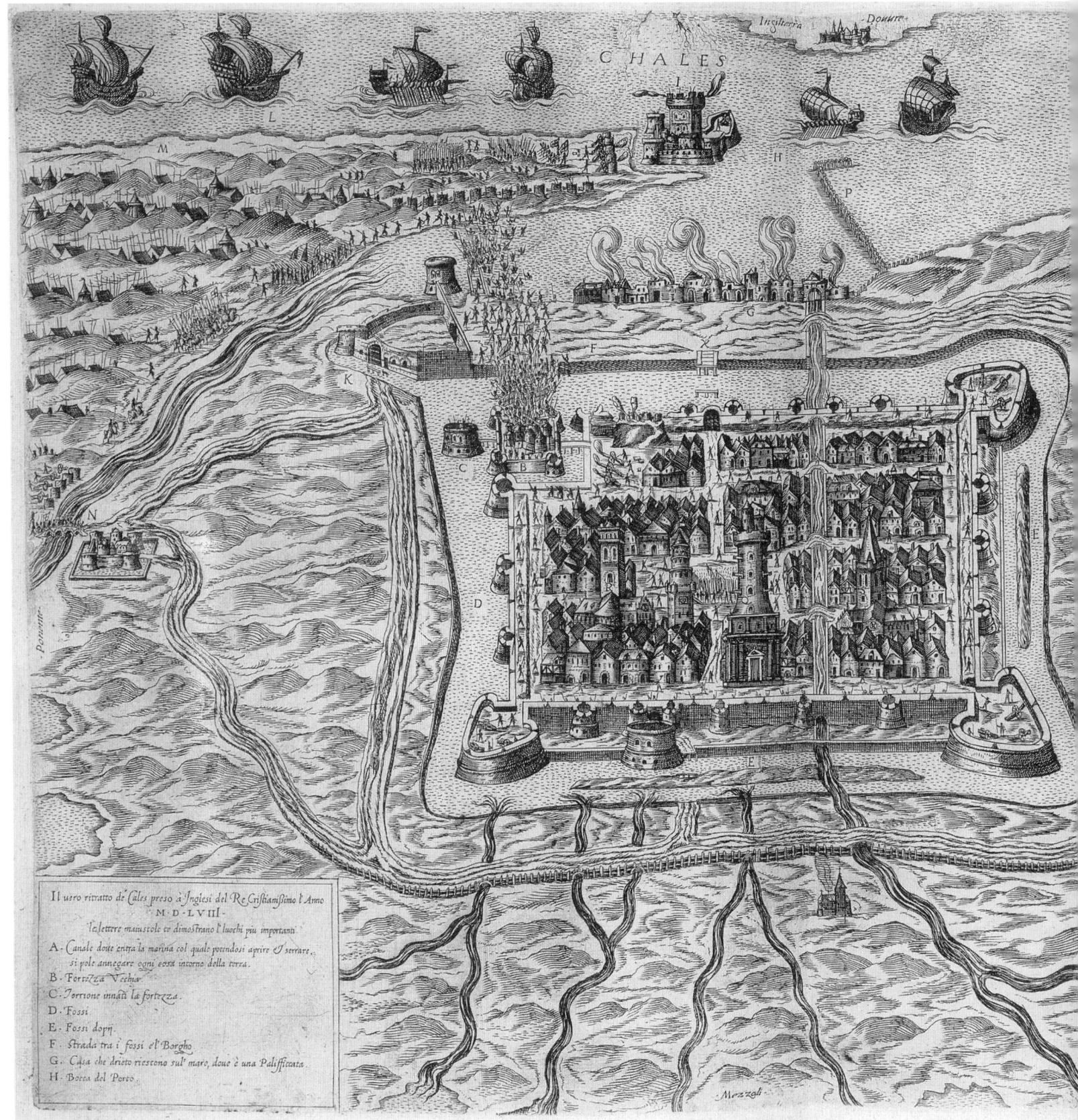

1558년 플로리미Florimi가 그린 칼레. 1588년 프랑스 해안가를 거의 2세기 동안 점유하던 영국을 프랑스가 다시 포위공격했던 전투 장면을 극적으로 묘사하고 있다. 항구가 바다에 인접해 있으면서도 도시는 효과적으로 방비되는 섬의 지형을 잘 보여준다.
대영도서관The British Library, Maps C7.c.4 (13)

칼레 Calais

영국 역사의 일부로 등장하는 프랑스 도시를 꼽으라면 그건 바로 칼레다. 매년 영국을 방문하는 사람들 중 1,000만 명이 칼레를 지난다. 배를 타고 칼레로 다가가는 모든 사람들은 상부의 비중이 과중한 디자인임에도 불구하고 아주 우아하고 위풍당당한 모습으로 서 있는 시청사 건물을 손으로 가리켜 보이기도 한다. 이 오래된 도시는 이제 무수한 내만에 둘러싸여 완전한 섬이 되었다. 원래 어촌이었던 칼레는 13세기 중엽 견고한 성벽을 갖추어, 1346년에서 1347년에 이르는 10개월 동안 에드워드 3세의 영국 군대가 벌인 포위공격을 견뎌낼 수 있었다. 포위공격은 여섯 명의 시민이 항복함으로써 마무리되었다. 이 여섯 명의 시민이 도시를 구하는 조건으로 자신들의 생명을 내놓았던 것이다. 이 이야기는 로댕의 유명한 조각 작품 '칼레의 시민'으로 찬미되었다. 에드워드 왕은 프랑스인 왕비 이사벨라의 탄원을 받고 그 여섯 명의 목숨을 살려주었다. 하지만 프랑스인들을 칼레에서 몰아내고 그곳을 영국의 기지로 삼은 뒤 백년전쟁을 이어나갔다.

'영국 왕관의 최고 보석'이라고 불리던 칼레는 1558년, 기즈 공작이 시작한 포위공격을 통해 프랑스 품으로 돌아왔다. 칼레를 빼앗기면서 수세기 동안 지속되던 영국의 영토권 주장은 이로써 유명무실해졌고, 구교도 메리 여왕은 치명상을 입었다. 결국 메리 여왕은 칼레를 가슴에 새긴다는 유명한 말을 남기고 세상을 떠났다. 그후 칼레와 인근 내륙지방은 한동안 '되찾은 국토Pays Reconquis'라 불리게 되었다.

영국과 프랑스의 역사적 역할은 나폴레옹 시대에 이르러 역전되었다. 1805년 프랑스 군대 일부가 칼레에 진을 치고 끝내 이루어지지 않았던 영국의 침공에 대비했다. 영국과 인접한 칼레의 전략적 위치는 1940년에 다시 한 번 주목받았다. 이때 칼레는 바다로 세를 넓히고자 했던 독일의 목표물이 되었고, 나중에는 영국을 공격하기 위한 독일의 근대형 로켓 병기 발사기지로 사용되었다.

프랑스보다는 플랜더스와 더 비슷한 칼레는 오늘날 환승장 특유의 번잡함과 분주함을 지니고 있다. 또다시 수천 번 영국의 포위공격을 받게 되어도 칼레 사람들은 냉소적인 모습으로 영국 전초지로서의 역사적 운명을 감당해낼 것이다.

칼레: 칼레 역사상 가장 유명한 사건으로, 여섯 명의 시민들이 에드워드 3세에게 항복하는 장면을 담은 중세 필사본 그림.
램버스궁 도서관 Lambeth Palace Library

케임브리지 Cambridge

전설에 의하면 케임브리지의 심장부를 이루는 케임브리지 대학은 13세기 초엽 한 무리의 반체제 학자들이 옥스퍼드를 버리고 자신들만의 새로운 학문의 장을 찾다가 세운 것이라 한다. 이 이야기의 맹점은 그들이 어째서 소택지 가장자리, 장이 서는 소도시에서 100마일(160킬로미터)이나 떨어진 곳으로 이주해갔는지를 해명해내지 못한다는 것이다. 이미 그곳에 다른 학자들이 정착했다거나 아니면 대학이 태동하고 있었던 게 아니라면 이해할 수 없는 일이다. 옥스퍼드와 케임브리지 대학 사이의 우선순위 논쟁은 아무에게도 피해를 주지 않는 오락거리로 지금까지도 계속되고 있다.

13세기 말엽, 여러 학자 무리가 나중에 대학의 기점이 되는 건물에 모여들기 시작했다. 세인트 피터 홀(피터하우스 Peterhouse)이 최초의 대학이 되었고 그 뒤를 이어 다른 대학들도 생겨났다. 캠 강 주변으로 학교, 성당, 여관을 위한 땅을 꾸준히 확보해나간 대학은 곧 이 중세 도시를 장악했다. 이 과정에서 가장 중요한 사건은 헨리 4세가 거대한 규모의 킹스 칼리지를 설립하기로 한 것이었다. 그는 이를 위해 땅을 사들이고 오래된 집을 부수어 도심을 완전히 개조해버렸다. 이매뉴얼, 시드니 서섹스, 막달레나와 같은 수도원이 종교개혁의 와중에 대학이 되었다. 한편 헨리 8세는 트리니티 칼리지를 재건하고 확장시켰다. 옥스퍼드에서와 마찬가지로 많은 대학이 재건되거나 전통적인 양식으로 교사를 확장하였다.

서로 형식적인 유사점이 많음에도 불구하고 케임브리지는 옥스퍼드와는 사뭇 다른 정체성을 지니고 있다. 어떤 이유에서인지 모르지만 옥스퍼드는 시와 명상, 심미적 이상, 엘리트주의, 나태의 장소로 알려져 있다. 케임브리지는 과학, 비판, 헌신, 지적 고행의 장소로 여겨진다. 스펜서, 말로우, 밀턴, 드라이든, 그레이, 콜리지, 워즈워스, 바이런, 테니슨 등 케임브리지가 배출한 주요 시인의 수가 옥스퍼드를 단연 앞지른다는 잘 알려지지 않은 사실을 제쳐두고 보면, 앞에서 말한 각 대학에 관한 관점에는 나름의 근거가 존재한다고 할 만하다.

과학은 오랫동안 케임브리지 대학의 중심 학문이었다. 뉴턴이 학생으로 그리고 선생으로 활약하던 시기로부터 시작된 일이었다. 그 후로 많은 시간이 흐른 뒤에도 J.J. 톰슨과 어니스트 러더퍼드가 근대 원자물리학의 중심을 이루게 되는 캐번디시 실험(비틀림 천칭을 써서 만유인력 정수定數를 측정한 실험.—역주)을 해냈다. 크릭과 왓슨이 DNA의 비밀을 찾아내 생물학의 새로운 장을 연 곳도 케임브리지였다. 1910년에서 1925년에 이르는 시기에 철학의 책무를 언어의 논리적 분석으로 재정의한 것은 버트런드 러셀과 그 뒤를 이은 비트겐슈타인이었다. 한편 케인스는 경제학을 새롭게 과학적 수준으로 격상시켰다. 문학 분야에서는 I.A. 리처즈와 F.R. 리비스가 작품 분석에 있어서 이론적 타당성을 갖춘 새롭게 접근 방법을 찾아내 아마추어 예술과 블룸즈버리 그룹(1차 대전 무렵, 지적 혼미의 시기에 자유로운 이성과 미, 우정을 존중하면서 형식주의를 타파했던 영국 지식인·예술가들의 모임. 중심인물로 소설가 에드워즈 포스터, 버지니아 울프, 경제학자 존 케인스 등이 있다.—역주) 및 기타 런던의 문학가들의 잡담을 비웃었다. 문학에 대한 도덕적 이상을 세웠던 리비스는 항상 영문학부의 교수진이 케임브리지의 핵심이자 중추라고 주장했다. 하지만 케임브리지 과학부가 이룬 업적을 생각하면 지나친 주장이었다. 1959년에 C.P. 스노와 저 유명한 '두 문화' 논쟁을 벌이게 된 것도 바로 이 주장 때문이었다. 이 논쟁에서 케임브리지 평론의 두 견해(과학과 인문학)는 정면으로 충돌하게 되었다.

하지만 블룸즈버리 그룹은 케임브리지 대학 안에 널리 자리잡았고, 포스터가 인문학 그룹의 기본 방침인 정서적·지적 흥분의 조화에 대해 설명해냈다. "케임브리지에 가득한 친구들 덕에 마법 같은 성과물이 나오는 것이다. (…) 사람들과 책은 서로를 강화시키고, 지성은 감정과 사이좋게 제휴하고 있다. 사색은 열정이 되고 논의는 사랑으로 그 깊이가 더해진다." 여기서 칭송받은 심미주의와 동성애적 우정은 1950년대 케임브리지 스파이 스캔들의 배경이 된다. 버지스, 맥클린, 필비, 블런트 네 사람은 모두 케임브리지에서 만나 포스터의 이상주의를 받아들였으며, 마르크스의 정치학을 포용하였다. 그리고 결국 영국 정보부 역사상 최악의 이중간첩 사건이었던 케임브리지 스파이 사건을 일으켰다. 이것은 케임브리지의 비판적 철학을 철저하게 실천한 결과라고 보아야 할까 아니면 오용한 결과라고 보아야 할까? 그리고 옥스퍼드와 케임브리지를 보는 고정관념은 심각하게 생각할 만한 가치가 있는 것일까?

1574년 리처드 린Richard Lyne이 그린 케임브리지. 옛 케임브리지의 모습을 근사하게 그려낸 평면도이다. 그 윤곽선은 오늘날에도 많이 변하지 않았지만 우리가 현재 알고 있는 전통적인 건물들이 없다. 이 판화는 일반적으로 알려진 사실과는 정반대로 케임브리지 대학이 옥스퍼드 대학보다 더 오래되었다는 것을 증명하겠다고 하여 논쟁을 불러일으킨 책의 삽화다.
대영도서관The British Library, Maps C24.a.27

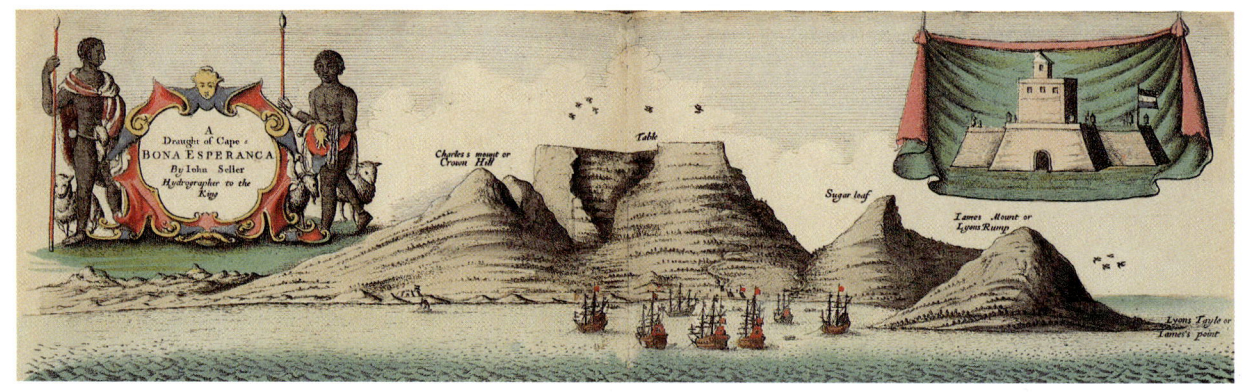

1675년 바다에서 바라본 도시와 정박지. 독특한 외형의 테이블 산과 데블스 피크(Devil's Peak, 악마의 봉우리)가 뒤편으로 우뚝 솟아 있다. 네덜란드의 작은 식민지인 이곳은 유럽에서 아시아로 가는 항로의 주요 거점이었다.
대영도서관The British Library, Maps 1. C.8.b.13(25)

▼ 1795년 런던에서 윌리엄 페이든이 발간한 3단 지도. 네덜란드의 식민지 시대 모습이다. 전체 지형을 보여주는 지도에서 희망곶 내륙의 험준한 산악 지형을 볼 수 있다. 오른쪽 지도는 바다에서 바라본 테이블 산의 전경과 요새가 있는 작은 흑인 거주지역의 지도다.

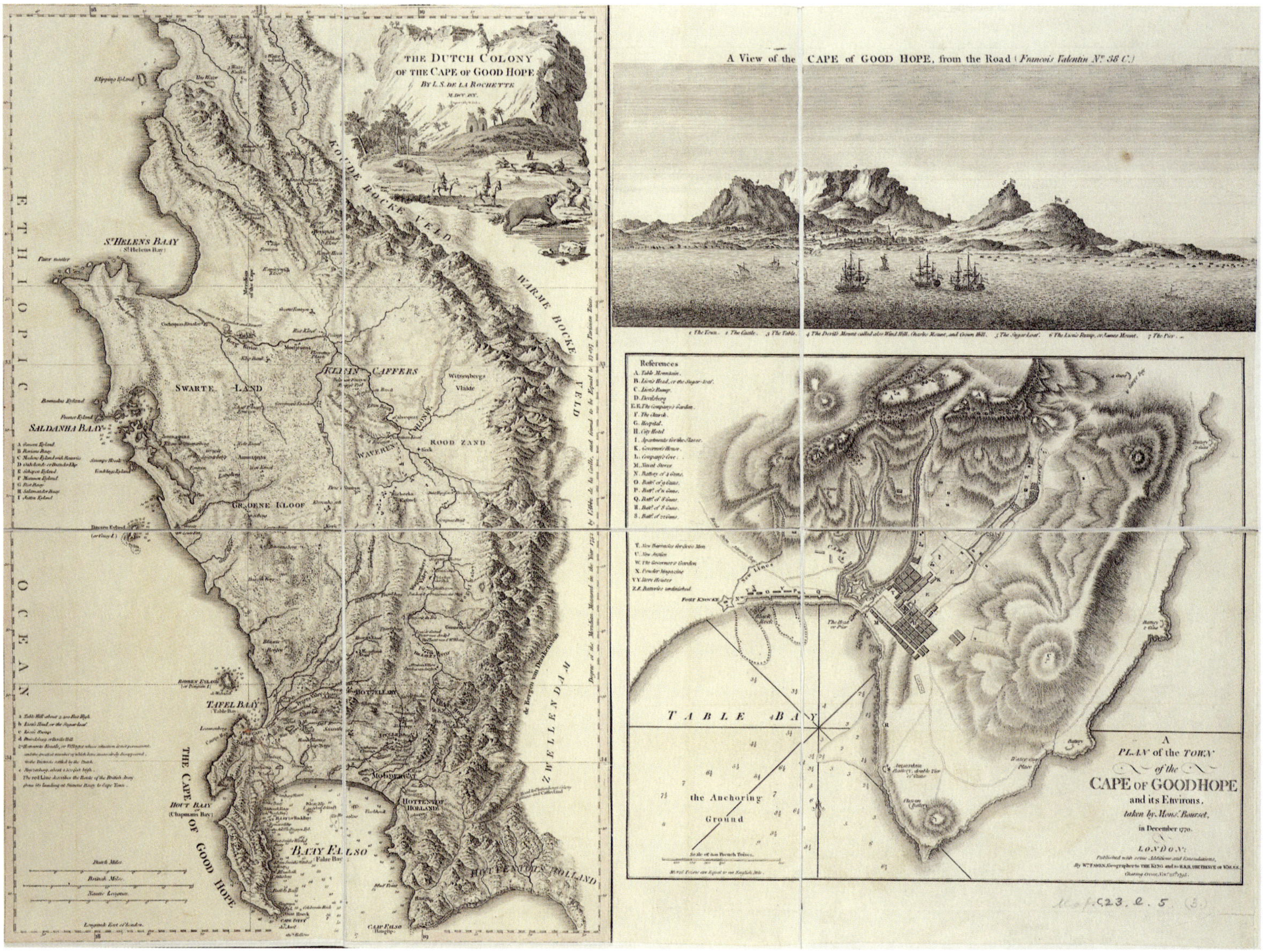

케이프타운 Cape Town

케이프타운은 남아프리카에서 가장 오래된 유럽인 거류지다. 곶이라는 의미의 '케이프cape'에서 이름을 따왔듯이 케이프타운의 곶은 가장 거대한 해상 표지가 되었고, 인도와 극동지역으로 가는 항로의 거점이기도 했다. 이상한 일은 1488년 최초로 이곳을 일주한 바르톨루메이우 디아스가 처음에는 이 곳을 보지 못했다는 사실이다. 폭풍이 일어 바다 멀리로 나가야만 했기 때문이다. 그는 돌아가는 길에서야 바위투성이 반도와 그 북쪽의 멋있는 만 그리고 그 위로 어렴풋이 보이는 테이블처럼 평평한 산 정산을 목격했다. 디아스는 그 곳을 '폭풍의 곶'이라고 명명했다. 하지만 그 지역의 중요성을 인식한 포르투갈 왕이 보다 낙관적인 분위기를 풍기는 '희망봉'이라 칭했다. 그후 150년 동안 포르투갈, 영국, 네덜란드의 항해자들은 테이블 만에 정박해 식수와 고기, 과일을 얻기 위해 원주민들과 거래를 시작했다. 해적에서 영국 해군의 제독이 된 프랜시스 드레이크는 희망봉을 일컬어 '지상에서 가장 아름다운 곳'이라 했다. 1620년 한 무리의 영국인들이 깃발을 들고와 자신들의 왕의 영토라고 선언했지만 후속조치가 없어 공허한 의사표시가 되고 말았다.

케이프타운에 유럽인들이 정주定住하기 시작한 것은 1652년의 일로 그 주역은 네덜란드 동인도회사였다. 얀 반 리베크가 인도로 왕래하는 자회사 선박의 중간 공급기지 건설 사명을 받고 약 100명의 사람들과 함께 케이프타운에 온 것이다. 이들은 원주민의 격렬한 적개심에도 불구하고 임무를 완수해냈다. 채 2년이 지나기도 전에 과일과 야채가 경작되고 산비탈에는 포도밭이 만들어졌다. 딱 4년이 지난 후 네덜란드 동인도회사는 직원들을 자유롭게 살도록 해주었고, 그들은 지역 주민이나 농부가 되었다. 그런 과정을 통해 케이프타운은 자치 식민지로 자리잡았다. 1670년대에는 유럽풍의 견고한 요새가 완성되고 그 주변으로 도로가 직사각형을 이루며 반듯하게 뻗어나갔다. 해안가로 이어지는 주요 도로는 암스테르담의 운하 이름을 본떠 헤렝라흐트라고 명명했다가 19세기 중반 애덜리 스트리트로 개명되었다. 산에서부터 수로를 파내려 배가 다니게도 했다.

1680년대 후반 이 식민지는 수백 명의 프랑스 개신교도 망명자들이 찾아오면서 한층 더 북적거리게 되었다. 이들은 땅을 교부받고 포도원을 조성하며 와인 무역을 했다. 네덜란드인들이 호텐토트라 불렀던 원주민 인구는 천연두가 유행하면서 심각한 수준으로 감소했다. 그러자 네덜란드인들은 아프리카의 다른 지역과 동인도제도에서 노예를 수입해 데려왔다. 1750년대에 이르러 케이프타운은 해안가에서 물러나 테이블 산 비탈로 그 중심지를 옮겼다. 그곳에 네덜란드 스타일의 박공구조 저택들이 들어섰고, 1만 5,000명의 유럽인과 그 비슷한 수의 노예들이 거주했다.

1806년 1월 케이프타운은 역사적 전환점을 맞았다. 동쪽 진출 항로를 확보해 인도를 식민화하려는 프랑스의 야욕을 좌절시키고자 영국 군대가 케이프타운을 점령한 것이다. 케이프타운은 곧 대영제국의 중요한 거점으로 부상해 인도 무역을 위한 해상 공급기지가 되었다. 케이프타운의 영국화는 도시의 미래에 지대한 영향을 미쳤다. 노예제도는 1834년에 폐지되고 다양한 인종에게 공민권이 주어졌다. 이를 계기로 1830년 후반 네덜란드인들은 케이프타운에서 벗어나 북부에 보어인들의 공화국을 세웠다. 대서양의 강풍으로부터 정박지를 보호하기 위해 서부 방파제를 세우면서 근대 항구가 건설되었다. 케이프 식민지의 내륙지방으로 이어지는 철도는 1850년 후반에 만들어졌다.

1869년 수에즈 운하가 열리면서 케이프타운의 중요성은 급격히 낮아졌다. 하지만 이 사건과 동시에 다른 중요한 사건이 터지게 되는데, 트란스발에서 다이아몬드와 황금이 발견된 것이다. 19세기 후반, 케이프타운에서 가장 주목해야 하는 인물은 세실 로즈였다. 아프리카 제국 건설이라는 그의 원대한 꿈은 보어전쟁의 원인이 되었다. 보어전쟁 동안 케이프타운은 영국군 작전의 중심기지였다. 로즈가 후대에 물려준 가시적인 유산은 흐로테스휘르에 세워진 수상 관저다. 흐로테스휘르라는 지명은 예전에 그곳에 반 리베크의 '커다란 헛간'이 세워졌던 것에서 유래했다. 1910년 보어공화국이 케이프 식민지와 통합되면서 남아프리카 연방이 출범하였고, 이어 케이프타운은 법률이 정한 수도가 되었다.

여러 해 동안 광폭한 인종차별 정책이 시행되는 가운데 케이프타운은 정부의 인종차별 정책 강행에 저항하는 도시로서 평판을 얻었다. 저항운동의 집결지였던 영국 성공회의 세인트 조지 대성당은 의회 건물 바로 건너편에 서 있었다. 하지만 그곳에서 불과 몇 마일 떨어진 테이블 만에는 로벤 섬이 있었다. 한때 나병환자 수용소였던 그곳에는 반체제 인사들을 구금하는 악명 높은 교도소가 있었다. 그러던 1994년 혁명적인 변화가 일어났고, 케이프타운은 남아프리카 최초의 다인종 행정부 탄생지로서 새로운 역사적 역할을 감당하게 되었다.

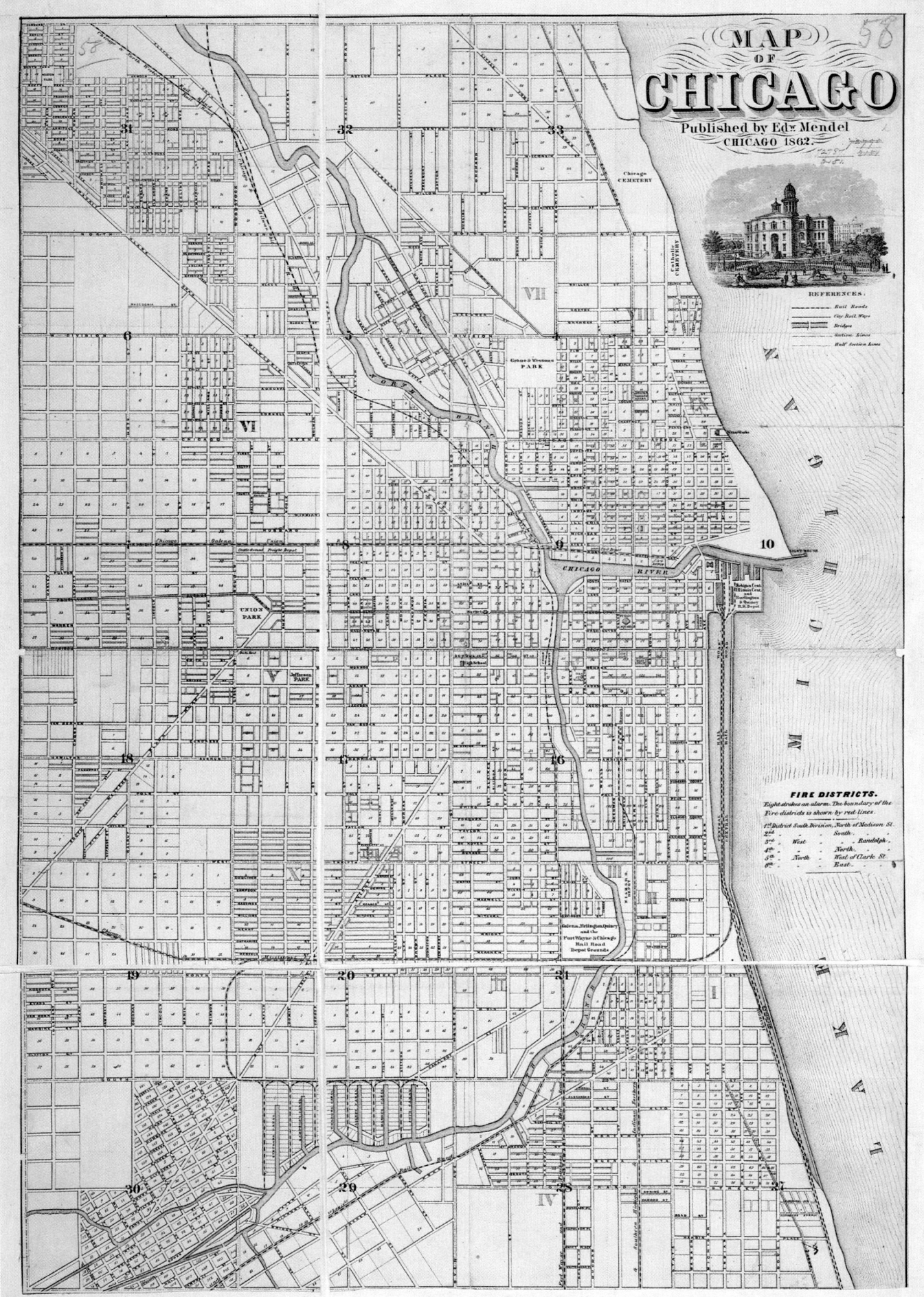

시카고 Chicago

▲ 세계 콜럼버스 박람회 조감도. 1893년 세계 콜럼버스 박람회의 시카고 개최는 미국 경제에서 차지하는 시카고의 위상을 상징하는 일이었다.
대영도서관The British Library, 0848.pp.49

◀ 1857년 시카고. 투기꾼들이 미시시피 강 통상로와 5대호가 연결되는 곳에 세운 계획도시다. 격자무늬 도시 구획은 분양을 목적으로 기획 건설된 도시의 전통적 양식이다.
대영도서관The British Library, Maps 72787(4)

속도의 도시, '할 수 있다'의 도시, 미래를 기다릴 필요가 없는 도시.

정신없이 바쁘게 지내던 19세기 후반의 시카고 시민들이 자랑스레 뽐내던 시카고의 슬로건이다. 뉴잉글랜드 초기 도시들의 배경이 된 종교적·사회적 이상주의와 시카고를 탄생시킨 급속한 경제성장의 간극은 상상을 초월할 정도였다. 시카고는 운하를 이용하여 5대호 지역과 미시시피 강을 연결하겠다는 계획에 의해 어느날 갑자기 탄생됐다. 이런 운하 건설은 최초의 프랑스 탐험가들이 17세기부터 꿈꿔왔던 것이었다. 그들은 신도시에 누벨프랑스(17세기부터 18세기에 걸쳐 이루어진 '북미대륙'의 '프랑스 식민지'를 말함.―역주)를 통합시켜줄 동맥으로서의 기능을 운하가 담당하리라 기대했다.

그로부터 한참 후인 1822년, 미 연방의회는 일리노이 주정부가 시카고와 일리노이주 강들을 연결할 운하를 건설하기 위해 긴 띠 모양의 땅을 매입하는 건을 인가했다. 계획이 입안되고 10년이 더 지난 후인 1832년에 공사가 시작되었다. 그때 처음으로 부동산 부지를 정착민과 투기꾼들에게 분양했다. 기획도시 프로젝트를 가능하게 했던 동력은 오직 하나, 운하가 열린다는 약속이었다. 원래 그곳은 거주민 없이 벌레들만 들끓는 뻘밭이었다. 그곳의 소하천은 미시간 호로 흘러들어갔다. 격자무늬 도로 구획은 투기성 토지 분양이 이루어지는 곳에서 흔히 볼 수 있는 양식이다. 토지 매입 붐이 일면서 처음 2년 동안 4,000명의 거주자를 유인해냈다. 도시 외곽의 농장과 부동산 역시 활발하게 거래되었고 이런 부동산 붐은 전체 지역에 영향을 미쳤다. 풍문에는 부동산 가치가 하루에 10배까지 급등하기도 해서 아침에 토지를 매입한 사람과 저녁에 매입한 사람 사이의 시세차가 엄청나게 벌어졌다고 한다. 다음과 같은 평도 있었다.

아주 작은 물줄기라도 미시간 호로 흘러 들어가는 하천이라면 어느날 갑자기 거대한 도시가 근처에 우뚝 섰다. 아름다움과는 거리가 먼, 모래와 늪으로 이루어진 이곳에는 어느새 항구와 등대가 건설되고 철도와 운하가 생겨났다. (…) 미시간 호숫가에 있는 실개울 어귀마다 도시가 하나씩 들어섰다.

이런 부동산 붐은 어쩔 수 없이 주기적인 폭락과 회복세를 겪게 된다. 1848년 운하가 완공되었을 때, 도시의 인구는 2만 명에 달했다. 그러나 유럽에서와 마찬가지로 운하는 곧바로 무용지물이 되어버렸다. 그 해 시카고에 최초의 철도 노선이 들어왔기 때문이다. 그로부터 10년이 지나기 전에 시카고는 강력한 위력을 발휘하는 철도망의 중심지가 되었다. 철도망을 통해 시카고는 동부 여러 도시 및 서부의 음식, 목재, 석탄, 광물 생산지와 연결되었다. 시카고 거주자의 수는 1860년 10만 명, 1880년에 50만 명으로 늘어났다.

이런 극적 변화에는 트라우마가 동반되게 마련이다. 시카고는 어디나 혼잡하고 불결했다. 1871년의 대화재는 도심지역 대부분을 휩쓸었다. 이 큰 불에서 유일하게 살아남은 도시의 랜드마크는 급수탑이었다(이 탑은 공학기술의 놀랄 만한 위업 중 하나였는데, 시카고에서 2마일 떨어진 미시간 호의 담수를 퍼서 도시에 공급해주는 거대한 파이프의 압력 방출 밸브 역할을 했다). 노동쟁의도 자주 일어나는 데다 폭력적 양상을 띠고 있었다. 그 절정에는 1886년 5월에 발생한 무정부주의자의 폭탄투하 사건과 '풀먼 팰리스 자동차 회사'에서 시작된 폭력적인 동맹파업이 있었다. 하지만 도시는 계속 성장했고 네모반듯한 거리는 북쪽과 서쪽으로 뻗어나갔다.

1890년대에 들어서면서 세계 최초로 마천루를 건

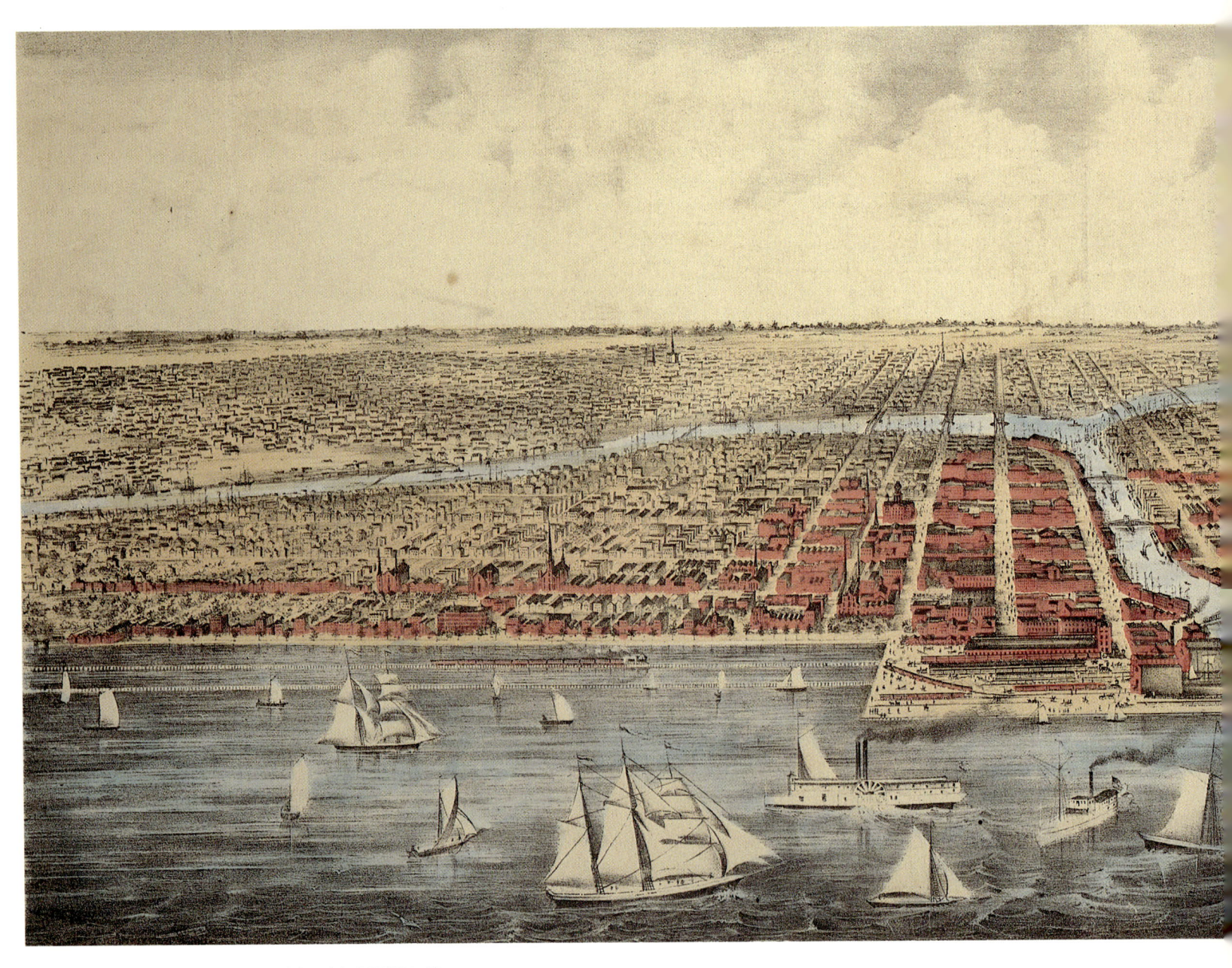

도시 건설 이후 수십 년이 지난 시카고. 1892년에 그려진 이 풍경화로, 철도 출현 이후 거대한 호반 항구로 변모한 시카고를 볼 수 있다.

설하겠다는 아이디어가 탄생했는데, 도시의 용지 부족을 조금이라도 해결하려는 의지에서 나온 발상이었다. 건물 뼈대를 철골로 세우는 새로운 건축 기법 덕분에 무거운 석조 벽이 필요없게 되었고 건물을 높이 세우는 일도 가능해졌다. 건축 혁명은 다른 도시로 퍼져나갔고 이는 곧 미국 도시를 가장 확실하게 상징하는 표상이 되었다. 폴란드, 스웨덴, 아일랜드, 러시아, 이탈리아에서 건너온 이민자들이 수천 명씩 유입되어 곡식, 육류, 석탄, 철제, 목재 등의 가공업에 종사했다. 1900년 도시 인구는 160만에 이르렀는데, 그중 77퍼센트가 이민자들이었다. 이런 상황은 업튼 싱클레어가 1906년에 출간한 화제의 소설 《정글 The jungle》의 배경이 된다. 시카고 부의 축적 기반이 되었던 산업이 규제 없이 마구잡이로 발달하는 과정에서 저질러진 무도한 일들을 낱낱이 드러내는 작품이었다.

이 도시가 미국 경제의 거인이라는 위상을 확실하게 확보했음을 상징하는 사건도 있었다. 1893년 시카고에 세계 콜럼버스 박람회를 개최한 것이었다. 시카고는 워싱턴이나 뉴욕보다 더 비싼 참가비를 제시했다. 박람회는 대규모로 기획되었다. 시카고 남부지역 중 550에이커에 달하는 토지 위에 전시장이 될 거대한 '백색 도시'를 건설하기 위해 4만 명을 고용했고 거의 2년 동안 공사를 했다. 전시관들은 신고전주의 양식으로 지어졌다. 이로 인해 새로운 건축 기법을 선보일 기회를 잃어버렸다고 안타까워하는 평론가들도 있었다. 박람회가 열리는 6개월 동안 2,600만 명의 방문객이 다녀갔다. 미국 전체 인구의 절반에 달하는 수치였다.

박람회로 시카고가 얻은 경제 효과는 실로 대단했다. 거대한 박람회 전시관 중에는 그대로 보존된 것도 있었다. 지금의 과학산업박물관이다. 박람회 이후 쏟아진 도시 미래에 대한 여러 비전은 1909년 번햄과 버네트가 만든 저 유명한 도시계획에 반영되었다. 이 도시계획의 목적은 기능적인 도시를 '아름다운 도시'로 바꾸자는 것이었다. 도시계획의 주안점이었던 호반 공원, 차도, 넓은 가로수길, 도시를 둘러싼 산림 그린벨트, 새로운 다리, 탁 트인 광장 등은 1909년부터 1939년 사이에 실현되었다. 시카고에 갱단이 활개치고 부정부패가 난무하던 악명 높은 시기에 이런 변화가 이루어졌다는 사실은 시카고 개발의 긍정적인 면을 보여준다.

1850~1950년 시카고의 격동은 미국이기 때문에 가능한 것이었다. 끊임없이 밀려드는 이민자, 철도망, 내륙지역에서 공급되는 식량과 원자재들. 이런 요인들이 합쳐져 미국의 기준에서도 경이롭기만 한 수준의 성장을 이뤄냈고, 그 성장은 결국 거대하고 독특하게 우아한 영원불멸의 도시로 구체화되었다.

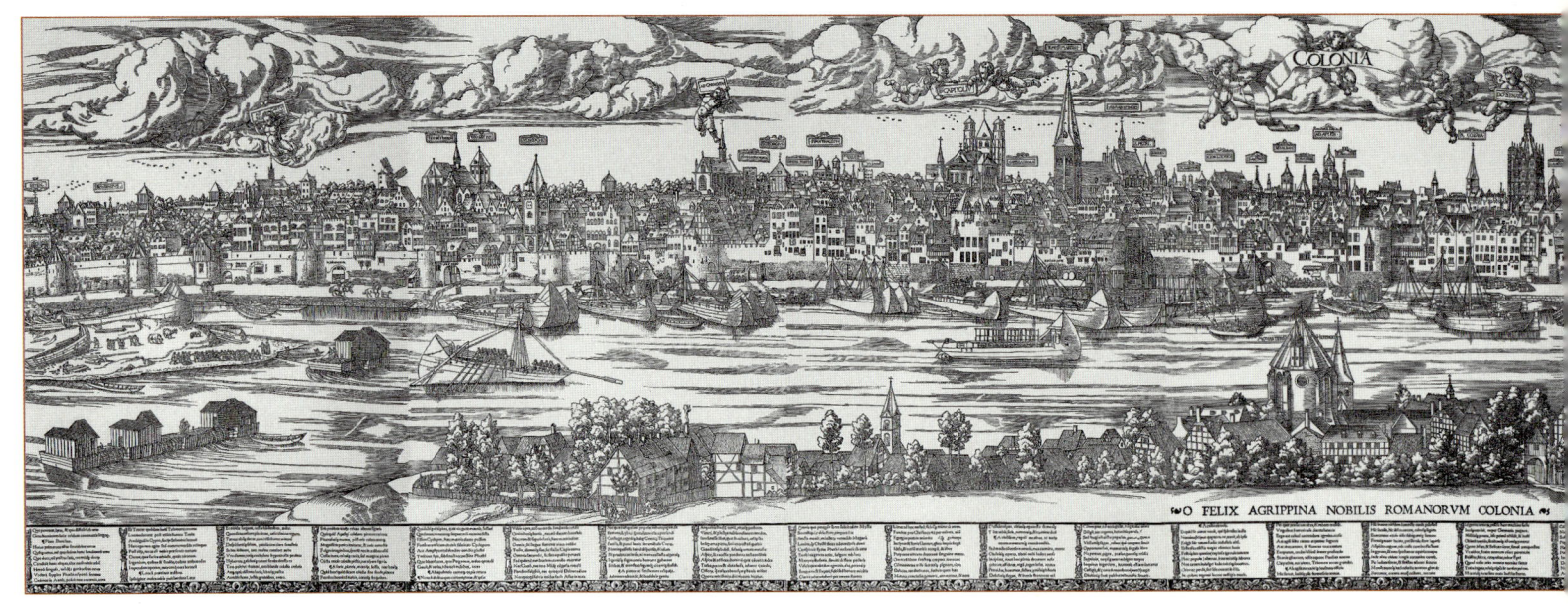

▼ 라인 강가에 인접한 19세기 쾰른의 반원 모양 외곽을 잘 보여준다. 독일 학교에서 발견한 작자 미상의 그림.
샤르메트 기록물보관소Archives Charmet/www.bridgeman.co.uk

쾰른 Cologne

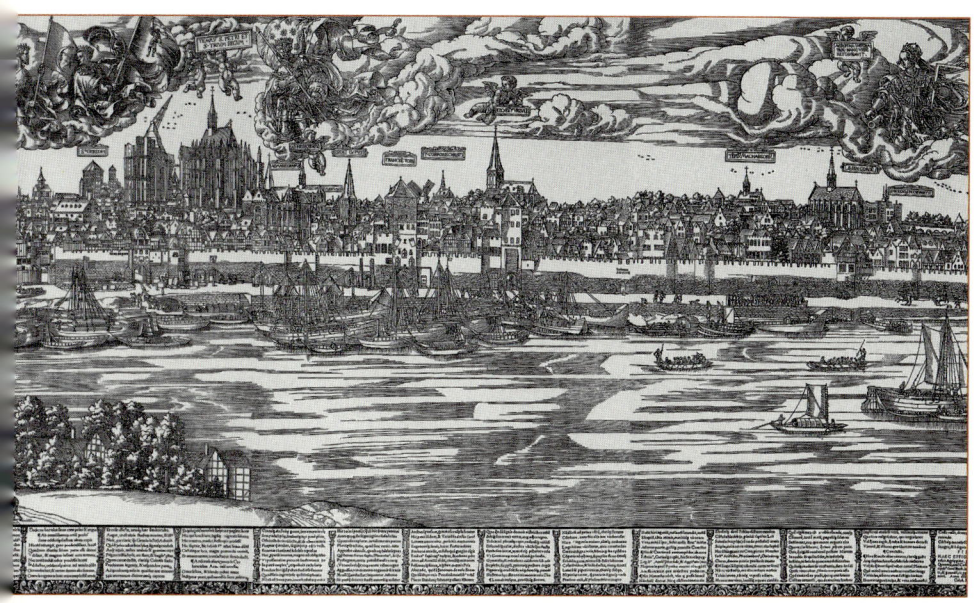

▲ 쾰른. 1500년에 보엔삼이 그린 이 거대한 파노라마 지도에는 쾰른의 반원 모양 외곽이 선명하게 나타나 있지 않다. 그러나 중세 무역의 십자로 역할을 하던 강변 도시의 활발함과 화려한 건축양식을 아름답게 전달해준다.
대영 도서관 The British Library, Maps 149.e.28(2)

오늘날의 쾰른은 지극히 현대적이다. 하지만 이곳은 독일의 그 어떤 도시보다 깊숙이 고대 정신에 뿌리를 내리고 있다. '식민지'라는 뜻의 단순한 지명에서 알 수 있듯이 과거에는 로마인들의 도시였다. 유럽의 심장부에서 시작되는 라인철도 노선과 프랑스에서 독일로 이어지는 동서철도 노선이 겹쳐지는 중추적 교차점에 자리잡고 있다.

도시 형태는 단순해서 현대에 들어서도 기본적인 골격은 예전과 크게 달라지지 않았다. 강가에 자리잡은 도시는 반원 모양이며, 주요 도로는 직사각형 형태로 성벽에 둘러싸여 있다. 하지만 성벽의 위치가 달라지고 도시 경계선이 확장되면서 동심원 지역이 형성되었다. 이런 식의 도시 확장은 12세기부터 17세기에 이르는 동안 세 번 일어났다.

라인 강변의 방비를 강화했음에도 불구하고 881년 고대 스칸디나비아인의 침입으로 도시는 거의 파괴되다시피 했다. 콘스탄티누스 황제가 서기 310년 강에 돌무더기를 쌓아놓고 그 위에 견고한 다리를 세웠다고 전해지지만 881년 공격을 받아 파괴된 것으로 추정된다. 중세에는 그 다리가 존재하지 않았다. 때때로 배를 잇대어 다리를 놓아 도이츠라는 작은 식민지와 연결하기도 했다. 하지만 이런 다리는 라인 강의 세찬 물살을 버텨내지 못했다. 영구적인 다리인 호엔촐레른 철교가 만들어진 것은 1870년대 들어서였다.

13세기에 이르러 제국의 중심지로 부상한 쾰른은 독일에서 가장 번성한 자유 상업도시가 되었다. 바다로 나가는 조그만 선박이 라인강으로 통행할 수 있었던 덕이다. 또 쾰른은 가공할 요새도시이기도 했다. 내륙으로 향한 면에 3마일(5킬로미터)에 달하는 성벽을 쌓고 그 중간 중간에 10개의 성문을 세웠다. 그리고 수많은 망루에서 경비를 섰다. 강과 도시가 맞닿은 부분은 그 길이가 거의 1마일 가량 되었다.

보엔삼이 1500년에 그린 파노라마 지도는 쾰른이 중세 말에 얼마나 화려하고 기품 있었는지를 잘 보여준다. 부두에는 배들이 몰려들었고 우뚝 솟은 교회들은 성인과 천사들의 보살핌을 받았다. 대학이 세워진 것은 1300년인데 유럽의 위대한 신학자 알베르투스 마그누스와 성 토마스 아퀴나스를 배출한 곳이다. 랜드마크는 오래되고 거대한 쾰른 성당 건물이었다(쌍둥이 탑은 19세기 말에야 완공되었다). 이곳에는 예수 탄생을 경배하러 온 동방박사 세 명의 유골이 오래 전부터 안치되어 있다. 바르바로사 황제가 쾰른에 하사한 선물이었다.

길었던 쾰른의 호경기는 유럽의 해상 시대가 열리면서 다소 꺾였지만 그 지정학적 위치로 인해 산업혁명의 진원지가 되었다. 북유럽으로 철도 여행을 가려면 반드시 동서철로와 남북철로가 만나는 쾰른을 지나야만 했던 것이다. 쾰른은 제2차 세계대전을 겪으며 황폐해졌다. 지금 쾰른 성당은 지극히 현대적인 건물들 사이에서 홀로 살아남아 화려한 위상을 뽐내고 있다.

콘스탄티노플 Constantinople

콘스탄티노플(원래는 비잔티움이라고 불리다가 현재는 이스탄불로 불리고 있다)은 세계에서 가장 위대한 역사 도시 중 하나로 꼽힌다. 로마에 비해서도 결코 뒤지지 않는 파란만장한 과거를 지녔다. 기원전 7세기부터 그리스인들의 식민지였던 콘스탄티노플을 뒤이어 지배한 것은 페르시아인이었고, 마케도니아인과 로마인들이 차례로 다스렸다. 그러다가 훗날 콘스탄티누스 황제가 이 도시를 수도로 채택하면서 서기 330년에 '신로마 New Rome'로 개명했다. 이후 화재, 지진, 전염병 등의 재난과 적군의 침입이 거듭되면서 콘스탄티노플은 황폐해졌지만 동방교회 중심지로서의 역할은 충실히 해냈다. 그러다가 1453년에 이르러 정복 전쟁에 나선 터키인들에게 함락되어 술탄 메메드 2세의 치하로 들어갔다.

콘스탄티노플은 유럽과 아시아를 이어주는 중요한 교량이며, 동양과의 교역을 위해 반드시 통과해야 하는 관문 도시였다. 로마교회와 점차 소원해진 그리스 정교회의 상징이 되기도 했다. 그러면서 인근 회교도의 무력 침입 위협을 끊임없이 감내해야 했다. 하지만 콘스탄티노플에 있어 가장 커다란 재앙은 1204년 십자군에 의한 약탈과 그후 6년 동안 고대 로마인들의 지배를 받으며 쇠망의 길로 들어선 일이었다. 콘스탄티노플의 전성기는 아마도 6세기 유스티니아누스 황제 치하에서였을 것이다. 그 당시 위용을 자랑하는 건물들이 연이어 지어졌고, 인구도 50만 명에 육박했으리라 추정된다.

콘스탄티노플의 과거를 살펴볼 수 있는 사료로 크리스토포로 부온델몬테 Cristoforo Buondelmonte가 15세기에 제작한 근사한 채색 사본이 있다. 고대의 성벽, 하기아 소피아 대성당, 고대 그리스 경기장과 같은 제국 시대의 유적지들을 한 눈에 볼 수 있는 자료다. 하지만 당시 콘스탄티노플은 쇠락하여 적대적인 로마의 지배로 인한 상처를 완전히 극복하지 못한 상태였다. 골든 혼 항구를 가로지르는 페라 지역에는 랜드마크인 갈라타 타워가 서 있다. 이 지도가 처음 모습을 선보인 것은 1420년에 만들어진 지중해 항 안내서를 통해서였다. 당시 투르크인들은 콘스탄티노플을 공격하기 위해 준비하고 있었다. 1422년의 포위공격은 실패로 돌아갔지만 도시의 파국을 피할 수는 없었다. 이 지도의 사본이 만들어진 1482년 즈음의 콘스탄티노플은 여러 해 전부터 터키 제국(또는 오스만 제국)에 귀속된 상황이었기에 지도는 시대적 현실에 많이 뒤처져 있었다.

터키 제국의 수도라는 새로운 역할을 담당하게 된 콘스탄티노플의 이미지는 브라운과 호겐베르크가 1572년에 출간한 도해서 《세계의 도시 Civitates Orbis Terrarum》에서 찾아볼 수 있다. 이때 새롭게 부각된 랜드마크는 최전방에 보이는 1406년대의 톱카피 궁과 중앙 후반부에 있는 1550년대의 슐레이만 모스크이다. 오스만 제국 지배자들의 초상화로 가장자리를 장식해놓은 것이 마치 새로운 제국의 옥새 일체를 보는 것 같다. 무기고나 조선소의 위치는 잘못 그려졌는데, 실제로는 골든 혼 만에 있었다. 과거를 환기시켜주는 이 지도를 위한 자료들이 어떻게 수집되었는가는 막연히 추측할 수 있을 뿐이다. 오스만 투르크인들은 자신들만의 독특한 지형도 전통을 갖고 있다. 그리고 뿌리 깊은 문화적 적개심에도 불구하고 투르크인과 유럽인들 사이에 약간의 교역이 이루어졌다. 그 과정에서 브라운과 호겐베르크는 재건된 도시의 스케치 자료를 습득한 뒤 지도 제작의 기본 자료로 활용했을 게 분명하다. 이 지도가 발행된 시기는 오스만 제국의 위력이 최고점에 달하던 슐레이만 대제 치세 이후였다. 이때 터키 제국은 헝가리에서부터 중동지역 전체를 관통해나가 북아프리카에 이르는 광활한 땅으로 세를 뻗어나가고 있었다. 콘스탄티노플은 제국의 역사와 그리스도교 역사를 자랑하며 가공할 힘을 지닌 전통적인 도시의 반열에 올라섰고, 아직까지도 유럽인들의 마음속에 깊은 인상을 남기는 매혹적인 도시로 남아 있다.

1482년 부온델몬테가 그린 콘스탄티노플. 전형적인 그리스도교 도시 모습을 띠고 있다. 1457년 투르크족에게 함락되기 이전에 그린 초기 이미지의 필사본이기 때문이다. 오른편의 하기아 소피아 대성당이 도드라져 보이고 그 앞으로 로마 경기장 유적이 있다. 갈라타 타워가 들어선 상업지역 페라가 골든 혼 만을 가로질러 자리잡고 있다.
대영도서관 The British Library, Arundel MS 93, f.155

콘스탄티노플 Constantinople

브라운과 호겐베르크가 1572년에 그린 콘스탄티노플. 이 그림은 터키 제국의 도시로 그려져 배경에 술탄의 무덤이 도드라져 보인다. 교회를 대신해 모스크가 그려졌고 오스만 제국 지배자들의 초상화가 가장자리를 장식하고 있다.

대영도서관 The British Library, Maps C.29.e.1(51)

쿠스코 Cuzco

쿠스코는 아메리카 대륙에서 가장 오래 전부터 사람들이 거주했던 도시다. 그 역사가 얼마나 오래되었는지 정확히 아는 이는 없다. 쿠스코를 수도로 삼았던 잉카 제국 사람들이 문자체계를 개발해내지 않았던 까닭이다. 그래서 사록이 전무한 상태다. 식민지 시대 이전의 쿠스코 역사는 고고학과 구전을 통해 부분적으로 끼워맞춰져 있다. 베르나베 코보 신부와 같은 몇몇 스페인 사람들이 구전 내용을 수집해놓았다. 높은 산봉우리로 둘러싸인 쿠스코는 툴루마요 강과 후아타나이 강이 만나는 지점에 위치한다. 해수면보다 2마일 이상 높은 고지대여서 안데스 산맥의 차갑고 희박한 대기를 품고 있다. 널찍한 광장과 바로크풍 교회는 전형적인 스페인 식민지 건축물인 반면, 판석이 깔려 있는 비좁은 골목길에는 잉카 시대의 모습이 남아 있다. 쿠스코의 시민들도 다양한 전통을 이어받아 스페인어와 함께 케추아어와 잉카 언어를 많이 사용한다.

쿠스코 역사가 기록되기 시작한 정확한 시기는 운명의 1533년. 프란시스코 피사로가 무자비한 스페인 정예군을 이끌고 쿠스코로 들어선 때였다. 스페인 군은 그곳에서 약 20만 명으로 이루어진 촌락을 이뤘다. 이후 쿠스코가 제국의 수도가 되고 대략 1,000만 명이 거주하면서 에콰도르 북부에서 칠레 남부에 이르는 지역까지 세를 확장해나갔다.

스페인 사람들은 쿠스코라는 이름이 '세상의 배꼽'이라는 뜻임을 나중에야 알았다. 이 수도의 중심부에 있는 코린칸차 신전은 태양신을 숭배하기 위한 곳이었다. 그곳에는 달, 별, 천둥, 무지개의 신을 위한 제단과 수많은 정부기관, 달력 및 종교력에 따라 축제일을 규정하는 중앙기상대도 있었다. 코린칸차에서 북쪽으로 1마일 떨어진 구릉지 정상에는 삭사이와만이라는 거대한 요새가 아래를 굽어보고 있는데, 콜롬비아 이전 시대의 미주 대륙에 세워진 가장 거대한 건축물로 꼽힌다. 1440~1480년 사이에 지어진 것으로 추정되는 이 신전과 요새는 잉카의 군주 파차쿠티의 작품이다. 이 거대한 건축물들은 바퀴나 철제 도구를 사용하지 않고 지어졌다. 그 외에 강한 인상을 주는 당시 건축기술의 백미는 도시 구석구석으로 수로가 흐르도록 툴루마요 강줄기를 우회시킨 것이다. 파차쿠티 치세 이후 두 세대가 지나면서 잉카 사회는 내전으로 와해되기 시작했고, 스페인 사람들이 그 땅에 도착하던 날 밤 치명상을 입어 쇠약해졌다.

스페인 측에서 볼 때 쿠스코의 가장 큰 매력은 신전과 궁을 장식하고 있던 어마어마한 황금과 은이었다. 일년이 채 지나가도 전에 스페인 사람들은 잉카 군대를 와해시키고 최후의 왕 아타왈파를 시해한 후 도시를 약탈했다. 그로부터 2년 후인 1536년, 쿠스코를 중심으로 잉카 저항세력이 조직되었다. 저항군은 필사적으로 투쟁했지만 싸움은 무위로 돌아갔고 도시 대부분이 파괴되는 결과만 초래했다. 코린칸차 신전과 삭사이와만 요새 역시 이때 파괴되었다. 스페인 사람들은 자신들의 수도를 해안가인 리마로 옮긴 뒤 쿠스코를 재건하면서 신전 자리에 교회를 세웠다. 하지만 파차쿠티 치세 동안 만든 거리는 보존됐다.

1650년에 발생한 극심한 지진 이후 도시 대부분을 재건축하고 장식하는 과정에서 스페인 양식과 바로크 양식이 결합된 '쿠스코 양식'이 등장했다. 쿠스코는 페루의 두 번째 도시라는 지위를 단 한 번도 잃은 적이 없었다. 그러던 1911년, 쿠스코가 새롭게 주목받는 전기가 찾아왔다. 탐험가 하이럼 빙엄이 마추픽추라는 잉카 제국의 독특한 거주지를 발견해낸 것이다. 쿠스코에서 북서쪽으로 70마일(113킬로미터) 떨어진 산허리에 여러 세기 동안 감춰져 있던 유적지였다. 이 발견으로 인해 쿠스코는 페루의 관광중심지가 되고 안데스 문명 연구의 핵이 되었다. 1536년 철저하리만큼 완벽하게 파괴된 것으로 알려졌던 잉카 문화는 이로써 수백 년의 시간을 넘어 현실세계로 부활했다.

브라운과 호겐베르크가 1572년에 그린 쿠스코. 16세기 유럽에서 구할 수 있는 유일한 잉카 제국 도시의 모습이다. 가마를 타고 있는 잉카 황제의 그림이 극적인 재미를 더한다. 이 지도가 얼마나 정확한 것인지는 알 도리가 없다. 다만 성벽과 성문이 유럽풍인 것만은 분명하다. 태양신의 신전은 왼편에 보이지만 삭사이와만 요새는 보이지 않는다.
대영도서관 The British Library, Maps C.29.e.1(1)

1851년의 델리. 야무나 다리 너머 보이는 고대 도시의 전경은 비교적 아담하고 밀집된 형태를 띠는 반면 랄킬라Lal Qila(붉은 성)는 우뚝 솟아 있다. 당시는 영국령 인도의 수도가 아니었고, 세포이 반란도 몇 년 후에 일어났다.
대영도서관The British Library, 55455(1)

델리 Delhi

　히말라야 왕국들이 있는 인더스 계곡과 갠지스 강가 평야 사이의 중간지역은 인도 북부의 중심지다. 바로 이곳에 자리잡은 델리는 거의 3,000년 동안 도시의 역할을 맡아왔다. 하지만 그 중심지가 여러 번 바뀐 탓에 초기 힌두교도 거주지로서의 흔적은 찾을 수가 없다. 델리의 역사는 회교도의 영향을 압도적으로 많이 받았고 그 다음으로 영국의 영향을 받았다. 아소카 석주를 중요하게 여기는 건 기원전 3세기에 그 지역을 다스리던 불교도 황제의 역사를 보여주는 유일한 증거이다.

　12세기까지 인도에 모여 있던 힌두교 국가들은 아프가니스탄에서 온 회교도의 공격을 받아 1192년에 함락당했다. 회교도의 지배를 보여주는 최초의 기념물은 1206년경 현재 델리의 남부에 세워진 쿠트브 미나르 탑이다. 탑에 새겨진 글에 의하면 '동과 서에 알라의 그림자를 드리우기' 위해 만든 것이라 한다. 이곳에 최초로 세워진 회교도 사원은 무너진 신전의 돌로 만들었다. 이어서 델리 술탄국이 들어서고, 중동지역의 회교도 핵심부에 몽골이 압력을 가하면서 델리는 회교 문화의 중심지로 격상되었다. 1298년 바그다드가 몽골 사람들에게 함락되자 학자와 예술가들은 델리로 망명했다. 하지만 1세기 뒤 대재난이 도시를 덮쳤다. 티무르(티무리드 칸)가 이끄는 몽골 패거리가 인도 북부를 휩쓸고 지나가면서 델리를 파괴하고 그 시민들을 학살한 것이다. 델리가 이 피해를 복구하는 데는 거의 100년이 걸렸다. 술탄들이 참화의 현장을 피해 남부로 이동하여 아그라에 머물렀기 때문이었다.

　델리가 역사에 다시 등장한 것은 1526년의 일로, 티무르의 5대손이며 아프가니스탄의 장수였던 바부르Babur가 델리에서 북쪽으로 50마일(80킬로미터) 떨어진 파니파트에서 벌어진 대전투에서 최후의 술탄을 격퇴하고 무굴 제국을 세우면서다. 이어지는 세기 동안 무굴 제국의 지배자인 후마윤, 악바르, 샤 자한, 아우랑제브는 모두 델리와 아그라를 트윈 캐피털twin capitals(인구분산을 위해 신행정수도를 수도 이외의 다른 지방에 건설하는 경우처럼 수도가 둘로 형성되는 것을 말한다.—역주)로 개발하였다. 무굴 제국의 예술과 건축양식의 특징은 도시 전체에서 널리 사용되어 랄킬라(붉은 성), 자미 마스지드 이슬람사원, 왕릉 등에서 그 형태를 찾아볼 수 있다. 샤 자한은 아그라에 타지마할 성을 건설했다는 사실로 유명해졌지만, 델리를 다시 행정 중심지로 바꾸어놓은 사람 역시 그였다는 점을 간과해서는 안 된다. 아그라에서 델리로 수도를 옮기기 위해 그가 새로 조성한 샤자하나바드는 현재의 구시가지, 올드 델리에 있다. 무굴 제국을 영국이 실질적으로 장악하게 된 것은 1772년, 동인도회사가 델리에 지사를 설립해 그곳 권력자들에게 명백한 지배력을 행사하면서부터다. 명목상 인도를 지배하는 것은 여전히 몽골인이었지만 실은 영국인들의 꼭두각시에 불과했다.

　1857년 세포이 반란(제1차 인도 독립전쟁.—역주) 기간 동안 델리는 반란군 최대의 점령지였고, 붉은 성이 함락되면서 수백 명이 학살당하는 참극을 불러왔다. 영국군의 보복은 야만적이었다. 무굴의 마지막 왕 바하두르 샤 2세는 반란에 공모한

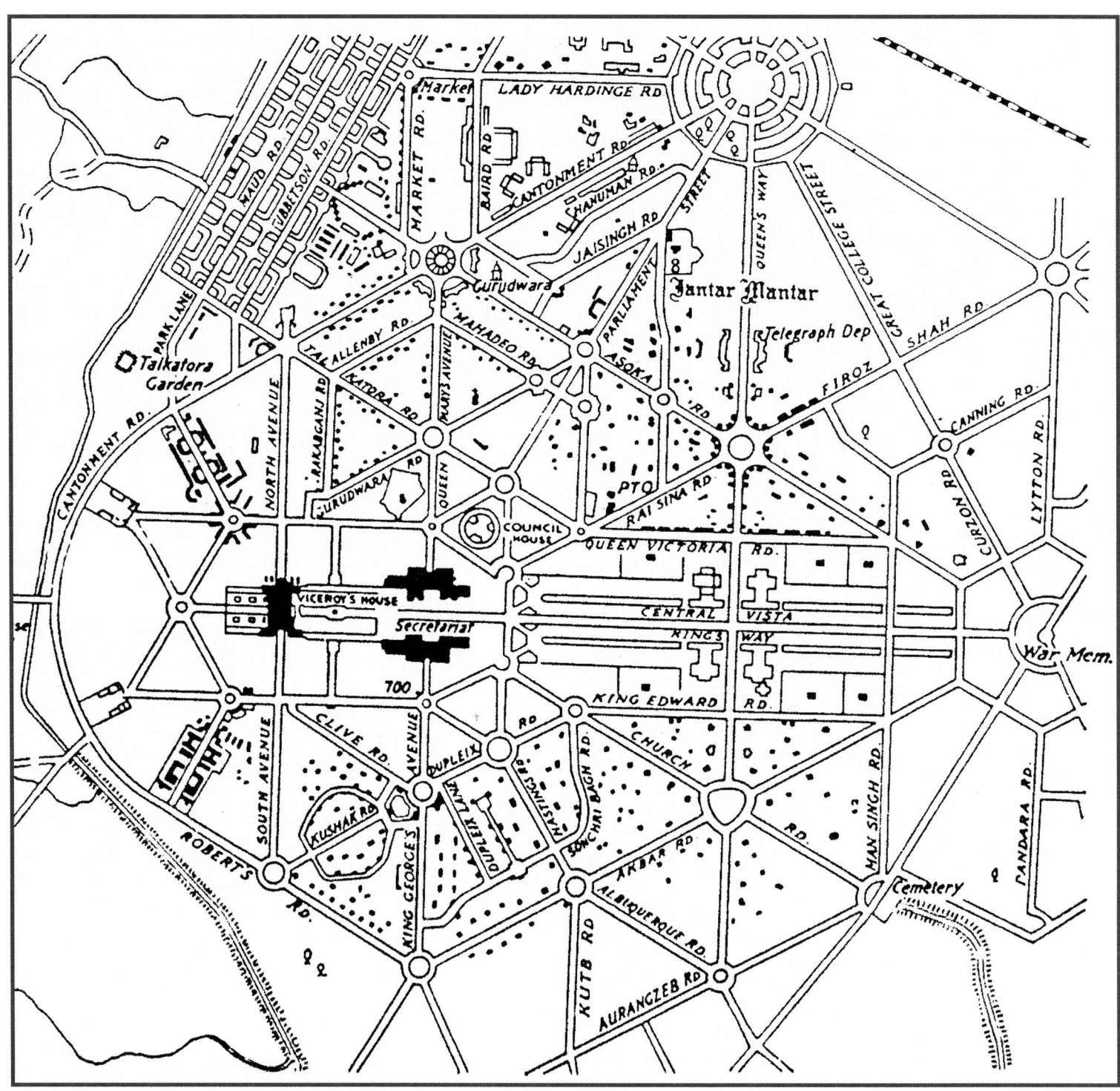

1911년과 1916년 사이에 에드윈 루텐스와 허버트 베이커라는 두 건축가에 의해 새롭게 태어난 뉴델리의 모습이다. 제국의 수도라는 격에 맞게 웅대하고 격조 있는 도시계획을 통해 태어난 새로운 도시는 무계획적으로 조성된 북부 구시가지와는 전혀 다른 모습이다.
대영도서관The British Library, YH1989a133

죄로 기소되어 사형에 처해졌고 무굴 제국은 역사 속으로 사라졌다.

원래 영국령 인도의 수도는 동인도회사의 본사가 자리잡고 있던 캘커타였다. 하지만 1902년에 총독 쿠르존 경이 영국 국왕 에드워드 7세의 즉위를 축하하며 성대한 접견회를 거행한 장소는 다름 아닌 델리였다. 그로부터 9년 후, 인도를 방문한 에드워드 7세는 델리가 새로운 수도로 재건될 것이라 선언했다. 수도를 옮길 경우 영국이 몇 가지 실질적인 장점을 누릴 수 있었던 것이다. 일단 델리는 캘커타보다 인도의 중심부에 있어서 철도망을 효과적으로 이용할 수 있게 된다. 하지만 진짜 영국의 속내는 자신들이 무굴 제국의 정당한 후계자임을 공언하려는 의도였던 것 같다.

뉴델리로 선택된 장소는 10제곱마일(26제곱킬로미터) 정도의 토지였는데 그 중앙에는 라이시나 언덕이 우뚝 솟아 있고, 남쪽으로는 구시가지가 있었다. 영국 최고 건축가인 에드윈 루텐스Edwin Lutyens와 허버트 베이커Herbert Baker가 왕명을 받아 거대한 승리자의 수도를 설계했다. 이 두 건축가에게 뉴델리의 건설은, 베이커의 표현을 빌려 표현하자면 '로마 양식도 아니고 영국 양식도 아니며 인도 양식도 아닌 제국 스타일'의 건축양식을 만들어내는 일이었다. 가장 상징적인 것은 근대의 베르사유라 불리는 총독 궁에서 동쪽으로 뻗어나가는 2마일 길이의 웅장한 가로수길이다. 이 가로수길 양쪽에는 행정 관청이 들어서고, 대각선으로 뻗어나가는 길에는 주거지역과 상업지역이 자리잡았다. 특히 상업지역은 코노트 플레이스를 중심으로 하여 방사선 형태로 형성되었다(워싱턴의 도시계획도 이와 같다는 점을 생각하면 매우 놀랍다).

1912년에 시작된 공사는 1916년까지 계속되었는데, 이 과정에서 루텐스는 원래의 설계와 건설 결과가 다르다는 사실을 발견하고 경악했다. 총독 궁의 전경을 감출 생각으로 설계했던 웅장한 가로수길의 경사가 달라진 것이었다. 루텐스가 충격을 받아 이의를 제기한 일화 역시 델리의 역사가 되었다. 하지만 루텐스와 베이커가 원래 계획했던 것들은 대부분 완성됐고 뉴델리는 기능면이나 심미적인 면에서 두루 성공적인 도시로 태어났다. 뉴델리는 국가와 함께 성장해갔다. 식민지 시절의 의사당은 현재 인도 국회의사당이 되었고 인도 수도로서의 위상은 단 한 번도 의심받은 적이 없었다.

17세기 중반 샤 자한이 건설한 델리의 랄킬라(붉은 성). 1847년 제임스 더필드 하딩이 찰스 스튜어트 하딩의 뒤를 이어 그림을 완성하고 석판화로 인쇄했다.
대영도서관The British Library, Cup.652.m.34

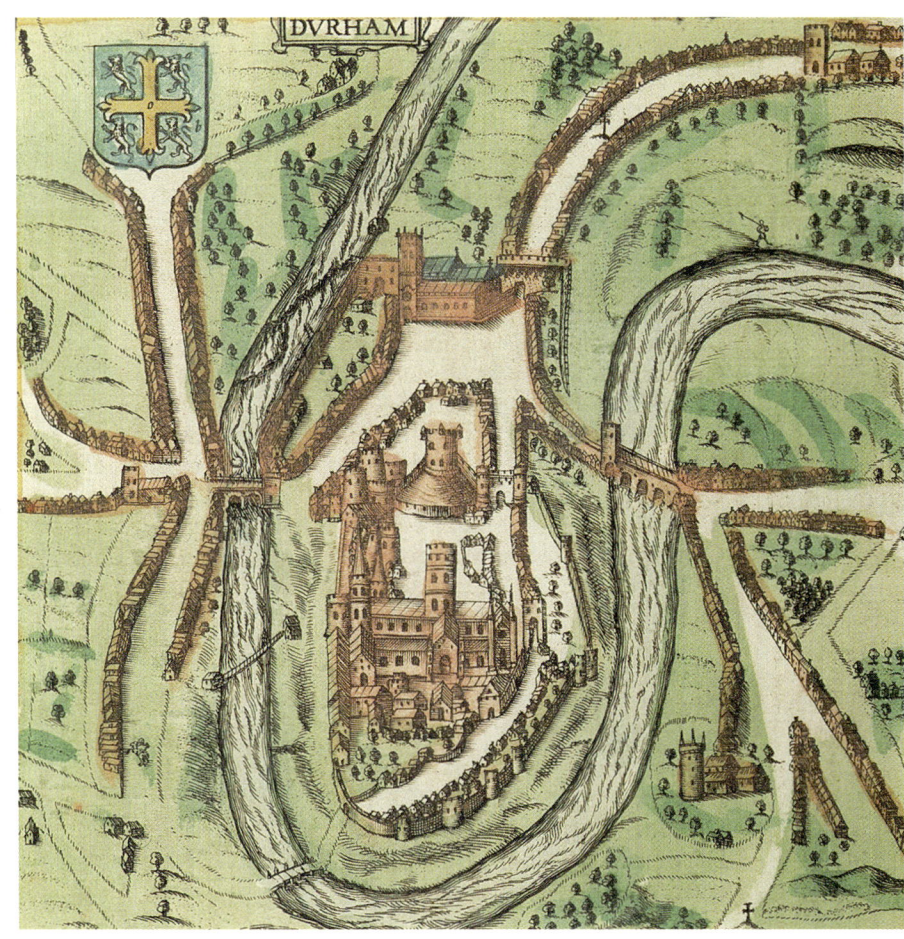

1611년 스피드가 그린 더럼. 더럼만큼 역사의 위대한 연속성을 보여주는 도시는 없다. 튜터 왕조시대에 그려진 이 지도를 보면 이유를 알 수 있다. 위어 강이 구비쳐 흐르는 곳에 격리되어 있는 성과 성당은 쉽게 달라질 수 없는 모양새다. 외부에 그 어떤 개발이 일어나더라도 영향을 받지 않았을 것이다.
대영도서관The British Library, Maps C.7.c.20

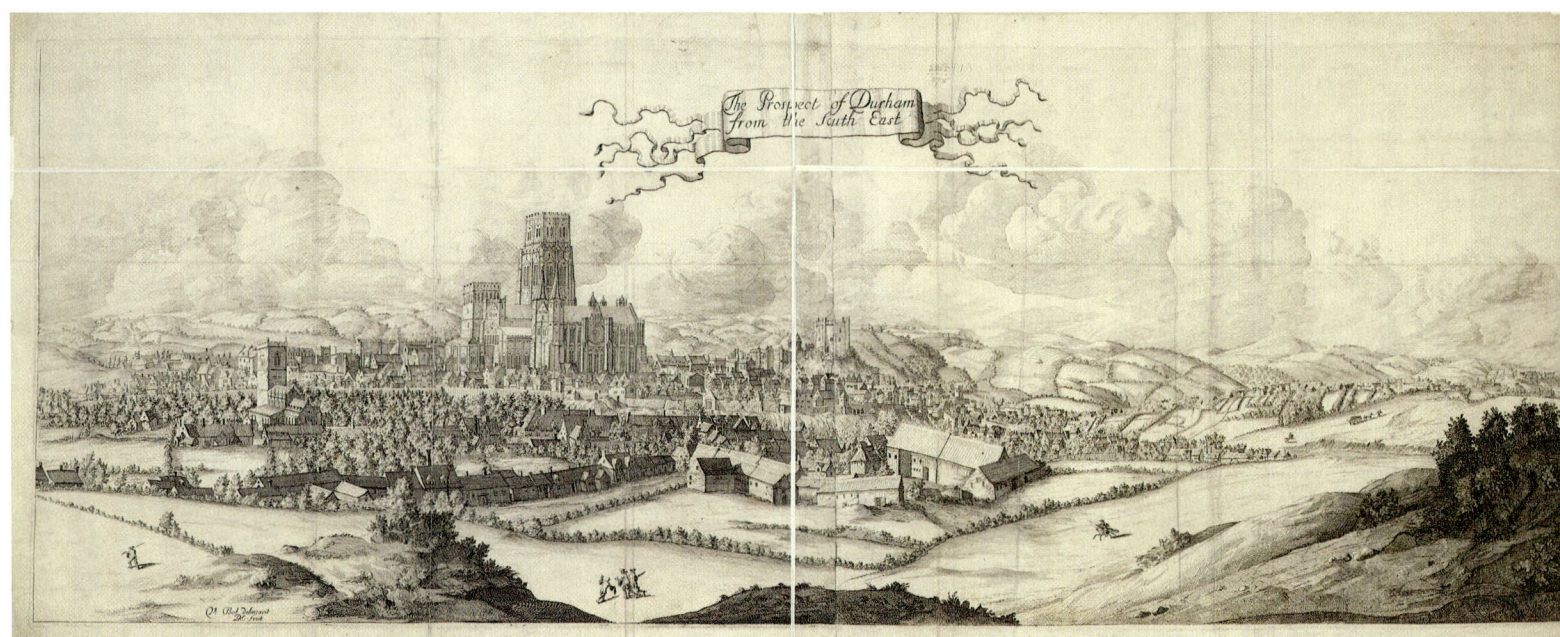

18세기 후반 남동쪽에서 바라본 더럼의 전경. 성당이 중앙에 우뚝 솟아 있다. 화가가 일부러 강을 완전히 숨겨버렸다.
대영도서관The British Library, Maps 2265(1)

더럼 Durham

도시를 하나 택해서 그곳에 있는 건물을 통째로 가져오라고 한다면 단연 더럼이다. 바위산 용마루에 반 마일 정도 길이로 자리잡은 이 도시는 굽이굽이 흘러가는 위어 강 위에 우뚝 솟아 있다. 그 지역 외곽은 스위스의 베른과 놀랍도록 닮아 있다. 선사시대 유적지가 도시 아래에서 발견되었지만 이상하게도 로마인들이 간과하고 그냥 남겨두는 신기한 일이 벌어지기도 했다. 그 결과 이곳의 역사 기록은 995년부터 시작되었다. 바이킹에 의해 린디스판에서 쫓겨난 한 무리의 수도사들이 이곳에 성 커스버트의 성물함을 위한 제단을 세웠던 것이다.

노르만 정복 이후 수년 동안 중세 문화의 핵심 상징인 수도원, 성당, 성이 하나씩 이곳에 세워졌다. 위어 강 굴곡부의 반도지역은 높은 석조 성벽으로 둘러싸이게 되었고 그곳의 맨 꼭대기에 원형의 성이 높이 세워졌다. 그리고 구불구불한 좁은 길을 따라 가장 높은 지역으로 올라가야만 만날 수 있는 성당은 웅장한 로마네스크 양식 건물이다. 이러한 건축 단지는 새로운 가톨릭 문명을 가시적으로 상징하는 것으로써 게르만계 국민과 앵글로색슨계 국민들의 머리 위에 지금까지도 우뚝 솟아 있다.

더럼의 주교는 처음부터 종교와 세속에 관한 두 가지 역할을 담당하는 주교군주가 되었다. 그리하여 팔라틴 백작으로서 자신의 영토인 팔라티네이트를 다스리고 법을 집행하였으며 화폐를 주조하고 군대를 이끌었다. 더럼 공국은 잉글랜드와 스코틀랜드 사이의 완충지대였다.

중세 주교 중에 유명세를 가장 많이 탄 이를 꼽자면 앤서니 벡Anthony Beck을 들 수 있다. 1296년 에드워드 1세가 스코틀랜드를 침공할 때 2,000명의 부하를 이끌고 조력했던 그는 그 공으로 맨 섬의 왕이라는 칭호를 얻었다. 주교가 이런 세속적인 특권을 누리는 양태는 19세기까지 존속되었다. 순례 장소였던 성 커스버트를 위한 제단은 종교개혁이 일어나면서 폐쇄되었다. 공화정 시대에는 팔라틴 백작에게 영지가 부여되는 제도가 일시적으로 폐지되었고, 성당은 청교도들이 군 수용소로 사용하여 적들을 그곳에 감금해두었다.

수세기 동안 더럼 지역의 지세로 인해 도심의 확장은 적잖은 제한을 받았다. 하지만 동쪽의 엘베트 다리와 서쪽의 프럼웰게이트 다리 주변으로 외곽지역이 자연스럽게 생겨났다. 철도가 도시를 지나 서쪽으로 빠져나가게 되자 프럼웰게이트 다리 부근은 실질적으로 대도시 교외지역이 되었다.

하지만 19세기 더럼의 역사에서 가장 도드라지는 사실 하나가 부정적인 결과를 낳았다. 더럼은 산업혁명의 영향력에서 완전히 벗어나 있었던 것이다. 주변 촌락에서는 탄광업과 철공업이 발달했지만, 정작 도시 내부나 그 인접지역에서는 아무런 변화가 없었다. 단 한 번도 무역이나 산업의 중심지였던 적이 없는 더럼은 (역사의 우연으로 인해) 종교와 행정의 중심지로만 머물렀다. 영국 북부의 솔즈베리 또는 윈체스터가 된 것이다. 더럼의 화려한 건축물은 잘 보존되어 있지만 더럼의 행정구역 안에 속하는 다른 산업도시에 더 큰 건물들이 속속 등장했다.

1830년대 산업혁명이 진행되면서 팔라티네이트 제도는 폐지되었고, 주교의 거주지였던 성은 새로 설립된 대학교의 중심 시설이 되었다. 옥스퍼드와 케임브리지의 뒤를 이어 잉글랜드에 최초로 설립되었던 대학교다(기묘한 일은 빅토리아 시대 옥스퍼드의 학부생활을 그린 희극 〈풋내기씨의 모험담The Adventures of Mr. Verdant Green〉(1853~1857)을 쓴 에드워드 브래들리가 더럼 대학교 졸업생이었다는 점이다). 20세기 들어 더럼 대학이 성장하면서 도시는 처음으로 강의 남쪽 만곡부를 넘는 지역으로 확장됐다. 하지만 여전히 더럼 반도에 위치한 난공불락의 도심은 아무런 변화도 없이 옛적 모습을 고스란히 간직하고 있다.

1784년 킨케이드Kincaid가 그린 에든버러. 18세기 즈음에는 도시 북쪽 경사지의 우아한 거리와 크레이그 뉴타운에 들어선 광장이 펼쳐져 있었다. 뉴타운과 올드타운은 습지인 '노르만의 호수Nor' Loch'를 지나는 매우 중요한 다리로 연결되어 있었다. 현재 이 습지에는 철로가 놓여 있다.
대영도서관The British Library, Maps K.49.61

에든버러 Edinburgh

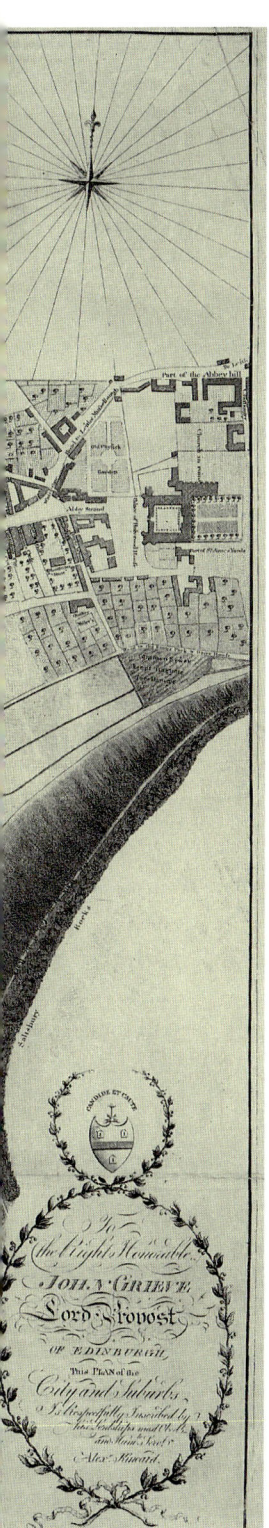

에든버러라는 도시는 영국의 다른 도시와 구분되는, 독특한 연극적 특성을 지닌다. 우선 도시의 물리적 특성이 그런 인상을 강하게 풍긴다. 바위산과 구릉지가 많은 지역에 위치한 에든버러에는 검은 석조 건물이 들어서 있고 도심의 중앙에는 지나치게 광활한 공간이 성 아래 떡하니 자리잡고 있다. 로버트 루이스 스티븐슨 Robert Louis Stevenson은 에든버러를 가리켜 '바위산과 석조 건축물에서 꾸는 꿈'이라 했다. 하지만 이 같은 연극적 색채는 우리의 선입견이 불러온 착시현상일 수도 있다. 우리는 에든버러를 떠올릴 때마다 이 도시의 과거를 의식하기 때문이다. 스튜어트 왕가의 군주들, 종교개혁, 자코바이트의 난으로 대변되는 화려한 과거. 보통 사람들의 역사 역시 마찬가지다. 연회, 취객, 범죄, 어두운 골목의 도시이자 19세기 전설적인 연쇄살인범인 아일랜드 이민자, 윌리엄 버크와 윌리엄 헤어의 활동무대가 에든버러였던 것이다. 또한 지킬 박사와 하이드 씨의 에든버러이자 작가 코난 도일이 태어나 자란 곳이기도 하다. 이런 물리적 환경과 과거의 기억 그리고 따뜻하고 계산적이면서 시끄럽고 유쾌하고 교활하고 변덕스러웠던 에든버러 사람들이 있기에 다른 어떤 도시도 감히 스코틀랜드의 수도 역할을 탐낼 수 없었을 게 분명하다.

1760년대까지 에든버러는 '올드타운' 지역을 의미했다. 캐슬록이라 불리는 거대한 용암 덩어리에서부터 홀리루드 궁까지 이어지는 산등성이를 따라 도시가 형성되었다. 그곳이 바로 스코틀랜드 국가 권력의 중추였다. 성, 성당, 의회, 고등법원이 있었고 그 주위로 높고 비좁은 주택지들이 늘어서 있었다. 그 주택에는 가난한 사람과 부유한 사람들이 한데 어울려 살았다. 이런 매력 없는 환경에도 불구하고 18세기 최고의 사상가들이 머물러 '북방의 아테네'라는 별칭을 얻었다. 철학자 흄, 경제학자 애덤 스미스, 과학자 조지프 블랙, 지질학자 제임스 호튼 등 많은 사상가들이 에든버러에 살았다. 출판과 저널리즘도 번성했다. 〈에든버러 리뷰 The Edinburgh Review〉와 〈블랙우즈 매거진 Blackwood's Magazine〉은 19세기 유럽 문학을 지배했고, 에든버러 대학은 유럽의 어느 대학과도 필적할 수준이었다.

도시는 남쪽으로 꾸준히 세를 넓혀 목초지에 대학과 병원을 세웠다. 북쪽으로 가는 길은 '노르만의 호수 Nor' Loch'라 불리던 모레인(빙하에 의하여 옮겨진 암석·토사 따위의 더미.—역주) 습지로 막혀 있었다. 에든버러 건축 역사상 가장 큰 사건은 1772년에 시행된 호수 배수공사와 그 결과로 생긴 계곡에 교량을 놓은 일이다. 이로 인해 뉴타운으로 가는 새로운 길이 만들어졌다. 제임스 크레이그 James Craig라는 건축가는 기하학적 도로와 우아한 조지아 풍의 주택들을 설계해 북쪽으로 이어진 낮은 구릉지대를 뒤덮어버렸다. 철도가 개설된 것은 1840년대였다. 계곡을 따라 도심으로 이어진 철로는 매우 아름다웠다. 한편 프린세스 스트리트 가든이 들어서면서 에든버러는 구시가지와 신시가지라는 두 개의 구역으로 완벽하게 나뉘어졌다.

1544년 에든버러. 이 필사본은 최초의 에든버러 전경도로, 에든버러를 포위 공격하고 있던 잉글랜드 병사들이 그렸다. 북쪽에서 바라본 올드타운에 중앙로, 로열 마일이 에든버러 성과 홀리루드 궁을 연결하고 있다. 홀리루드 궁은 '스코틀랜드 궁전 중의 왕'이라 불린다. 잉글랜드 군대는 북쪽에 진을 치고 있는데, 훗날 이 자리에 뉴타운이 들어선다.
대영도서관 The British Library, Cotton MS Augustus I ii 56

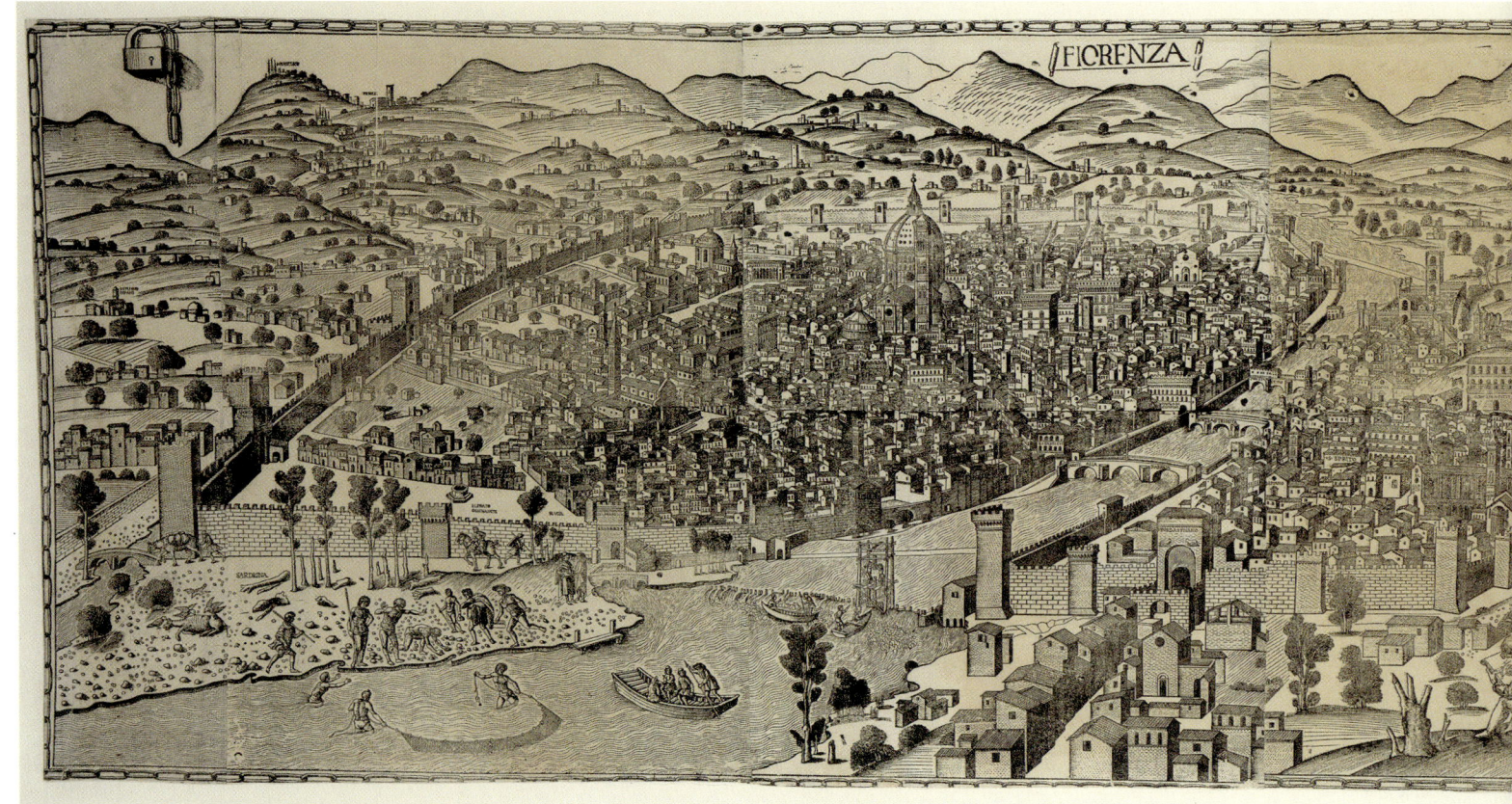

기원전 1485년의 피렌체. 프란체스코 로셀리Francesco Rosselli의 대형 목판화는 유럽에서 가장 먼저 정확하고 상세한 도시의 전경을 그려냈다. 좌측 상단 구석에 있는 열쇠는 해석해내지 못한 정체불명의 상징이다. 우측 하단 구석에는 이 파노라마 지도를 그리는 화가의 재미있는 자화상이 있다.
베를린 시립박물관Staatliche Museen zu Berlin

피렌체 Florence

피렌체는 연속성 있는 과거나 몇 세기 동안의 영광스러운 역사로 설명되는 곳이 아니다. 80년 혹은 90년 간 이 도시에서만 분출됐던 창조적 에너지로 설명해야 한다. 르네상스의 모든 역사가 피렌체에서 시작되었다. 하지만 그 이유를 전부 설명해낼 수는 없다. 전통이 전혀 남아 있지 않은, 별로 특별할 것도 없던 로마의 한 도시가 여러 세기 동안의 숨죽임을 깨고 자신만의 독특한 에너지를 중세에 드러내 보인 것이다.

피렌체는 코뮌이라는 최소 자치구로서 군주나 주교의 통치를 받지 않았다. 민주주의는 아니었지만 피렌체의 권력은 교육받은 부르주아 엘리트가 소유했다. 이들이 원하는 것은 부를 축적하고, 그 부를 신나게 사용하는 일 두 가지였다. 그렇다고 도시가 평화로웠다는 뜻은 아니다. 오히려 반목과 파벌 싸움에 시달렸다. 이런 갈등으로 인해 국외추방을 당한 인물 중에서 가장 유명한 사례는 단테다. 하지만 중세 후기의 피렌체는 로마, 나폴리, 베네치아가 이루지 못한 지성적으로 개방된 도시의 풍모를 띠기 시작했고 공작의 성과 성당 외부에 많은 예술 작품을 보유했다.

피렌체가 문화적으로 번성한 것은 로마가 완전히 쇠퇴한 시기와 정확히 일치했다. 이런 사실을 피렌체의 작가들은 대단히 자랑스레 떠벌렸다. 자신들의 도시가 전통의 시대 못지않게 영광스러운 새 시대를 열어나간다고 보았던 것이다. 르네상스 사상이라는 말은 근대 역사학자들이 만든 게 아니었다. 문예부흥기를 살아가던 동시대인들이 로마시대 이후의 암흑시대에 종지부를 찍는 새로운 문예사조 탄생을 설명하면서 사용했던 말이다. 피렌체의 작가 중 한 명은 다음과 같은 글을 썼다. "의심할 여지가 없는 황금기다. 거의 파괴되었던 문화예술을 재조명해 부활시키고 있다. 문법, 시, 수사법, 회화, 조각, 건축, 음악 이 모든 것이 피렌체에 있다."

이런 변혁의 주역들을 나열하면 그 자체로 르네상스 시대 거인들의 이름이 된다. 단테와 보카치오는 이미 토스카나 방언을 이탈리아의 문학 언어로 탄생시켰고 마사치오, 피에로 델라 프란체스카, 보티첼리는 회화의 새로운 시대를 열었다. 도나텔로, 브루넬레스키, 미켈란젤로는 조각과 건축에서 그리스 시대의 이상을 되살려냈다. 피렌체 건축물의 형태를 잡은 것도 이들 예술가였기에 지금 피렌체를 찾아가면 르네상스의 시대정신을 찾을 수 있다. 이들 예술가들이 강한 자의식으로 미를 숭배했던 까닭에 피렌체의 건물들은 그 자체로 예술작품이 되어야 했다. 건축의 목적 역시 더 많은 예술품을 저장하는 것이었다. 구릉지에서 바라보는 도시의 스카이라인은 예나 지금이나 놀라울 정도로 변함이 없다. 성당과 팔라초(르네상스 시대 귀족들이 살던 집.—역주)가 지금도 가장 높은 건물이다. 이런 사실로 인해 우리는 르네상스가 태어날 당시의 도시 거리를 지금도 걷고 있다는 확신을 하게 된다.

피렌체의 경제는 직물업과 금융업을 토대로 성장하였다. 잉글랜드와 플랑드르 같이 먼 곳에서 양모를 들여와 수천 명의 직공들을 시켜 모직 두루마리로 만들어냈다. 훨씬 적은 양이었지만 중국에서 비단을 들여와 가공하기도 했다. 이런 식으로 재산을 불린 사람들이 은행업을 시작했다. 여기서 최고의 성과를 올린 가문은 유럽 전역에 이름을 떨쳤는데 메디치 가문을 비롯해 바르디, 스트로치, 파치, 피티 가문이 있었다. 이 중 메디치 가문은 은행 명문가일 뿐만 아니라 교황과 피렌체의 통치자를 배출했다는 점에서 우위를 점하고 있었다. 메디치 가문의 코스모가 피렌체의 군주 타이틀을 얻은 것은 1569년이었다. 그 이전까지 메디치 가문은 여러 동등한 각료 중 선임자의 역할을 하며 피렌체를 다스려왔다. 그러다가 유럽 황실과 결혼을 하고 세 명의 교황에게 교회를 지어주었다(르네상스 시대 교황 중에서 가장 세속적이고 사치스러웠던 레오 10세도 여기에 포함되어 있었다). 메디치 가문의 재산은 예술 후원으로 이어져 역사적인 결과를 낳았다.

미의 숭배에 반하는 종교적 경향 역시 철철 넘치던 피렌체는 역사상 가장 역동적인 시기를 맞이했다. 1490년대 카리스마 넘치는 사보나롤라 수도사가 설교단에 올라 사치와 방종을 격렬하게 비난했고 메디치 가문을 권좌에서 쫓아냈다. 잠시 동안 사보나롤라 수도사는 실질적인 신권정치를 행하며 피렌체를 통치했지만 곧 실권하고 시뇨리아 광장의 화재로 처참한 죽음을 맞았다. 피렌체의 자치권이 사라진 것은 프랑스 군에게 함락당한 1532년이었다. 메디치 가문은 전제 군주적 통치력을 행사하며 복권했고, 르네상스 시대 이탈리아의 창조력과 힘의 중심은 로마로 이동하게 되었다. 오늘날 피렌체는 15세기 말 수십 년 동안 이곳을 관통해 흐르던 예술적 에너지를 기리는 기념물이 되었다. 피렌체는 생동하는 도시이기도 하지만 무엇보다도 과거가 살아 숨쉬는 장소이다.

1646년 페드로 데 레센데Pedro de Resende의 손으로 그린 고아의 전경. 동방에서 무역 제국으로 활약하던 포르투갈의 역사를 그려내고 있다. 아래쪽이 북쪽을 가리키는데 섬을 그림의 전경에 드러나게 하기 위해서였다. 건물을 그릴 때 다양한 관점으로 표현하는 순박한 면이 드러나는데 이런 특징 때문에 이 화려한 지도가 인도 원주민에 의해 그려진 것은 아닌가 하는 의심을 샀다.
대영도서관The British Library, Sloane MS 197,ff.247v-8

고아 Goa

오래된 역사를 자랑하는 고아는 폼페이나 테오티우아칸처럼 사라져버린 문명을 기리는 기념비적 존재이다. 하지만 1530년에서 1630년까지 100년 동안 무역의 중심지이자 교회 권력과 바로크 시대 예술의 중추로 유럽의 그 어느 도시 못지 않은 위세를 떨쳤다. 우수한 항만시설을 갖춘 이 이슬람 도시는 두 개의 강 하구에 형성된 반도에 위치해 있다. 그래서 포루투갈의 지휘관 알퐁소 데 알부케르케는 고아를 인도양의 통상 패권을 잡기 위해 필요한 군사행동의 최적 수도로 여겼다. 1498년 바스코 다 가마가 역사적인 첫 번째 인도 항해를 마친 이후 포르투갈의 인도 점령 목적은 향료 무역에서 절대 독점권을 확보하고 기회가 닿을 때마다 이슬람교도의 이권을 공격하는 것이 되었다.

1510년 알부케르케는 전투 함대를 이끌고 고아 반도로 왔다. 공격을 막아내던 이슬람교도들을 학살하며 전쟁을 승리로 이끈 그는 광범위한 지역을 아우르는 무역 제국의 수도이자 포르투갈의 강력한 함대를 두는 해군기지이며 향료 제도에 찾아가기 위한 중요 항구로써 고아를 새롭게 건설하기에 이르렀다.

수천평방 마일의 인접 지역까지 포르투갈의 식민지로 편입돼 식량을 공급했다. 포르투갈 사람들은 인도 여자와 결혼해서 혼혈아를 낳은 뒤 페르난데스Fernandes, 데 소사de Sousa, 고메스Gomes 등 독특한 이름을 물려주었다. 교회와 수도원, 병원, 무기고가 세워지고 새로운 항구도 들어섰다. 1590년대가 되자 도시 인구는 대략 10만 명에 이르렀다. 고아의 상류층은 대단히 호화스러운 생활을 했다. 아프리카와 동인도에서 데려온 이들을 야만적인 노예무역으로 팔아넘겨 어렵지 않게 돈을 벌었던 탓이다. 포르투갈의 제국주의는 상업적이고 인종적이며 종교적이었다. 고아는 반종교 개혁운동(종교개혁으로 유발된 16~17세기 가톨릭 교회 내부의 자기 개혁운동.—역주)을 아시아에 전하는 중심지가 되었다. 예수회의 위대한 수사 성 프란시스 사비에르는 고아에서 여러 해 동안 일했고, 1552년 사망한 후에는 그 시신이 봉 제수 교회Bom Jesu Church로 옮겨져 매장되었다. 그런데 신기하게도 교회에 안장된 그 시신이 오랫동안 부패하지 않은 채 보존되었다 하여 유명세를 탔다. 이와 관련해서 섬뜩한 이야기들이 많이 나도는 가운데, 미라 상태가 되어 부스러져가는 그 시체는 오늘날에도 종종 전시된다. 포르투갈 사람들은 한 재산을 이루기 위해 혹은 군사적 영예를 얻기 위해 수천 명씩 고아로 몰려들었다. 하지만 그 어떤 것도 얻지 못한 사람들도 상당수였는데, 이런 이들 가운데 포르투갈을 대표하는 시인이라 할 루이스 데 카몽이스도 포함되어 있었다. 인도로 가는 항해 중에 난파당한 그는 반실명한 상태에 영락한 몰골을 하고 있었다. 그의 조각상은 현재 아시아에서 가장 큰 그리스도교 교회로 꼽히는 고아의 대성당 앞에 서 있다.

고아의 번영기는 그리 길지 않았다. 1580년 포르투갈의 왕위를 스페인이 장악하자, 스페인을 적으로 삼고 있던 유럽 국가들이 스페인의 해외 영토를 공격한 것이다. 특히 네덜란드는 스페인의 아시아 영토를 포위공격한 뒤 스페인이 갖고 있던 해상무역권을 손에 넣었다. 그리하여 1650년 이후의 고아는 스러져버린 제국의 외딴 수도로 남게 되었다. 이와 동시에 콜레라가 고아의 풍토병으로 정착하는 바람에 많은 수의 포르투갈인들이 식민지의 다른 도시로 이주해버렸다. 결국 고아는 수십 년에 걸친 쇠락의 길을 걸었다. 총독이 고아를 떠나고 한참이 지난 후인 1760년에야 포르투갈인들은 남쪽의 파나지로 수도를 천도했다. 이후 이 오래된 도시는 수사와 수녀들의 손에 맡겨졌다. 도시의 인구가 몇천 명 수준으로 줄어드는 가운데서도 수사와 수녀들은 교회 건물을 유지하기 위해 안간힘을 썼다. 1850년 고아를 방문한 위대한 탐험가 리처드 버튼 경은 그곳을 유령 도시로 묘사했다. 유럽의 그 어떤 중심지에 서 있어도 손색 없을 거대한 성당에는 겨우 20~30명의 신자들만 모이고, 성벽은 독초와 가시나무에 덮인 모습이 마치 세를 넓혀가는 정글에 반쯤 버려진 고대 신전처럼 보였다. 최근 몇 년 동안 이 고대 도시의 보존 상태는 좋아졌지만 거의 2세기 동안 방치되었던 흔적을 완전히 지울 수는 없었다. 인도 독립 이후, 고아를 새로운 나라에 통합하려는 압박이 강해졌다. 포르투갈은 여러 해 동안 고집스레 그 같은 압박에 저항했지만, 1961년 격노한 인도 정부에서 국경 너머로 군대를 파견하면서 450년 동안 이어졌던 고아의 식민지 역사는 종지부를 찍게 되었다.

헬싱괴르 Helsingor

덴마크와 스웨덴을 구분하는 해협에는 특별히 흥미로운 지형 두 개가 있다. 하나는 문학적인 의미를 지녔고, 다른 하나는 과학적인 의미에서 흥미로운 곳이다. 그 첫째는 크론보르 Kronborg 성채다. 이곳은 덴마크의 조그만 도시 헬싱괴르를 다스리던 곳으로, 오랫동안 셰익스피어의 희곡 〈햄릿〉의 배경이라고 여겨져 왔다. 햄릿의 이야기는 덴마크의 연대기에서 제일 먼저 찾아볼 수 있었다. 하지만 그리스도교 이전의 일이라고 전해졌기에 영국 연대기에 적혀 있던 리어 왕 이야기와 마찬가지로 역사적 사건이라기보다는 전설로 간주된다. 셰익스피어와 이 장소와의 연결고리를 찾아본다면 성이 1580년대에 지어졌으니 셰익스피어가 성에 관한 설명을 어디선가 읽었거나 들었으리라 추측할 수 있다는 점뿐이다. 이 성은 프리드리히 2세와 그 자손들이 거주하던 궁으로 해협을 건너는 데 통행료를 부과해 강제징수하는 장소였다. 이 통행료 덕에 헬싱괴르는 부를 누렸다.

두 번째 특징은 해협 가운데 보이는 섬이다. 베나라는 이름으로 알려졌다가 현재는 벤이라 불리는 이 섬은 덴마크의 위대한 천문학자 티코 브라헤 Tycho Brahe가 프리드리히 2세의 후원 아래 1576년 역사적인 천문관측소를 건설한 장소다. 그때부터 약 20년 간 티코와 보좌진들은 정확한 천체 관찰을 위한 관측기계를 만들어내 서양 천문학사에 대변혁을 가져왔다. 천문관측소는 '하늘의 도시'라는 뜻의 우라니보르그라는 이름으로 불리며 서구 과학사에 있어 가장 중요한 장소로 꼽히게 되었다. 하지만 슬프게도 이 천문관측소는 17세기 초기에 일어난 30년전쟁 때 소실되었고, 수년 전에는 흔적마저 모두 사라져버렸다. 헬싱괴르와 햄릿과의 역사적 연결고리도 이제 더이상 존재하지 않는다. 하지만 '햄릿의 엘시노어 Elsinore(헬싱괴르의 영어명)' 주변으로 관광사업이 번성하고, 크론보르 성이 상상의 장소가 아닌 역사적 장소인 양 많은 사람들이 찾게 된 것은 모두 문학의 가공할 힘 덕분이다.

1660년에 데 비트 de Wit가 그린 헬싱괴르. 겨우 3마일 길이의 바다를 사이에 두고 스웨덴과 구분되어 있는 헬싱괴르는 항상 중요한 선착장이었다. 하지만 1580년 〈햄릿〉의 배경이라는 크론보르 성이 건설되지 않았다면, 17세기 도시 지도를 모아놓은 도해서에 이곳이 포함될 수 있었을지는 매우 미심쩍다.
대영도서관 The British Library, Maps C.10.e.14.(117)

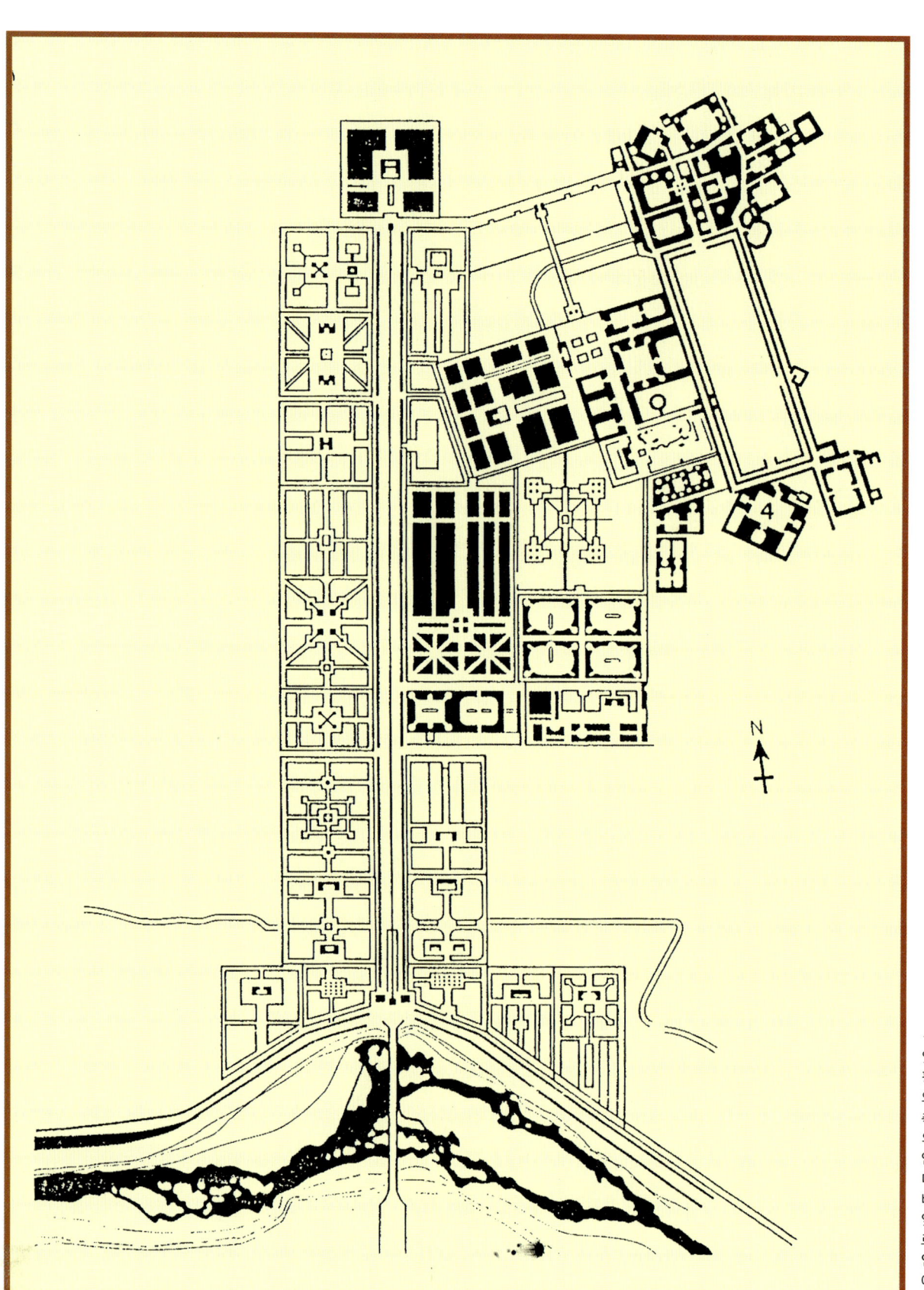

◀ 이스파한. 이스파한의 건축물이 남아 있던 시절의 지도는 찾을 수가 없다. 이 평면도는 근대에 들어서 S. 칸타쿠지노와 K. 브라운이 지은 《이스파한》(영국 건축전문지 〈건축 평론 Architectural Review〉의 특별판, 1976)에서 가져온 것으로 자얀데 강으로 이어지는 2마일 길이의 웅대한 대로를 잘 보여주고 있다. 차하르 바그라고 부르는 이 중앙 가로수길 양 옆에는 주택이 늘어서 있고 나무와 수로, 분수, 꽃들이 만발했다. 이슬람 사원인 모스크와 시장, 광장은 도시 중심축에서 곁가지로 벗어나 있었다.
대영도서관The British Library, pp 1667ab

이스파한 Isfahan

왕의 거주지인 동시에 궁과 가로수길, 정원, 신전을 전시하기 위해 계획된 이 도시는 유럽식 도시와는 완전히 다르다. 페르시아 사파비 왕조의 샤 아바스 1세는 1598년부터 1620년까지 자그로스 산맥의 동쪽 구릉지대에 있는 옛 이스파한을 개축하여 사파비 왕조의 수도로 삼았다. 이 도시의 화려함은 '이스파한은 세상의 반쪽'이라는 말이 나오게 할 정도였다.

자얀데 강가에 자리를 정한 샤 아바스 1세는 북쪽으로 2마일 정도 올라간 곳에 너른 광장을 새롭게 만들었다. 풀로 뒤덮인 공원과 같은 곳이었다. 그리고 왕궁과 두 개의 아름다운 모스크가 그 광장을 내려다보게 했다. 푸른빛과 황금빛을 내는 돔형의 둥근 지붕 위로 근처 산맥이 보였다. 이 마이단maidan(광장)을 둘러싸고 둥근 지붕이 반쯤 덮인 바자르bazaar(시장)가 있다. 지붕이 높고 공간이 넉넉한 바자르는 이탈리아의 갤러리아(한 지붕 아래 여러 소점포가 모여 있는 쇼핑센터.—역주)와 흡사해 보인다. 광장은 그 자체로, 의식을 거행하거나 퍼레이드를 벌이거나 폴로와 비슷한 게임을 하는 장소가 되었다.

이 지역은 2마일에 달하는 거대한 가로수길로 강과 연결되어 있었다. 이 가로수길은 분수, 연못, 나무 등으로 화려하게 장식됐고, 도로 양 옆에는 귀족들의 저택이 늘어섰다. 최근에 이 저택들을 복원했는데 대단히 아름답다. 가로수길의 끝자락에는 최소한 33개의 아치로 엮인 우아한 2층 돌다리가 있어서 구시가지와 신시가지를 연결해주었다. 이 다리가 세워지고 나서 몇 년 후 두 번째 다리가 하류에 설치되어 댐으로서의 역할까지 담당했다. 상하 2층으로 된 다리의 상단부에는 화려한 테라스가 있는데, 터키석 빛깔의 물을 감상하기 위해 마련된 것이라고 한다.

이스파한은 그 어디서도 찾아볼 수 없는 독특함을 자랑한다. 왕궁을 방문한 유럽의 외교사절들은 이스파한을 동양의 천국에 비유했다. 유럽인들은 페르시아인과 친구가 되기를 간절히 바랐다. 비단, 보석, 카펫 무역을 위해, 그리고 유럽과 페르시아 공동의 적인 오스만 제국의 의표를 찌르기 위해 필요한 일이었다. 이스파한을 찾은 수많은 방문객들은 도시의 탁월함에 대한 글을 남겼다. 그 중에는 영국인 존 셜리와 로버트 셜리 형제도 있었다. 로버트 셜리는 페르시아 공주와 결혼해서 오랫동안 페르시아 왕을 섬기기도 했다. 마르코 폴로가 쿠빌라이 칸을 섬긴 것과 흡사했다. 아바스 왕의 궁전은 페르시아의 장식예술 역사상 최고 전성기의 모습을 보여주었다. 하지만 그 주인은 친족들이 자신을 위협할 거라는 공포에 사로잡힌 나머지 잔혹한 방법으로 친족을 고문하고 처형했다.

17세기가 저물어갈 무렵, 페르시아에서 사파비 왕조의 지배력은 쇠퇴하기 시작했고, 1722년에 아프가니스탄의 침략을 받아 이스파한의 일부가 파괴되었다. 이스파한의 분수대가 제 모습을 되찾은 것은 20세기의 일이었다. 이제 더욱 새로워진 이스파한은 북서쪽으로 그 세를 뻗어가고 있다. 최근 들어 이스파한은 세계에서 최고로 우아하고 탁월한 도시계획의 성과물로 인정받고 있다. 고귀함을 과시하기 위해 인위적으로 조성한 이런 계획도시는 아마도 외골수 전제 군주가 있었기에 가능했을 것이다.

이스파한의 샤 모스크. 페르시아의 파란 타일로 만든 최고 걸작이다. 코스테Coste의 《페르시아의 근대 기념물Monuments de la Perse Moderne》(1849)에 묘사된 모습이다.
대영도서관The British Library, N.Tab 2000/2

예루살렘 Jerusalem

1623년에 브라운과 호겐베르크가 그린 예루살렘. 키드론 시내 건너편 동쪽에서 황금문과 신전 지역까지 바라본 전경이다. 예루살렘을 그린 다른 그림과 마찬가지로 각기 다른 시대의 모습이 섞여 있다. 근대에 세워진 모스크와 그리스도교 지역이 '솔로몬의 성전' 옆에 보인다. 17세기의 예루살렘 안에 위대한 역사적 장소를 배치하고자 하는 목적임을 알 수 있다.
대영도서관 The British Library, Maps C.29.e.1 (2)

세계 3대 종교가 예루살렘을 흠모하며 신과 인류가 조우한, 역사상 그 유례가 없는 장소로 여기고 있다. 그리하여 묵직한 역사와 염원을 짊어진 예루살렘은 도시라기보다는 하나의 사상이요, 상징이 되었다. 예루살렘의 힘은 로마를 능가한다. 예루살렘이라는 말은 '하나님의 평화가 있는 곳'이라는 의미다. 하지만 예루살렘은 지구상 그 어떤 도시보다 비통한 전쟁을 많이 치렀고 수많은 약탈과 정복을 감내했다. 이집트인, 바빌로니아인, 페르시아인, 그리스인, 로마인, 아랍인, 십자군, 투르크족에 이르는 수많은 이들이 예루살렘을 짓밟고 지배했다. 예루살렘의 역사 중 극히 짧은 부분만이 그곳을 영적 고향이라 선언하는 유대인에게 허락되었다.

4,000년이 넘는 세월 동안 사람들이 거주하며 방비를 쌓았던 도시 예루살렘의 역사가 본격적으로 기록되기 시작한 것은 기원전 1000년경부터다. 다윗 왕이 예루살렘을 이스라엘 12지파의 중심지 즉 언약궤를 봉헌할 곳으로 삼으면서다. 그 이전에 언약궤는 산과 사막 등을 전전하며 여러 곳으로 옮겨졌다. 다윗 왕의 아들 솔로몬은 기원전 950년경에 예루살렘 성 안의 동쪽 산지에 최초의 신전을 지었다. 남쪽으로 경사를 이루다가 계곡을 만들어내는 두 개의 산 건너편에 왕가의 중심 건물이자 종교적 중심지가 세워진 것이다. 성전은 거대한 성벽으로 보호되었고 샘과 작은 못이 곁에 있었다. 동쪽으로 더 가보면 키드론 계곡 건너편에 또 다른 산이 있었는데 바로 감람산이다. 아주 예전부터 그곳은 시온이라고도 불렸는데 무슨 뜻인지는 확실치 않다. 하지만 솔로몬의 신전과 당시 예루살렘은 기원전 586년 바빌로니아인들이 파괴해 버렸다. 그들은 당시 예루살렘의 시민들 대부분을 추방했다.

그로부터 6년 후, 바빌론이 페르시아에 정복당하면서 이스라엘인들은 고향으로 돌아가 신전을 재건했다. 알렉산더 대왕이 페르시아 제국을 정복함에 따라 예루살렘과 유대 지방은 헬레니즘의 영향을 받았고 시리아 왕국의 영토로 편입되었다. 그러다가 안티오쿠스 에피파네스의 신성모독 사건이 일어나 기원전 167년에 발발한 마카비 혁명에 불을 당겼다. 이 혁명으로 인해 유대인들은 1세기 동안 자유를 누렸다. 하지만 기원전 63년 로마가 팔레스타인 영토에 대한 통치권을 주장하면서 예루살렘의 자유 시절은 종말을 고했다. 로마제국이 총독이자 왕으로 임명한 헤로데는 기원전 37년 예루살렘을 포위공격해 함락시켰다. 곧이어 극장, 경기장, 궁전을 건설했고 신전도 재건했다. 통곡의 벽은 그때 쌓은 성벽의 일부다. 헤로데가 지배할 당시의 예루살렘에 예수가 있었던 것은 분명한 사실이다. 하지만 예수가 십자가 사형을 당한 골고다(해골이라는 뜻의 아랍어) 언덕의 위치는 찾을 수가 없다.

서기 66~70년과 132~135년, 로마에 저항하는 유대인 봉기가 두 차례에 걸쳐 일어났다. 그 결과 예루살렘은 남은 것이 없다 싶을 정도로 파괴되었다. 로마의 황제 하드리아누스는 그곳에 로마인들의 도시인 엘리아 카피톨리나 Aelia Capitolina를 세우기로 하고 유대인들을 모조리 쫓아냈다.

예루살렘의 운명이 극적인 변화를 맞이한 것은 콘스탄티누스 1세가 그리스도교에 귀의하던 312년부터다. 신앙이 독실했던 황제의 어머니 헬레나 황후는 직접 예루살렘을 순례한 후 예수 그리스도의 무덤과 십자가 처형 장소를 찾고자 했다. 그리하여 헤로데가 세운 예루살렘 성벽 바깥에서 한 장소가 발견되었다. 그곳 지하에는 무덤이 있었고 전해지던 이야기 속의 나무 십자가도 있었다. 이것은 예수가 못 박힌 '성 십자가 True Cross'로 불리며 신자들의 환대를 받았다.

예루살렘에 많은 교회가 들어섰지만 골고다 언덕

키드론 계곡 건너편에서 바라본 예루살렘. 데이비드 로버트의 유명한 석판화 시리즈 '이집트와 성지Egypt and the Holy Land'(1856)를 손으로 채색한, 뛰어난 그림이다. 매우 정확하면서도 상당히 낭만적으로 그려진 이 그림은 19세기 순례자들에게 예루살렘을 여행하고자 하는 마음을 불러일으켜 주었을 것이다.
대영도서관The British Library. 1264.e.20

이라 추정되는 곳에 세워진 성묘교회 Church of the Holy Sepulchre는 그중 으뜸이었다. 그리스도교 신자들에게 황금시대였을 이 시기는 3세기 정도 지속되었다.

그러던 614년, 페르시아 군대가 비잔티움과 전쟁을 치르는 와중에 성묘교회 지역을 황폐화시키고 예루살렘 대부분을 파괴했다. 그로부터 2년 후, 이슬람 군대가 진군해 들어오면서 예루살렘의 역사는 새로운 장을 맞았다. 이슬람교도들은 처음에는 그리스도교도들을 용인해주었지만 11세기로 접어들자 칼리프(이슬람 국가의 통치자를 가리키던 칭호.—역주)들이 그리스도교 성지를 파괴하더니 예루살렘 순례마저 금지해버렸다. 이로 인해 십자군 전쟁이 일어났고, 690년 바위사원을 성전산에 세웠다. 이곳은 아브라함이 아들 이삭을 제물로 바치려 했던 사건과 연관이 있는 곳이었다. 하지만 무함마드가 천국으로 올라간 사건과 더 밀접한 곳으로 여겨지고 있다.

예루살렘 수복이라는 십자군의 목표는 1099년에 이루어졌고 교회 건물은 다시 여호와에게 봉헌되었다. 현재의 성묘교회는 바로 이 시기의 것이다. 그러한 과정에서 유대인과 이슬람교도들은 추방당했다. 살라딘의 군사가 예루살렘을 수복한 것은 1187년이었고 이후 무슬림의 지배 하에 들어갔다. 이 지역에서 행사하던 터키인들의 권력이 완전히 붕괴한 것은 1917년이었다. 오스만 투르크족은 16세기에 예루살렘 구시가지 경계가 되는 성벽을 지었는데, 그로부터 3세기 동안 예루살렘은 그 경계에 갇힌 채 더이상 확장되지 않았다.

이 모든 일들이 예루살렘에서 일어난 외적 사건들이다. 하지만 예루살렘 역사의 가장 도드라진 점은 2,000년 이상 지속된 종교적 상징성이다. 이런 상징성의 뿌리는 이 도시를 신이 머무는 장소로 인식한 데 있었다. 다윗이 언약궤 言約櫃, Ark Of The Covenant를 이곳에 두면서 탄생된 상징성은 예수 그리스도가 예루살렘을 사역의 장소이자 자신의 죽음의 장소로 선택하면서 그리스도교도들에게 더욱 넓고 깊게 전파되었다.

하지만 이 성스러운 장소는 인간의 폭력과 어리석음으로 인해 반복해서 파괴되었다. 그리하여 계속해서 예루살렘 재건의 꿈을 꾸고, 이 세상 인간들에게 신성을 회복시켜주고자 하는 바람이 자라났다. 이 꿈은 때로 벽돌과 바위로 세운 새로운 도시의 형태로 이뤄지기도 했지만, 때로는 하늘의 도시를 의미하는 것으로 받아들여져 그 도시가 다시 세워지는 것이 세상의 종말을 알리는 신호라 보기도 했다.

중세의 독실한 가톨릭 지리학자들은 예루살렘의 중추적 역할을 나타내기 위해 이 도시가 세상의 정중앙에 위치한 지도를 그렸다. 〈에스겔서〉의 한 구절, 예루살렘을 '가운데에 두어 나라들이 둘러 있게 하였거늘'이라는 말을 곧이곧대로 해석한 결과다. 이상 도시인 새로운 시온을 건설해 신정을 펼치고자 하는 욕망은 16세기 독일에서부터 19세기 미국에 이르기까지 수많은 종교 지도자들의 마음속에 일렁거렸다. 초기 사회주의자들이 공통적으로 품었던 꿈이야말로 이러한 욕망이 세속적으로 드러난 전형이었다.

예루살렘의 근대사는 1917년부터 시작되었다. 시오니즘(유대인을 팔레스타인으로 복귀시키려는 민족 운동.—역주)과 이스라엘 국가의 성립으로 새로운 근대사가 형성되어갔다. 하지만 예루살렘 역사를 가득 채우고 있는 증오와 유혈 참사는 과거의 종교적 비전에 의해 해방되었다기보다는 오히려 그 종교의 덫에 갇혀 있다고 봐야 한다. 오늘도 끊이지 않는 팔레스타인 분쟁은 이러한 도시에서 살아가는 일이 얼마나 힘든지를 잘 보여준다.

NOVVEAV PLAN du CAROLSRVHE

sur deux feuilles

Dedié & presenté

A

SON ALTESSE SERENISSIME, MONSEIGNEVR LE PRINCE
CHARLES AVGVSTE, MARGGRAVE de Baade & Hochberg, Landgrave
de Sausenberg, Comte de Spornheim & d'Eberstein, Seigneur de Roeteln,
Baadenweiler, Lahr, Mahlberg &c General Major de S.M.I.
& du Cercle de Suabe, Come aussi Colonel d'un Regiment
d'Infanterie &c &c
Par Ses tres humbles & tres obeissans Serviteurs
les Heritiers de feu Nemann.

Erstes Blat, in welchem zu sehen
N° 1. Die Gegend um Carolsruh
2. Der Grundriss
3. Der Prospect desselben
verzeichnet von Johann Jacob Baumeister Ingenieur Capitain bey Ihro Hochf. Durchl. Hrn. Carl Alex. v. Wirt. A. 1737.

Feuille Ire sur laquelle on voit
N° 1. Les Environs
2. l'Ienographie
3. & le Prospect du Chateau de Carolsruhe
Designé par Jean Jaque Baumeister Capit. des Ingenieurs de S.A.S. Mgr CHARLES ALEX. Duc de Wirt. A. 1737.

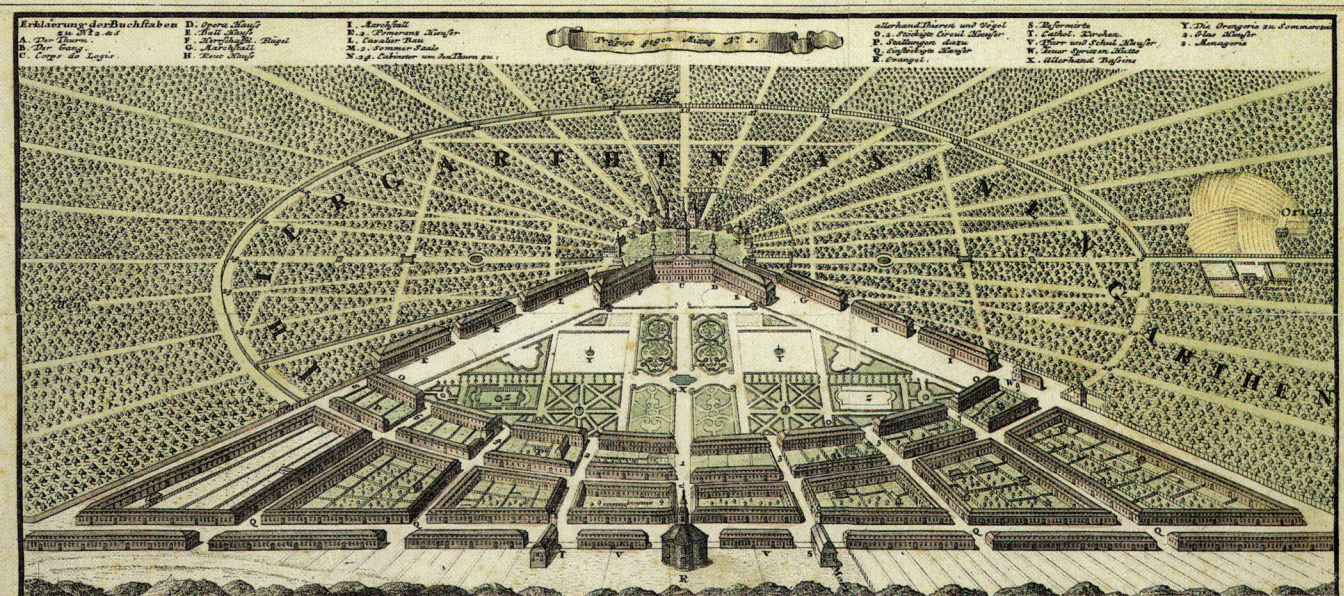

카를스루에 Karlsruhe

왕족의 피정을 위해 1715년 궁 주변으로 형성된 이 도시는 독일의 옛 귀족인 카를 빌헬름Karl Bielhelm이 휴식을 취했던 곳이라고 해서 Karl(카를)+s(의)+Ruhe(휴식)라는 이름이 붙여졌다. 이곳은 도시계획 단계에서부터 독특하게 형성되었다. 바덴의 선제후였던 카를 빌헬름의 궁이 숲에 원형으로 마련된 개간지 중앙에 위치하고 있어서 작은 도시의 기점이 되었다. 궁에서 시작되어 부채꼴 모양으로 퍼져나가는 거대한 32개의 가로수길은 나침반의 32개 점을 형상화한 것이다. 궁의 북쪽에 있는 거리들은 정형식 정원formal garden을 지나 숲으로 이어진 반면, 도시는 남쪽에 세워졌다. 진입로는 방사상으로 뻗어난 가로수길을 가로지르고 있었다. 이 두 거리가 만나는 교차점에서 대각선으로 고개를 들어보면 어김없이 궁이 보인다. 전체 디자인이 완성되는 데만 수십 년이 걸린 이 도시계획의 진두지휘자는 독일 로코코 스타일 건축의 최고 권위자인 발타자르 노이만Balthasar Neumann이었다. 설립자의 승마상이 서 있는 광장시장이 완성된 것은 18세기 말엽이었다. 그곳에는 노점과 상점을 위한 아케이드가 마련되었는데, 각종 의식을 위한 웅대함과 일상의 기능성이 묘한 조화를 이루고 있었다. 마치 조그만 장터가 베르사유 궁터에 이식된 듯한 풍경이었다.

이 도시의 전체 설계에는 정치적 상징성이 노골적으로 드러나 있다. 궁과 그 통치자가 세상의 중심이고, 그를 축으로 주변의 다른 모든 것이 움직인다는 사고가 그것이다. 도시 설계의 이면에 숨은 원칙은 미학적이고 기하학적이었다. 팔마노바Palmanova와 같은 방사형의 도시를 모델로 삼았는가 하면, 당대 유행하던 기하학적 장식 정원이 또 다른 모델이 되었다. 카를스루에는 지적 실험을 통해 형성된 도시로 절대군주의 시대에 적합한 곳이었다. 도시 설립자의 모토 역시 당연히 다음과 같았을 것이다. "L'etat, c'est moi(짐이 곧 국가다)." 아니 보다 구체적으로 얘기하자면 다음과 같았을 것이다. "La ville c'est moi(짐이 곧 도시다)."

카를스루에의 궁전은 볼테르, 괴테, 글룩 등을 여러 차례에 걸쳐 접대했고 1806년에는 대공국 바덴의 수도가 되었다. 카를스루에는 과학기술사에서도 한 몫을 차지하고 있다. 1818년, 카를 폰 드라이스Karl de Drais가 '드레지엔Draisienne'이라고 불리는 물건을 발명한 장소가 바로 이곳 카를스루에였다. 바퀴 달린 목마 형태였던 드레지엔은 후대 자전거의 원형이 되었다. 유럽을 휩쓴 자전거 대유행의 시발점이 된 곳도 바로 이 장소였다. 그리고 1880년대, 하인리히 헤르츠Heinrich Hertz가 라디오파가 되는 전자파를 맨 처음 대기 중으로 쏘아보낸 장소도 바로 이곳 카를스루에의 한 공업학교 실험실이었다. 19세기로 접어들어 카를스루에는 근대 도시로서 발달하면서 남쪽과 서쪽으로 확장되어갔다. 그 덕에 북쪽에 있는 숲과 공원은 원래의 형태를 고스란히 유지한 채 남아 있게 되었다.

◀ 1739년 호만Homann이 그린 카를스루에. 축소형 우주와 같이 설계된 카를스루에는 왕궁이 상징적으로 중앙에 위치해 있다. 궁에서부터 시작된 32개의 가로수길은 사방 나침반 방향으로 뻗어나가 도시와 교외지역으로 이어진다.
대영도서관The British Library, Maps 30430 (2)

▶ 카를스루에. 궁의 망루에서 바라본 중앙 광장의 전경. 광장 주변을 숲이 둘러싸고 있는 모습이 돋보인다.
대영도서관The British Library, Maps 3.a.21

Grazing grass Marsh
Plain & Racecourse for sports
Canal
Villas & Fields
Sandy Plain
Sport Ground for Kashmir Merchants
Royal Pasture
Gyal-bo sang-kyi dam-ra
Camping ground
Fields of Barley
Circular Road
Eastern Willow Grove (Chang srab-shar) Royal Pasturage & Dancing ground (Walled all round)
Wild Ass Meadow
Brickfield
Phen-tsa marsh
DURA KANG-SAR
Pha-la marsh
Grassy Plain
Circular Road
Grassy plain
Thorn scrub heath
Masonry embankment
Irrigation Canal
KYI RIVER
ENVIRONS OF
LHASA.
Scale of Miles.
Nat. Scale 1:200,000 or 3·16 miles = 1 inch.
DE-PUNG Monastery
SE-RA Monastery
Cha-rong Village
Brickfield
Kyi Chu River
De-chen
PLAN OF
LHASA.
Compiled from native information
by
L. A. WADDELL, Lt. Colonel. I. M. S.
Scale of Miles
Nat. Scale 1:16,000 or 1 mile = 3·96 inches.

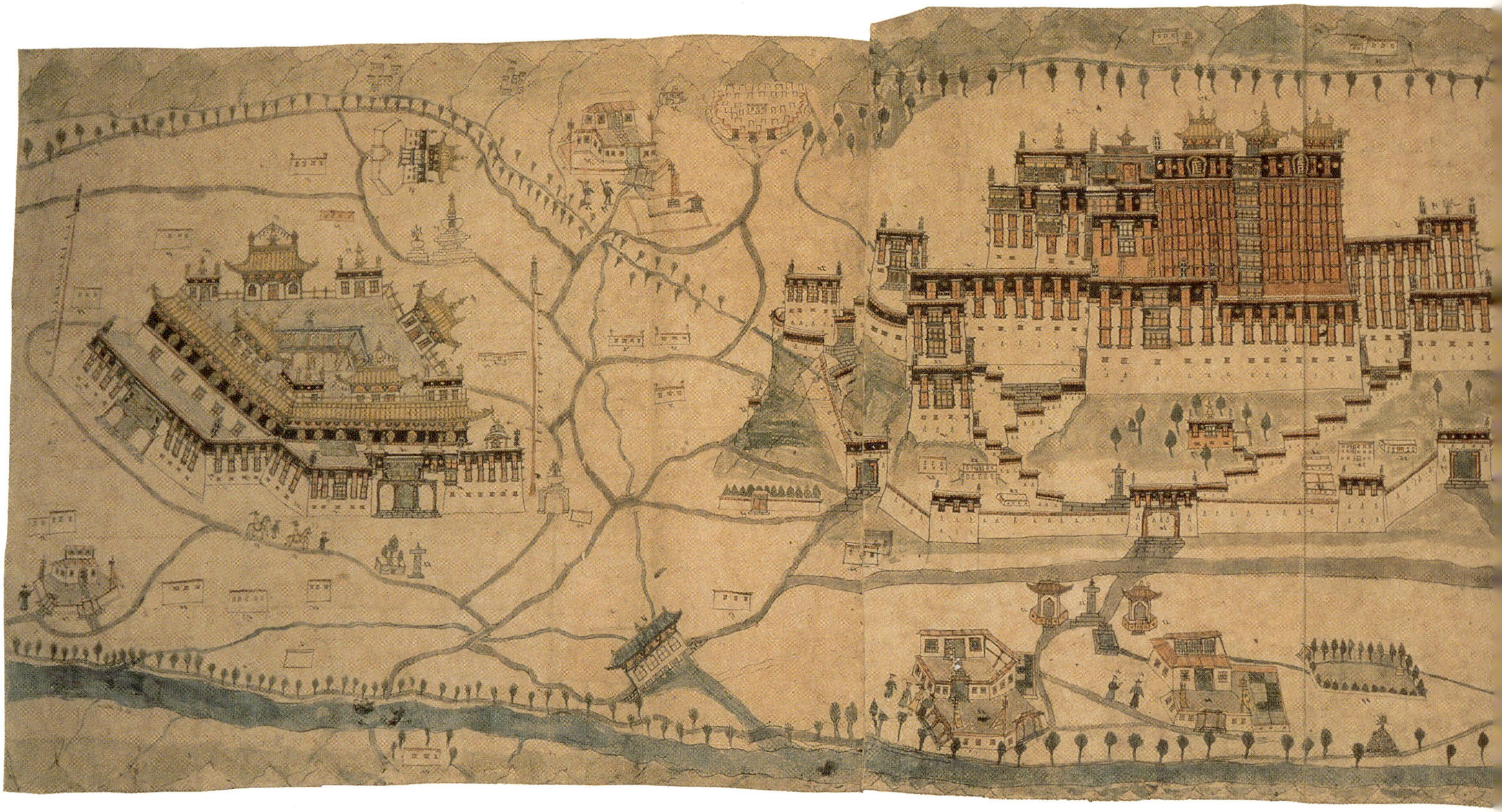

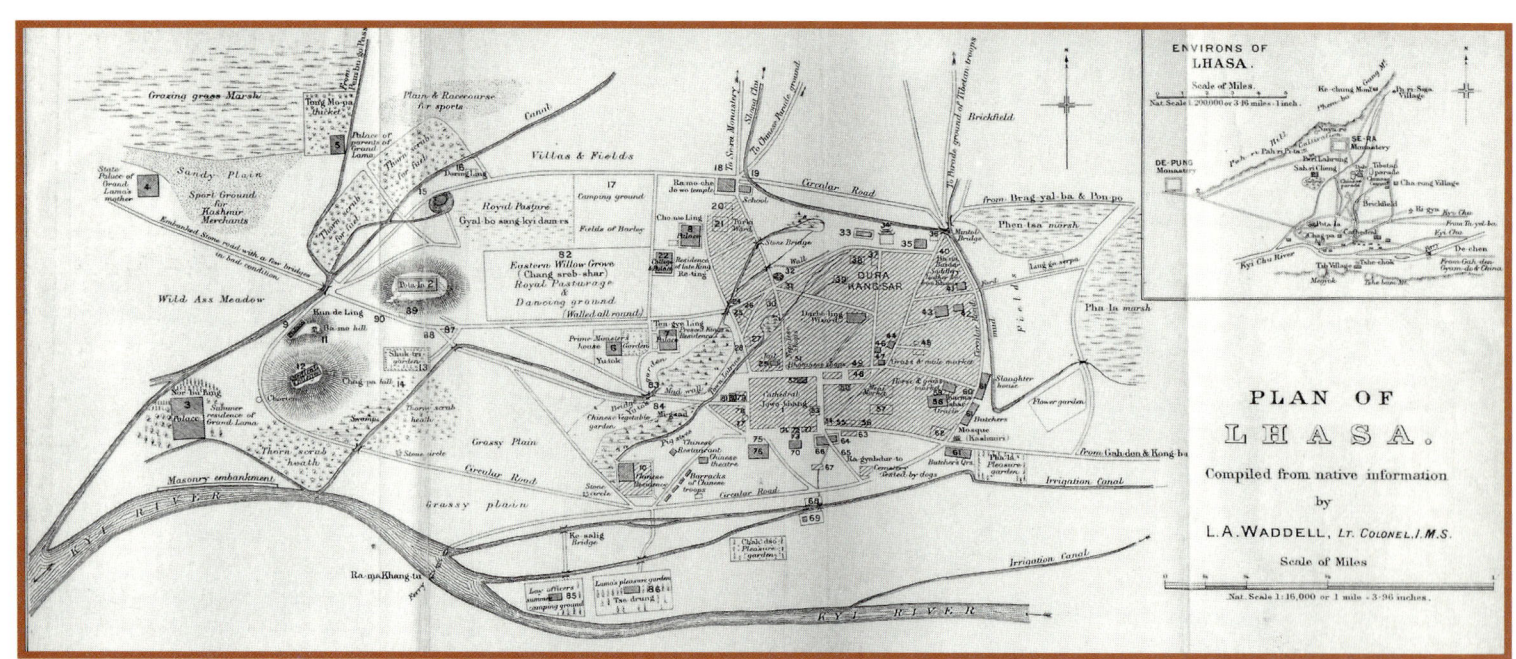

라사 Lhasa

▲ 1860년경의 라사. 익명의 화가가 그린 포탈라 궁Potala Palace과 조캉 사원Jokhang Temple이다. 남쪽에서 키추 강Kyichu River 너머를 바라본 모습으로, 뒤에는 북부 산맥이 보인다. 시점이 일정하지 않지만, 그럼에도 불구하고 웅대하고 장려한 풍채를 자랑하며 고대 도시의 디테일을 모두 기록하고 있다. 서구의 사람들은 오랜 세월이 지난 후에야 볼 수 있었던 그림이다.
대영도서관The British Library, Add Or 3013

◀ 1904년에 와델Waddell이 그리고 《지리학 저널Geographical Journal》이 출간한 지도다. 영국의 영허즈번드(1863~1942) 대령 휘하 탐험대가 본국으로 돌아가 서구 사회에 소개한 라사의 평면도 중 하나이다. 무미건조한 무채색의 평면도는 선명한 색상의 티벳 그림과 강렬한 대조를 이룬다.
대영도서관The British Library, Ac 6170/2

2세기가 넘는 시간 동안 티베트의 수도는 독특한 매력으로 유럽인의 마음을 사로잡았다. 세상에서 가장 접근하기 어려운 도시로 꼽히는 라사는 해발 1만 2,000피트(3,600미터) 높이의 고지에 위치해 있다. 남쪽은 히말라야 산허리로 둘러싸여 있고, 다른 쪽은 거대하고 황량한 고원으로 고립된 지형이다. 하지만 이 고립무원의 도시에 문명사회의 황금성과 신전이 숨겨져 있다는 사실이 외부에 보고되었다. 이런 이야기는 모험가, 선교사, 제국주의자 모두의 상상력을 자극했다. 그들은 라사를 고립시키는 성벽을 깨부수고야 말겠다고 결심하기에 이르렀고 결국 라사 시민들과 그곳의 역사문화에 비극을 안기고 말았다.

라사는 7세기에 티베트를 통일한 뒤 불교를 국교로 정한 토번 왕조 제33대 송첸 캄포에 의해 수도가 되었다. 포탈라 궁을 홍산에 건설한 주인공도 바로 송첸 캄포다. 하지만 현재 우리가 볼 수 있는 포탈라 궁은 17세기의 것이다. 그럼에도 한때 달라이 라마가 기거했으며 티베트 행정부가 있던 포탈라 궁이 외부인들에게 라사를 상징하는 건축물이라는 사실은 의심의 여지가 없다. 도시를 내려다보는 높은 산허리에 우뚝 솟은 포탈라 궁은 세상에서 가장 잊을 수 없는 건축물로 손꼽힌다. 티베트에 불교를 꽃피운 주역은 송첸 캄포의 중국인 아내였다. 철산의 조캉 사원에 불상을 모신 것도 그녀였다. 조캉 사원은 라사의 종교 중심지로 수세기에 걸쳐 많은 순례자들이 모여드는 곳이다.

티베트의 근대사는 세 개의 제국과 국경을 맞대고 있다는 지리적 위치의 영향을 받았다. 각각의 제국은 티베트를 다른 제국의 지배하에 두지 않기 위해 노력해왔다. 1792년 중국은 압력을 가해 외부세계로 이어지는 티베트의 국경선을 차단하도록 했다. 이런 상황은 19세기 내내 유럽인들이 개별적으로 라사의 방어벽을 뚫는 노력을 하도록 만들었다. 라사에 대한 제대로 된 보고서는 인도 고고학탐험사회가 불교 순례자로 가장해 보낸 몇 명의 스파이가 가져온 것이 고작이었다. 19세기 내내 유지되어온 라사의 고립은 1903~1904년에 프랜시스 영허즈번드 대령 휘하의 영국군 탐험대에 의해 폭력적으로 풀렸다. 베일이 벗겨진 라사는 세상의 이목을 끌기에 충분했다. 그곳을 다녀왔다는 사람들이 펴낸 책이 난무하고, 역사상 최초로 라사의 전경을 찍은 사진집이 출간되기도 했다. 하지만 정작 신화 속의 도시를 직접 목도한 사람들은 입을 모아 환멸감을 이야기했다. 멀리서 보기에는 그토록 눈부셨던 도시의 실체는 불결하기 그지없고 믿을 수 없을 정도로 타락해 있었다. 거리는 웅덩이 천지에다 여기저기 개들이 쓰레기 더미를 뒤졌다. 어둠침침한 건물은 악취를 풍겼다. 사람들은 음산한 표정에 누더기를 걸치고 있었다.

라사의 신비감이 사라진 뒤 영국인들은 설명할 수 없는 이유로 중국의 티베트 통치권을 승인하는 조약을 체결해버렸다. 1910년부터 1912년까지 2년 동안 라사를 점령하고 있던 중국은 자국 내 혁명이 일어나는 바람에 어쩔 수 없이 라사에서 철수했다. 그로부터 한 세대가 지나는 동안 자유를 누렸던 라사는 1950년 중국의 두 번째 침공을 맞아 지금까지 예속 상태로 남게 되었다. 반세기를 넘은 중국의 티베트 정복은 앞으로도 오랫동안 계속될 것처럼 보인다.

라사의 문화와 문물은 체계적 근대화 과정에서 고유성이 대부분 파괴되었다. 1965~1975년의 문화혁명 기간 동안 자행된 무자비한 폭력은 사라졌지만, 소리 없이 시행되는 파괴는 수그러들 기미가 보이지 않는다. 이런 상황은 서구 관광객의 증가로 더욱 심화되었다. 라사에서 사람들이 발견하고자 하는 것이 그것을 보기 위해 찾아가는 수천 명의 사람들에 의해 파괴되는 것이다. 라사의 신시가지가 무분별하게 확장되면서 서양식 술집과 디스코 클럽이 들어서는 현실은, 원래 모습으로 내버려두어 주기를 간절히 원했던 한 도시의 슬픈 운명을 반증한다.

리스본 Lisbon

1756년 마타에우스 셔터가 그린 리스본. 타호 강 위로 올라가는 산비탈에 교회와 궁이 늘어서 있는 고대 도시의 전경과 강진으로 건물이 요란하게 붕괴되어 폐허로 변하는 순간을 보여주는 모습.
대영도서관The British Library, Maps 11.e.2 (60)

　리스본은 유럽에서 가장 웅장한 자연항이라 일컬어지는 곳에 자리잡고 있다. 이곳에서 타호 강은 내륙호를 이루다가 대서양으로 흘러나간다. 리스본은 한때 잠시나마 세계 해양의 중심이었다. 로마 시대부터 올리시포Olisipo라는 이름으로 알려져 있던 리스본은 율리시포Ulyssypipo 즉 율리시스가 세운 도시라는 근사한 전설을 생각나게 한다.

　기원전 1000년경부터 사람들이 거주했다는 명백한 증거가 남아 있는 이곳은 아마도 페니키아인들이 사용하다가 나중에 카르타고인들이 빼앗은 무역항이었을 것이다. 그후 로마인들이 해안가에서 겨우 몇백 야드 떨어져 있는 상 조르제Sao Jorge 구릉지를 택해 도시의 기점으로 삼게 된 것이 분명하다. 하지만 로마인들은 서고트족에 의해 쫓겨났고 훗날 서고트족은 무어족에 의해 쫓겨나게 되었다. 무어족은 714년 그 지역 전체를 점령한 뒤 4세기 동안 그곳을 지켰다. 그러다가 1147년, 마침내 무어족의 아성이 십자군의 포위공격에 함락당했다. 십자군은 포르투갈인, 영국인, 플라망인, 노르만인으로 구성되어 있었다. 무어족의 성채 아래 지역인 알파마Alfama에는 지금도 마구잡이로 이어진 중세의 구불구불한 거리가 있다.

　이베리아 반도 재정복이 완결되었을 때 포르투갈과 스페인 십자군의 기개는 외부를 향해 재조정되어야만 할 정도로 드높았다고 한다. 탐험의 시대는 그렇게 열렸다. 1420년대에 이르러 포르투갈인들은 아조레스 군도와 마데이라 제도를 점령했고 서부 아프리카 해안을 탐험하기 시작했다. 맨 처음 사하라 사막 인근 지역의 아랍인 무역상이 유럽에 가지고온 황금의 원천지를 찾겠다며 시작된 탐험은 시간이 지나면서 아프리카를 일주해 인도로 가는 항로를 발견하겠다는 꿈으로 변해버렸다. 이 목표가 이루어진 것은 1498년이었다. 그해 포르투갈인 바스코 다 가마Vasco da Gama가 인도에 도착한 최초의 유럽인이 되었다. 곧 남부 아시아에서 재배한 값진 향신료가 리스본으로 유입되었고 베네치아 사람들이 요구하는 시세대로 거래되기 시작했다.

　베네치아 사람들은 콘스탄티노플에서 오는 무역항로를 지배하고 있었다. 반면 포르투갈에서 향료제도에 이르는 1만 마일(1만 6,000킬로미터) 길이의 항로를 장악하면서 새로운 무역 제국으로 떠오른 리스본은 곧 세계의 중심지가 되었다. 동시대의 문헌에 의하면 당시 리스본에서는 조선소의 망치 소리가 끊임없이 메아리쳤고, 아시아에서 가져온 사치스러운 수입품이 넘쳐났으며, 열정적인 선원이 세계에서 몰려들었다고 한다. 하지만 이러한 리스본의 황금시대는 겨우 몇십 년 동안 지속됐을 뿐이다. 너무 많은 포르투갈인들이 해외로 가는 황금원정대에 참여하는 바람에 포르투갈 국내 경제가 붕괴할 지경에 이르렀던 것이다. 설상가상으로 포르투갈에 거주하던 유대인들이 종교재판을 받고 박해를 당하자 이민자가 속출했고 그들의 재산과 전문기술 역시 해외로 유출되었다.

　1578년, 모로코 침공 전쟁 중 포르투갈 왕 세바스티앙과 그를 따르는 많은 귀족들이 살해당하는 사건이 벌어지자 스페인의 왕 펠리페 2세는 무력으로 포르투갈의 왕위를 차지했다. 이후 포르투갈 제국이 갖고 있던 해외 영토 대부분은 네덜란드의 수중에 넘어갔고 리스본의 화려한 역사도 끝났다.

　그러나 이런 상황에도 불구하고 리스본은 여전히 중요한 유럽의 중심지였다. 그런 까닭에 1755년 만성절萬聖節: All Saints' Day에 일어난 사건은 전세계 그리스도교도들에 충격을 주었다. 직접 목격한 이들의 글을

105

빌어 당시 상황을 그려보자면 다음과 같다.

11월 1일 이곳의 날씨는 화창했다. 아침 9시에 나는 성벽으로 산책을 나갔다가 크레커 씨 집으로 갔다. 그곳에서 몇 분 정도 있는데 갑자기 땅이 진동하기 시작했다. 무슨 일이 일어나고 있는지 영문을 알지 못했다. 건물 안에 있던 모든 사람들은 두려움에 질린 채 정원으로 도망쳐나왔다. 우리가 정원에 도착하자마자 집의 지붕이 무너져내렸다. 땅이 너무나 심하게 움직여서 서 있을 수조차 없었다. 지진은 12분 정도 지속되었다. 그 사이 무너져내린 건물에서 피어나는 먼지와 석회 가루가 대기를 뒤덮어 태양을 볼 수가 없었다. 사방에서 비명과 울부짖는 소리가 들려왔다. 소동이 조금 가라앉았을 때 나는 겁에 질린 채로 서둘러 테조 강에 정박해두었던 배로 되돌아갔다. 돌아가는 길에 바라본 거리의 모습은 참혹했다. 교회와 수도원 건물이 모두 붕괴되었고, 수많은 사람들이 무리를 지어 누워 있는데 반은 죽은 이들이고 반은 살아 있는 이들이었다. 내가 살아서 배로 돌아간 것은 정말 큰 행운이었다. 내가 본 바로는 도시 전체가 거의 파괴되어 있었다.

대지진으로 사망한 사람은 대략 4만 명으로 추정되는데 이는 당시 리스본 인구의 3분의 1에 해당하는 숫자다. 신학자와 철학자들은 그리스도교를 신봉하는 도시에 그런 재난이 가해진 원인을 어떻게 설명해야 할지 몰라 당황해했다. 지진이 일어나던 당시 수많은 사람들이 교회에 모여 기도를 드리고 있었다.

대지진은 리스본의 건축사에 획기적인 전환점이 되었다. 폼발Pombal 후작의 지휘 아래 도시 중심부는 정확한 기하학적 형태로 재건되었다. 대지진의 최대 피해지역은 상 조르제 구릉지의 서쪽에 위치한 바이사였다. 엄청난 파괴를 경험했던 이 지역도 지금은 완전히 평온을 되찾았다. 새로 건설된 코메르시우 광장에서 북쪽 광장까지 이어지는 지역에는 격자무늬를 이루는 거리가 펼쳐져 있고 그 사이로 사방 끄트머리가 위로 치켜 올라간 3층짜리 기와지붕 건물들이 들어섰다. 건물의 높이는 엄격하게 통제되어 균일화되었는데 이러한 규격화는 거리의 폭에도 적용되었다. 바로크 양식을 단순화한 설계방식 덕에 공사는 신속하게 이루어졌다. 이 독특한 건축양식은 일명 에스틸로 폼발리노estilo Pombalino(폼발 스타일)이라 알려지게 되었다.

19세기로 들어서면서 리스본은 북쪽으로 확장되어 리베르다드 대로Avenida da Liberdade(자유대로)라는, 넓고 개방적인 가로수길을 갖추었다. 현재 바이사 지역은 여전히 획일적으로 통제된 기품을 그대로 유지하고 있는 반면, 코메르시우 광장은 바다를 품기 위해 열려 있는 곳이라는 리스본의 상징적 의미를 지닌 장소로 사랑받고 있다.

1844년 리스본. 바이사 중앙에 위치한 격자무늬 도로의 윤곽을 볼 수 있다. 대지진 이후 폼발 후작이 재건한 모습을 19세기 중반 평면도에서 분명히 살펴볼 수 있다.
대영도서관The British Library, Maps 38.e.8

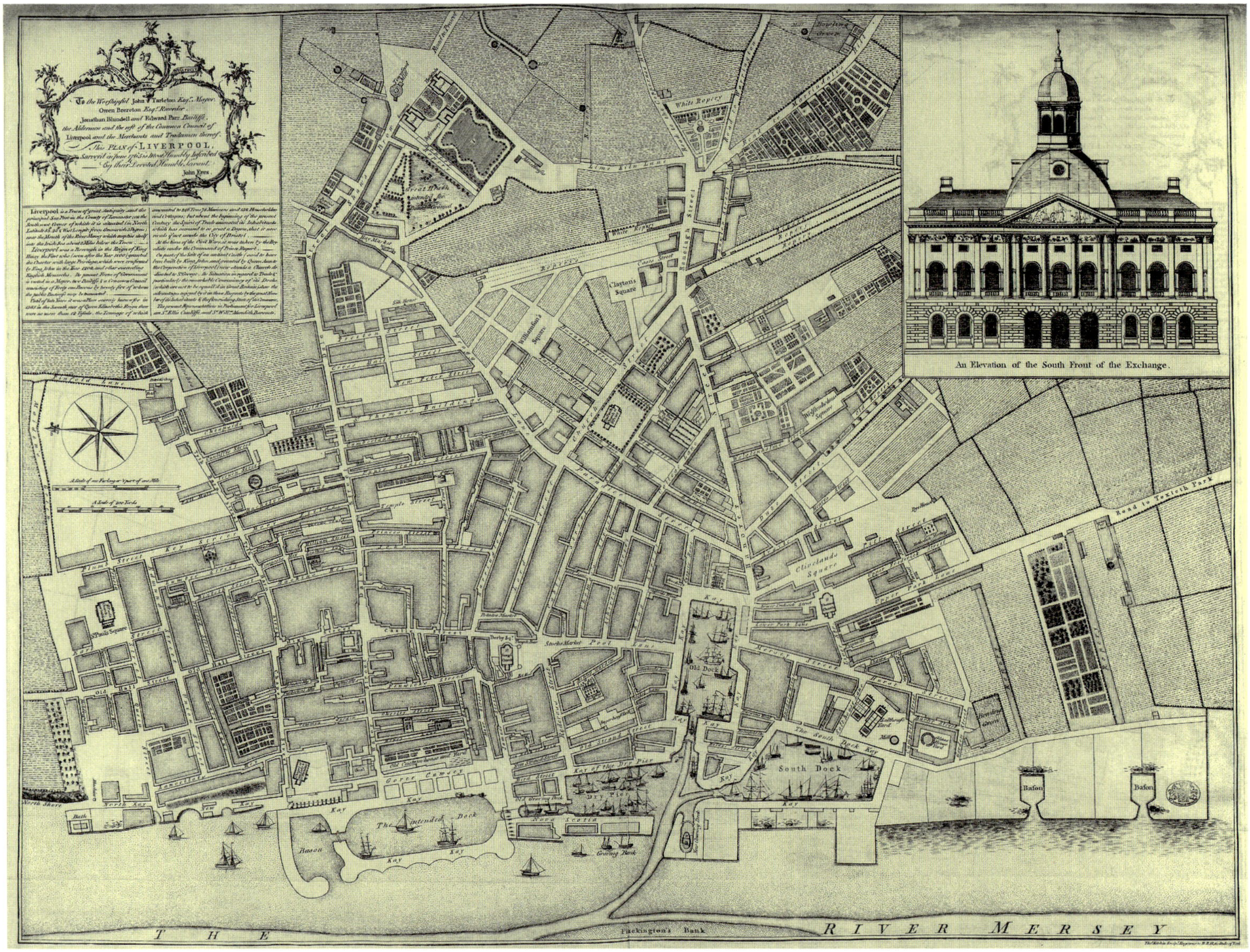
To the Worshipful John Tarleton Esq.r Mayor.
Owen Brereton Esq.r Recorder.
Jonathan Blundell and Edward Parr Bailiffs.
the Aldermen and the rest of the Common Council of
Liverpool and the Merchants and Tradesmen thereof.
This PLAN of LIVERPOOL,
Survey'd in June 1765 is Most Humbly Inscribed
By their Devoted Humble Servant
John Eyes.
Clayton's Square
Old Dock
South Dock
The intended Dock
Bason
Road to Toxteth Park
An Elevation of the South Front of the Exchange.
Pluckington's Bank
THE RIVER MERSEY

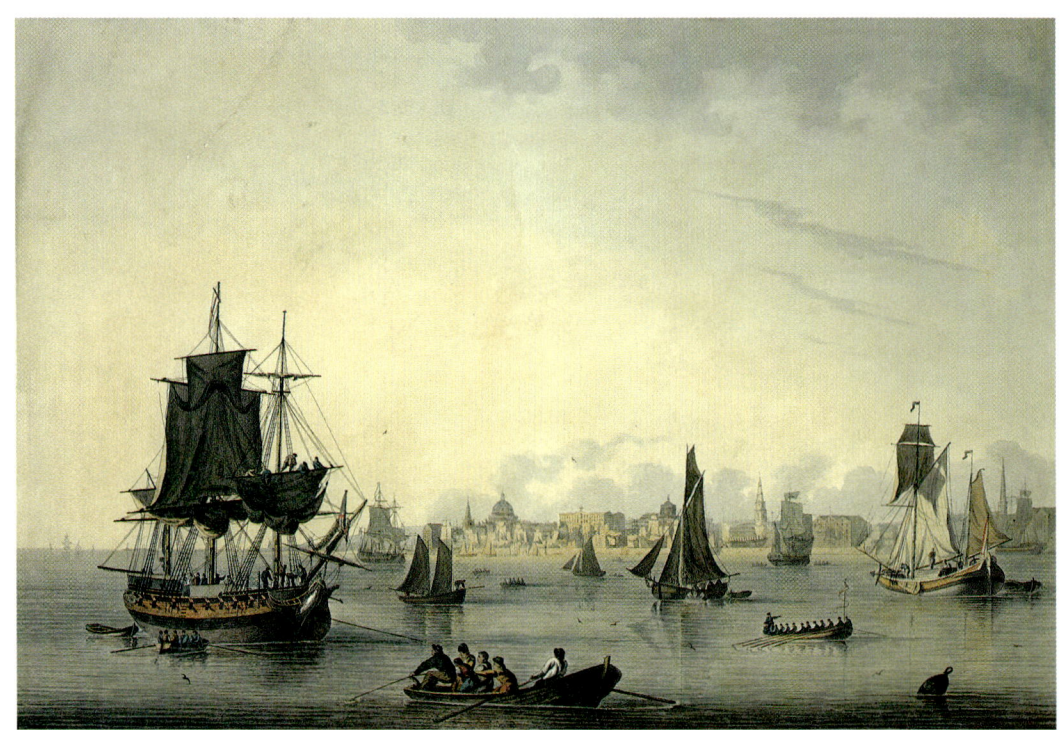

리버풀 Liverpool

리버풀은 1086년 윌리엄 1세가 만들도록 지시한 토지대장 편찬자에게는 알려지지 않은 도시였다. 하지만 2세기가 지난 후 작은 어항이자 장이 서는 소도시로서 아일랜드와 교역을 시작하였다. 리버풀의 중앙에는 '물웅덩이(풀, pool)'가 있었는데 이는 조수간만의 차가 만들어낸 작은 만이었다. 그곳을 매립한 뒤 세워진 도시는 솔트하우스 도크 지역에서 머지 강과 만난다. 도시 중앙은 올드 홀 가와 캐슬 가로 구성되어 있고, 곡류·육류·어류를 파는 상인들이 한데 모이는 시장의 십자가 상징물 두 개를 찾아볼 수 있다. 만의 어귀를 내려다보는 곳에 자리잡은 작은 성은 1250년경에 지어졌는데 현재 그곳에는 법원 청사가 있다. 만의 북쪽에 있는 공유지에서는 가축들을 방목하고 작물을 키웠다. 리버풀의 지도는 4세기 동안 크게 변하지 않았다. 제조업이 생활의 중심이 된 적도 없고 바다를 통한 교역조차 극히 제한적이었던 게 분명하다. 최초로 부두를 건설한 시기가 1710년이니까. 그 당시 리버풀의 인구는 6,000명에 불과했다. 주요 급수원은 현재의 세인트 조지 홀 근처에 있는 우물이었다. 물장수들이 그 우물에서 물을 길어 짐수레로 나른 뒤 한 양동이에 반 페니씩 받고 팔았다.

리버풀의 운명이 극적으로 변화하게 된 것은 18세기의 일로 아프리카, 미국과 더불어 삼각무역을 벌이면서다. 자잘한 공산품을 선적해서 아프리카 서북부의 기니 해안가로 운반한 뒤 노예와 교환했다. 배에 실린 노예들은 서인도 제도와 미국 식민지로 팔려갔다. 리버풀 사람들은 귀항 길에 설탕, 럼주, 당밀, 면화, 담배를 가져왔다. 짭짤한 수익을 올려주는 삼각항해는 회당 일년 정도가 소요되었고 상업 엘리트 계층에게 상당한 부를 가져다주었다. 이로 인해 의도하지 않게 브리스틀의 교역이 피해를 입었다. 커다란 선박이 운행하기에는 에이번 강 보다 머지 강이 훨씬 더 적합했기 때문이었다. 리버풀은 크게 성장해서 1801년에는 인구가 10만 명에 이르렀다. 거칠고 시끄러운 해양도시는 바다의 고단하고 거친 생활과 밀수, 무장, 노예 매매 등의 환경에 의해 독특한 색채를 얻게 되었고, 그 특성은 현재까지 완전히 사라지지 않고 있다. 노예제도 폐지 움직임이 일자 리버풀이 격렬하게 저항하다가 결국 그로 인해 도시가 폐허로 변할 뻔했다는 얘기도 충분히 수긍할 만하다. 1807년 노예제도가 폐지되던 해에 리버풀은 185대의 선박으로 14만 4,000명의 노예를 실어나를 수 있었다고 한다.

하지만 도시가 폐허로 변하는 일은 없었다. 리버풀은 재빠르게 교역 내용을 다각화해서 랭커셔 지방의 방적공장을 위한 면화 수입량을 수백만 톤으로 늘렸다. 새롭게 부두를 건설하고 선박을 건조하고 금속을 주조하면서 그와 관련된 교역도 많아졌다. 리버풀은 산업혁명의 도시이자, 미국에서 입국해 들어오거나 미국으로 출발하기 위해 꼭 거쳐야 하는 주요 항구가 되었다. 인구도 빠르게 늘었다. 특히 1845년~1848년의 아일랜드 기근 당시 수많은 아일랜드 이민자들이 유입되면서 도시 인구는 급격하게 늘어났다. 이 시기의 도시 건축물과 사회 환경은 무척 끔찍하여, 10세 이전 아동사망률이 51퍼센트에 이를 정도였다. 도시는 빠른 속도로 확장되었지만 현재의 거리 모습에서 볼 수 있듯이 체계적인 계획 없이 진행되었다. 주거지역은 점차 도시 외곽으로 밀려나 상류층 주택단지는 머지 강 너머 위럴 반도에 조성되었다. 1820년부터 페리선이 정기적으로 운행하면서 교통편을 해결했고 1880년대에는 머지 철도 터널이 시민 수송 역할을 담당했다.

부유하면서 불결하고, 유머러스하면서 비극적이고, 자부심이 강한 듯하면서도 죄책감에 시달리는 도시 리버풀은 해상무역의 산물이었다. 해상무역 시대와 산업혁명 시대는 오래전에 끝났고, 그 해안도로에는 야성미 넘치는 아름다움만 남았음에도 불구하고 상호 모순되는 리버풀의 숙명은 여전히 그대로다.

1765년 존 아이즈가 그린 리버풀. 머지 강 너머의 평면도는 예전 선착장이 도심까지 어떻게 이어져 있었는지 보여준다. 구도로의 무분별한 패턴과 대조되게 오른쪽으로 새롭게 조성된 주거지역은 질서정연한 모습이다. 이름도 세련되게 어퍼 파크 레인Upper Park Lane과 어퍼 프레더릭 스트리트Upper Frederick Street라 붙여져 있다. 왼쪽 상단에 있는 장문의 글은 이 지역의 애국심을 찬양하면서 '최근까지 리버풀은 무명이나 다름없는 곳이었지만 금세기가 시작하는 즈음에 무역정신이 주민들을 움직여 브리스틀에 버금가는 도시가 되었다.'고 선언하고 있다. 삽입된 거래소 그림이 상업의 신에게 바치는 세속적인 신전을 연상케 한다.
대영도서관The British Library. Maps K. Top. XVIII.71

1797년 리버풀의 해안도. 산업화 이전 항구의 화려한 모습을 운치 있게 환기시켜준다.
대영도서관The British Library. Maps K. Top. XVIII 76c

수많은 모작을 양산할 정도로 강한 영향력을 발휘한 비셔Visscher의 1616년 판화 속 런던. 바다로 향하는 선박들이 수세기 동안 템스 강의 유일한 횡단로였던 런던 브리지의 하류로 흘러가다 갇혀 있다. 집과 상점이 줄 지어 있고, 성문 위에는 창에 꽂은 범죄자들의 머리가 보인다. 다리 서쪽에는 1613년에 화재를 당한 후 새롭게 재건축한 글로브 극장과(공연 도중 대포에서 발생한 불꽃으로 일어난 화재였다) 곰 사육장인 베어가든이 있었다. 북쪽 강가는 옛 세인트 폴 성당이 차지하고 있었다.
대영도서관The British Library, Maps 162.0.1

런던 London

습지에서 거슬러 올라간 템스 강 상류, 강을 가로지르는 다리 부근으로 런던이라는 조그만 도시가 세워진 것은 1세기 로마인들에 의해서다. 템스 강으로 인해 잉글랜드 내륙 및 유럽 해안가로 접근할 수 있었던 런던은 자연스레 로마화된 켈트족의 중심지가 되었다. 도시 경계를 이루는 3마일 가량의 성벽으로 둘러싸여 있던 325에이커의 도시 면적은 현재의 런던 지역과 거의 동일하다. 로마화된 런던의 도로계획에 관해서는 알려진 게 거의 없다. 다만 군사 요새와 신전, 포럼광장 그리고 집회나 재판 따위에 사용된 장방형의 공회당 바실리카는 빠지지 않았을 게 분명하다. 로마의 보병군단이 철수한 4세기 이후 거주민의 수는 격감했겠지만, 런던은 절대로 버려진 채 방치된 적은 없었다. 강압에 의해 색슨족에게 점령당했다가 화재와 바이킹의 칼부림에 고난을 받았음에도 런던은 언제나 건재했다.

당시 런던의 크기와 중요성을 가늠해볼 수 있는 자료는 1030년경 고대 노르웨이인 왕인 크누트에게 1만 500파운드의 조공을 바쳤다는 내용이다. 이것은 잉글랜드 전체가 부담했던 조공액 중 8분의 1에 해당하는 액수였다. 10세기에 일어난 매우 중요한 사건 중 하나는 색슨족 왕이 런던에서 강 상류 쪽으로 2마일 정도 떨어진 웨스트민스터에 사원과 궁전을 세우기로 결정한 일이다. 색슨족의 중심지는 여전히 원체스터였다. 하지만 머지않아 웨스트민스터로 중심점이 이동하게 되었다. 잉글랜드 정복왕조의 개창자인 윌리엄 1세는 런던이야말로 자신의 권좌가 있어야 할 땅임을 직감하고 그곳에서 즉위식을 거행한 뒤 잉글

대화재 이후의 런던. 도시의 심장부가 진공상태로 변한 모습을 보여주기 위해 1666년에 발간된 수많은 지도와 전경도 중 하나다. 폐허 가운데 개별 건물들이 점점이 서 있다.
대영도서관The British Library, Maps Crace I.50

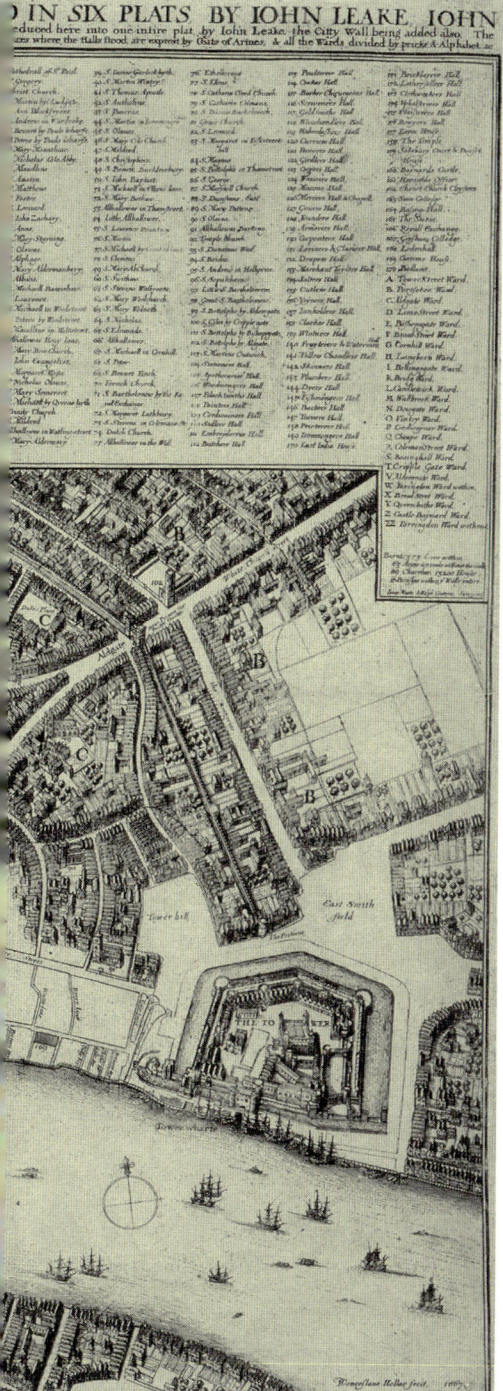

랜드의 성채를 세웠는데 그것이 바로 런던타워다. 곧이어 로마 시대의 성벽과 일곱 개의 런던 성문이 복원되었고, 교회와 수도원이 들어섰다. 이후 이곳은 상인과 장인들이 활개치며 돌아다니고 시장과 박람회가 열리는 곳이 되었다. 이내 중세의 연대기 기록자들은 런던을 유럽의 최고 도시 중 하나로 손꼽았다.

웨스트민스터는 도시 성장의 두 번째 구심점이 되었다. 따라서 두 중심지 사이에 사람들이 거주하기 시작했고 건물들이 속속 들어섰다. 이런 과정은 1500년까지 계속 진행되면서 아름다운 저택과 강가 정원들이 런던의 스트랜드 가를 따라 이어졌다. 법관들의 본거지가 된 템플 지역은 런던의 서쪽 성벽 바깥에 위치했는데, 템플 기사단(성전 기사단)이 강압적으로 빼앗았던 토지에 건물이 들어서면서 이런 이름이 붙었다.

런던이 고대 성벽을 벗어나 마구잡이로 확장된 것은 더 많은 공간과 맑은 공기를 찾는 사람들 때문이었다. 헨리 8세가 1531년 세인트 제임스 궁을 세우면서 런던의 세 번째 중심지가 형성되었고, 그곳은 웨스트민스터와 연계되어 발전을 이루었다. 템스 강 건너편 서더크는 최초의 '교외 주택지역'으로 개발되었다. 그곳을 통과해 남동쪽으로 향하던 도로들은 캔터베리와 도버로 이어졌다. 템스 강 남안은 런던의 치외법권 지대여서 이내 극장, 술집이 들어서고 범죄와 노름으로 유명한 곳이 되었다. 튜더왕조 시대의 런던 역시 성문 밖에서 간선도로를 따라 무질서하게 주택들이 들어서면서 대상帶狀 개발(띠 모양으로 길게 뻗어가는 건축 형태.—역주) 형태의 교외지역이 형성되었다. 현재 건물이 빽빽하게 들어찬 런던 거리는 비숍스게이트와 올더스게이트를 지나 넓은 들판까지 이어지고 있다. 영국 내란 기간 동안 의회파가 새로운 런던을 수호한다는 명분으로 경솔하게 성벽을 허물어버렸다. 당시 그 성벽은 웨스트민스터, 세인트 제임스 궁, 스트랜드-홀본 지역, 서더크, 램버스를 감싸고 있었다.

런던의 역사에서 가장 극적인 사건을 꼽는다면 1665년에 창궐해 무려 10만 명의 런던 시민을 죽음에 이르게 한 흑사병과 다음해에 일어난 대화재였다. 런던 대화재로 인해 도시의 85퍼센트가 파괴되었고 인근 지역까지 피해를 입었다. 하지만 장기적인 관점에서 보면 대화재의 영향은 미미했다. 크리스토퍼 렌을 위시한 여러 사람들이 대단한 규모의 기발한 도시계획을 제안했음에도 불구하고, 재건 기간 동안 실질적으로 계획이 변경된 것은 없었다. 런던 대화재가 남긴 위대한 유물은 세인트 폴 대성당이다. 영국 바로크 양식의 위대한 업적이라 불릴 이 건물은 파괴되었던 중세 건물을 대신해 세워졌다. 왕정복고 시대로 접어들어 새로운 정치사회적 분위기가 조성되면서 런던 스트랜드 가는 왕궁과 런던 시 사이의 중립지역으로 부상했다. 그 당시부터 지금까지 스트랜드 가를 메운 건물은 커피하우스, 상점, 극장, 선술집, 출판사, 신문사, 인쇄소 등이다. 좀더 서쪽으로는 귀족층 지주들이 자신들의 사유지를 형성하면서 거리를 정비하고 근사한 주택가를 만들었다. 소호, 골든스퀘어, 하노버, 캐번디시Cavendish, 그로스버너Grosvenor, 버클리Berkeley가 이런 지역에 해당한다. 이때부터 웨스트엔드West End라는 지역 개념이 생겨났는데 당시에는 상대되는 이스트엔드라는 지역이 없었다. 이후 정치적 평화가 몇 년 동안 이어지고 무역을 통해 부를 창출하면서 18세기 말엽의 런던은 끊임없는 발전에 박차를 가하기 시작했다. 1760~1766년에 런던의 일곱 개 성문과 고대 성벽 대부분은 허물어지고 도로가 확장되었다. 오랜 역사를 지닌 런던의 틀을 과감히 깨

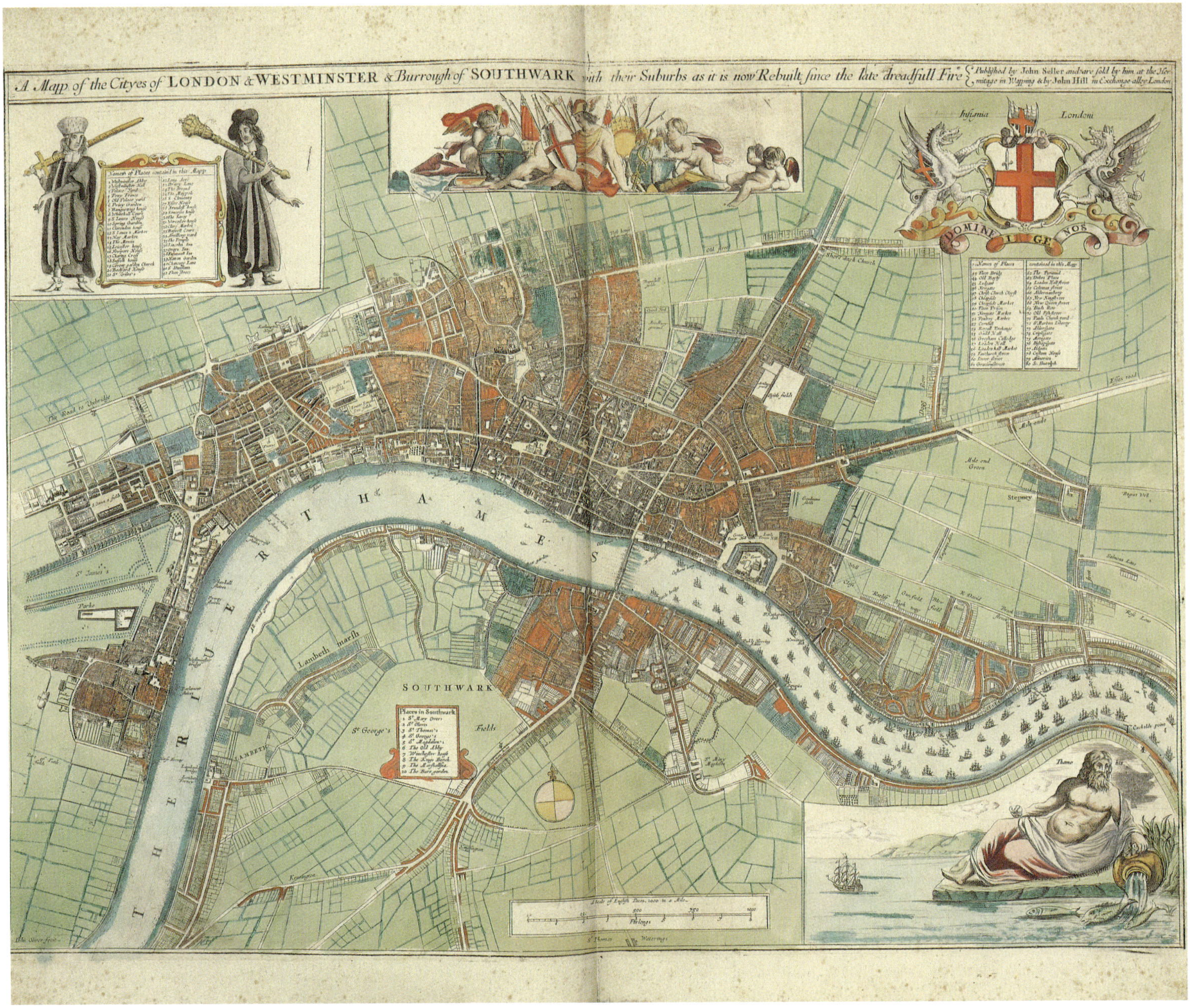
A Mapp of the Cityes of LONDON & WESTMINSTER & Burrough of SOUTHWARK with their Suburbs as it is now Rebuilt since the late dreadfull Fire
Published by John Seller and are sold by him at the Hermitage in Wapping & by John Hill in Exchange alley London
Insignia Londoni
DOMINE DIRIGE NOS
THE RIVER THAMES
SOUTHWARK
Lambeth marsh
St George's Fields
LAMBETH
Places in Southwark
Stepney
Mile end Green
Thames

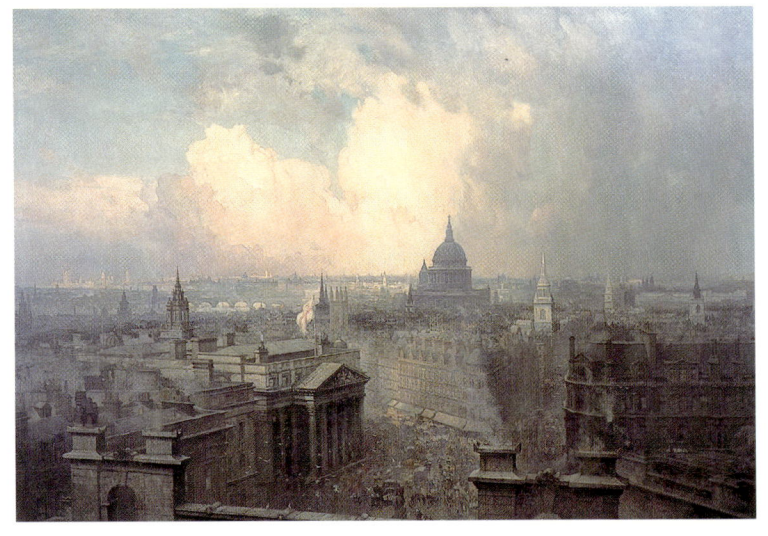

뜨리겠다는 의지를 상징적으로 보여주는 일이었다. 하지만 웨스트민스터와 세인트 제임스 궁에 있던 왕립 공원들은 다행스럽게도 잘 보존되었다. 한편 템스 강은 천년의 세월을 보낸 후에야 드디어 웨스트민스터에서 시작되는 새로운 다리를 맞이하게 되었다. 그 이후 10여 개의 다리가 더 세워졌고 1894년에 이르러서는 저 유명한 타워브리지가 개통되었다. 왕정복고 시대부터 1760년에 이르는 시기의 런던 모습은 신고전주의 건축물 및 그와 연관이 있는 인물들의 일화 속에서 생생하게 살펴볼 수 있다. 렌Wren, 피프스Pepys, 뉴튼Newton, 퍼셀Purcell, 디포Defoe, 필딩Fielding, 헨델Handel, 호가스Hogarth, 존슨Johnson이 대표적 인물이다. 런던의 새로운 도로와 광장이 지닌 우아함은 전적으로 개별적으로 진행된 설계 및 개인적인 투자에 의한 것이었다. 중앙통제나 수도에 대한 전체적인 도시계획 같은 건 없었다.

산업혁명이 런던을 찾아오면서 새로운 항만이 건설되었다. 1802년에 시작된 항만 건설과 함께 노동자, 선원 그리고 관련 무역에 종사하는 인구를 수용하기 위해 이스트엔드 지역이 급성장했다. 이런 변화를 가속화한 것은 1830년대에 시작된 철도 건설이었다. 철도로 인해 중심지에 집약되어 있던 인구가 분산되고, 주변 지역이 런던이라는 하나의 도시로 통합되는 효과를 낳았다. 철도와 이후에 들어선 지하철은 교외지역을 형성하는 데 일조했다. 하지만 이전 세대에게 교외지역이었던 곳이 다음 세대에게는 중심지가 되는 경우가 빈번해지면서 그리니치, 첼시, 퍼트니, 햄스테드와 같은 오래된 마을이 런던에 통합되었다. 런던이라는 대도시는 여전히 도시계획 따위 없이 마구잡이로 확장되면서 1891년에는 인구가 500만에 달했다. 하지만 다행스럽게도 공유지보존협회the Commons Preservation Society 덕분에 런던의 성장은 몇몇 주요 장소에서 멈출 수 있었다. 이 협회는 햄스테드 히스Hampstead Heath, 윔블던 커먼Wimbledon Common, 에핑 포레스트Epping Forest와 같은 지역을 개발의 손아귀에서 구해냈다. 당시 런던 시민들에게 런던은 '대영제국의 심장'이며 행정, 금융, 국제 무역, 예술, 사교 생활의 중심지였다. 런던에 비길 만한 도시는 세상에 없었다. 상류층의 개인 건물이든 공공 건축물이든 모두 웅장하고 화려했다. 하지만 가난한 이들이 사는 슬럼가는 매우 단조로웠다. 이런 사실은 20세기의 민주의회가 과거로부터 이어받은 고민거리였다. 거기에 세계의 역사적인 도시들을 일제히 위협하던 교통혁명에 대해서도 생각해야 했다.

이것이 런던의 성장에 관한 형식적이고 공식적인 역사 기록이다. 하지만 이것만으로 살아 있는 도시를 설명할 수는 없다. 너무나 많은 런던의 모습이 끊임없이 만들어지고 있다. 거리마다 독특한 개성과 특별한 추억을 품고 죽은 이들의 망령이 떠돈다. 코번트 가든Covent Garden, 블랙히스, 화이트채플, 핌리코Pimlico, 캐논버리Canonbury, 레이턴스톤Leytonstone, 노스 울위치North Woolwich, 헤른 힐Herne Hill, 반즈Barnes 등 그 목록은 끝없이 이어진다. 유명세를 타며 사람들의 입에 오르내리는 곳이 있는가 하면, 가이드북에서 찾아볼 수 없는 그런 곳도 있다. 런던의 곳곳에는 과거가 살아 숨쉬지만 물리적 환경이나 사회환경은 급변하고 있다. 그래서 어린시절에 보았던 런던은 디킨스의 소설 속 런던처럼 아련한 신화적 이미지가 되었다. 많은 사람들이 런던을 싫어하고 블레이크적 의미(시인 윌리엄 블레이크는 자신의 시 〈런던〉에서 산업혁명 즈음의 런던 풍경을 어둡고 우울한 언어로 그려냈다.—역주)로 그 황량함을 재현해냈지만, 저 유명한 자연시인 워즈워스조차 런던 특유의 영향력에 저항하지 못했다. 런던의 역사에서 배어나는 어떤 힘이 거리마다, 다리마다, 흐르는 강 물결마다 스며 있고, 대기는 그 기운을 가득 뿜어낸다. 그 어떤 계획도 없었고 그 어떤 인위적 의도도 없이, 어떻게 이렇듯 생명력 강한 도시가 생겨날 수 있었을까. 런던을 둘러싼 이 같은 의문이야말로 세계 도시사의 커다란 수수께끼일 것이다.

1676년에 존 올리버가 그린 런던. '끔찍한 대화재를 겪고 재건된 모습'이다. 런던 대화재에 부수적으로 따른 여파로 잉글랜드에 설계도면이라는 것이 생겨났다. 재건 계획을 세우는 데 필수적인 이 평면도는 사실 묘사가 돋보이는 전통적인 조감도를 대신하게 되었다.
대영도서관The British Library, 1 TAB 18(4)

1901년 닐스 런드Niels Lund가 그린 그림. '제국의 심장'이라는 제목을 통해 20세기로 접어들면서 런던이 세계 무대에서 얼마나 중요한 자리를 차지하게 되었는지를 알 수 있다.
가이드홀 도서관Guildhall Library. 런던 공사 Corporation of London

1684년 프랑스 군에게 포위당한 룩셈부르크. 암스테르담의 화가 로메인 데 호흐의 세밀하고 아름다운 에칭화이다. 화재와 파괴가 자행되는 모습이 선명히 보인다. 화가는 상징적인 카르투슈(장식 테두리)에서 이 사건에 대한 자신의 감정을 표현하려 했던 것인지, 호전적인 프랑스 인물이 정의를 그르치는 모습을 묘사했다. 그리고 글에서는 전투의 폭력성을 강조하고 있다.

대영도서관 The British Library, Maps C.9.e.4(63)

룩셈부르크 Luxembourg

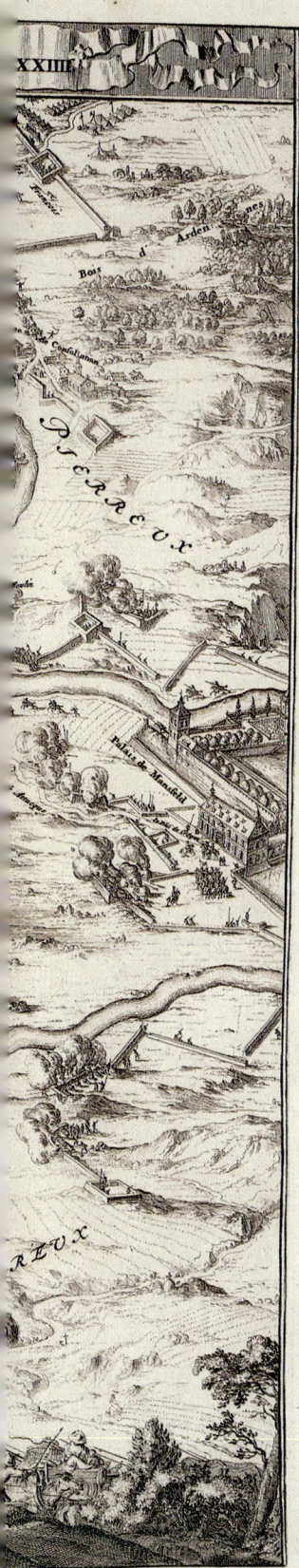

프랑스와 독일의 틈바구니에 끼여 압박을 받아온 룩셈부르크. 그곳이 하나의 국가로서 정체성을 지니고 끝까지 살아남을 수 있었던 건 알제트 강의 만곡부 위로 높이 솟은 사암 봉우리의 요새 덕분이다. 이 봉우리를 요새화한 건 로마인과 프랑크족이었고, 서기 963년에 이르러 이곳은 독립적인 공국의 중심지가 되었다. 성채는 1867년에 파괴되었지만 여전히 룩셈부르크는 요새도시로서, 중앙에 위치한 역사적 산봉우리가 나지막한 강변 교외지역을 내려다보는 구조를 취하고 있다.

북동쪽에서 바라본 룩셈부르크의 전경을 담은 이 그림은 1684년 프랑스 군에 포위당했던 도시의 모습을 그리고 있다. 당시 룩셈부르크 대공국은 2세기 동안 합스부르크 왕가에 속해 있었다. 따라서 루이 14세의 룩셈부르크 공격에는 프랑스 국경을 넓히려는 목적과 함께 합스부르크 왕가의 권세를 제약하려는 전략도 숨어 있었다. 그림에서 볼 수 있듯이 당시 성은 전형적인 17세기의 거대한 요새로, 방비가 단단했던 성 안의 백성들은 프랑스 포병대의 융단폭격 이후 4월 19일부터 6월 4일까지 이어진 포위공격을 끝까지 견뎌냈다. 이 그림에서는 룩셈부르크가 프랑스 포대에 완전히 둘러싸인 모습을 묘사하고 있다. 하지만 주요 공격은 서쪽으로 난 드넓은 땅에서 이루어졌을 것이다. 그곳에 프랑스 군의 대규모 야영지가 있었기 때문이다. 룩셈부르크는 수많은 침략 속에서 유린당했지만 아직까지 건재한 요새도 있다. 장기적인 면에서 보면 프랑스의 파상 공격은 아무것도 얻어내지 못했다고 할 수 있다. 루이 14세는 인근 국가와 전쟁을 벌이다가 주기적으로 휴전을 하였는데, 그 와중인 1697년 룩셈부르크를 합스부르크 왕가에게 되돌려주었던 것이다.

룩셈부르크의 완전한 독립은 1815년 나폴레옹의 시대가 끝난 후 협상과정에서 이루어졌다. 유럽의 세력다툼을 완화하기 위해서는 프랑스와 독일 사이에 끼인 조그만 중립국가가 독자적으로 성장하는 쪽이 여러 모로 편리했다. 두 번의 세계대전 동안 룩셈부르크의 중립주의는 훼손당했다. 하지만 그 이후 이 역사적인 도시는 유럽공동체 설립의 기초를 이루는 역할을 담당하며 자기만의 고유성을 유지하고 있다.

▶ 프랑스의 침공이 있던 해에 멀리서 바라본 룩셈부르크 전경. 외관상으로 평화롭게 보이는 이 전경을 찬찬히 들여다보면 도시 절반이 파괴되어 있다. 룩셈부르크가 위치한 가파른 절벽이 알제트 강을 내려다보고 있다.
지로동 Giraudon/www.bridgeman.co.uk

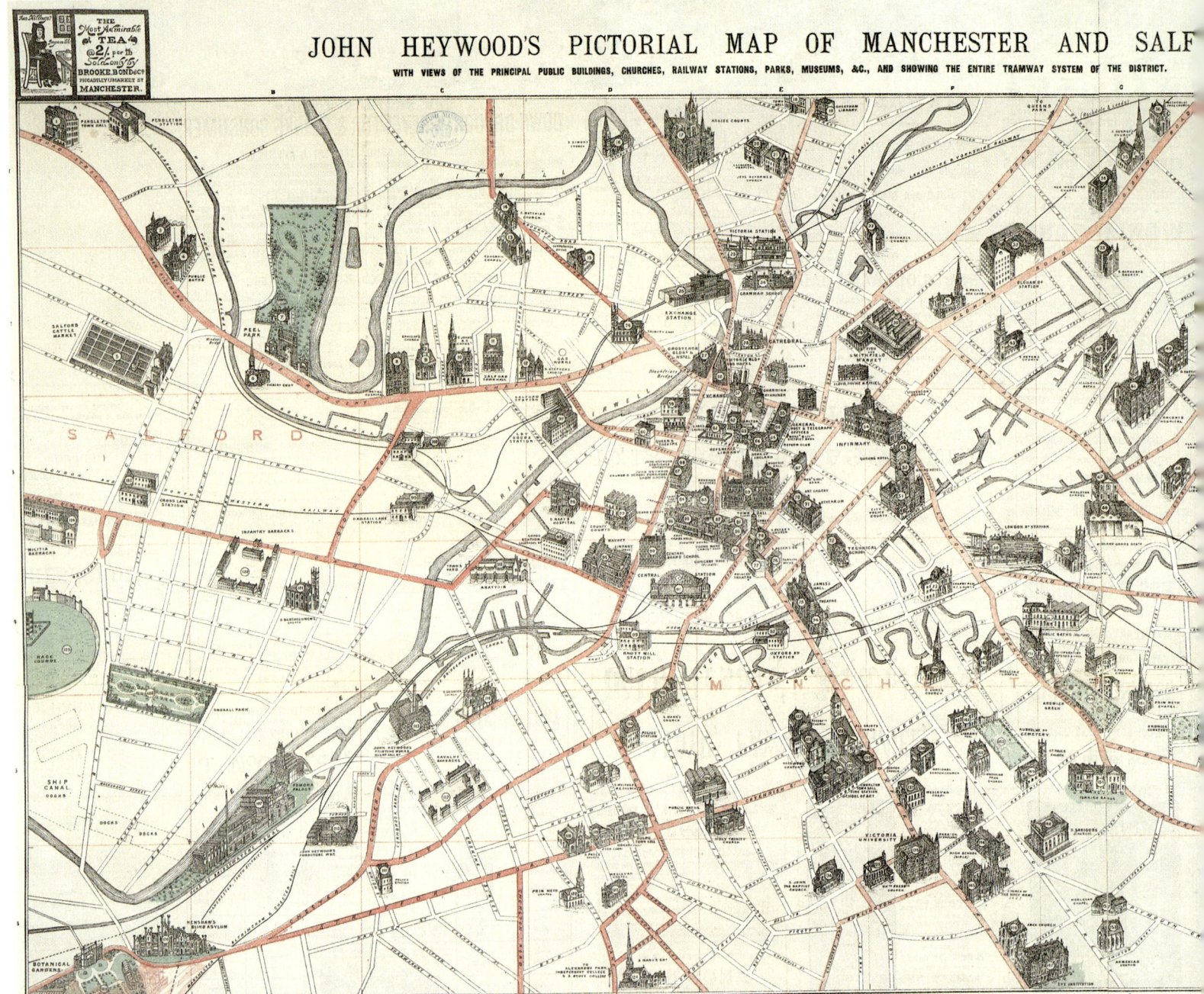

1886년 존 헤이우드가 그린 맨체스터. 이 그림지도는 의도하지 않게 빅토리아 시대 맨체스터의 근본적인 특징을 잘 전달하고 있다. 우뚝 솟은 공공건물이 아무것도 없는 텅 빈 벌판에 당당하게 서 있다. 평범한 사람들이 살고 있는 집과 그들이 일하는 공장은 이상하게도 지도에서 싹 지워져 있다. 풍경을 망치지 않으려는 생각에서다.

대영도서관 The British Library. Maps 3215 (16)

맨체스터 Manchester

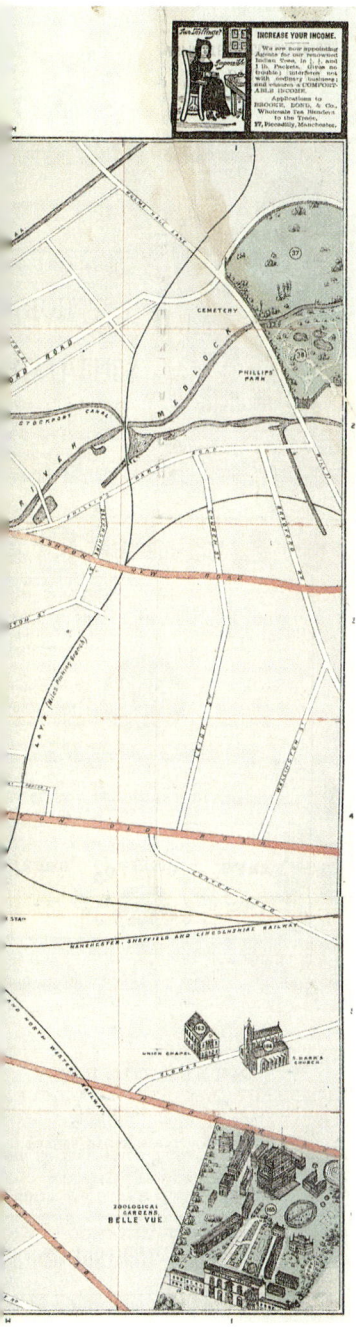

폭발적 인구증가, 기술혁신, 후대에 남을 만한 세련된 건축물, 소름끼치는 불결함이 공존하는 맨체스터는 전형적인 빅토리아 시대의 도시다. 도시사의 새 장을 열었던 대표적 예라고 할 수 있다. 이곳은 19세기 미국을 거쳐 전세계로 전파된 전형적 산업도시의 최초 전범이었다. 1724년까지만 해도 맨체스터는 '잉글랜드에서 가장 번잡한 마을'로 통했다. 당시 인구는 1만 명이었고, 그 대부분은 중세 이후 맨체스터를 유명하게 해준 모직물과 면 방직업에 종사했다. 그리고 1780년대 공장시스템 개발이라는 거대한 산업혁명이 일어난 곳도 맨체스터였다. 가내수공업을 공장 대량생산으로 대체하면서, 노동자들은 증기로 움직이는 방직기를 다루게 되었다. 브리지워터 운하는 랭커셔에서 맨체스터로 석탄을 날라 공장의 동력을 공급했고, 해외로 가는 판로를 내주기도 했다. 1801년 맨체스터의 인구는 7만 5,000명에 달했는데, 이는 도심 주변을 둘러싼 버리Bury, 볼턴Bolton, 로치데일Rochdale, 올덤Oldham 등 목화 타운의 인구를 합친 것에 버금가는 숫자였다. 이런 목화 타운은 점차 맨체스터에 흡수되어 최초의 집합 도시를 이루었다.

기술혁신과 부의 창조는 도시 성립을 위한 필수조건이다. 하지만 일련의 역사적 변화는 민간의 막대한 희생을 강요했다. 맨체스터에는 민주적 행정을 위한 그 어떤 체계도 없었다. 영주 재판소를 통해 마치 작은 마을처럼 도시가 운영되었던 터라 의회에 대의원도 보내지 않고 있었다.

맨체스터는 1790~1830년에 정치개혁을 요구하는 사람들에게 명분을 제공하기도 했다. 의회제도 개혁을 요구하던 정치집회를 잔인하게 해산시키는 과정에서 무장 군인들이 수십 명의 시민을 살해하고 수백 명에게 부상을 입힌 피털루 학살Peterloo Massacre이 일어난 것이다. 1838년이 되어서야 맨체스터는 국왕의 윤허를 얻어 선출된 자치의회를 구성했다. 1851년에 이르러 도시 인구는 30만 명을 상회했지만, 많은 사람들의 생활환경은 열악하기 그지없었다. 1840년대에 맨체스터에 살았던 독일인 사회철학자 프리드리히 엥겔스는 당시의 체험을 바탕으로 1845년 《영국 노동계급의 상태 The Condition of the Working Class in England》라는 책을 발간했다. 엘리자베스 개스켈이 쓴 여러 편의 소설 역시 1840년대의 굶주린 맨체스터를 배경으로 삼았다. 산업사회의 암울한 현실을 처음으로 드러낸 이 소설들은 공장 소유주들과 보수적인 언론의 미움을 샀지만 디킨스에게는 영감을 불어넣어 주었다.

당시의 맨체스터 환경은 사람들에게 해를 끼칠 정도로 좋지 않았다. 공장의 연기는 맨체스터 지역 구름의 양을 더욱 증가시켰고, 인구 과잉으로 부족해진 주거지는 불결하기 그지없었다. 어웰 강은 맨체스터의 하수구나 다름없었다.

이런 암울한 환경에도 불구하고 '방직의 도시'라 불리던 맨체스터는 그 역동적인 부유함을 기념비적 건축물에서 당당하게 자랑했다. 은행, 창고, 상점, 사무실, 공공건물도 웅장한 신고전주의 양식이나 고딕 양식을 취하고 있다. 웰링턴Wellington, 필Peel, 코브던Cobden, 제임스 와트James Watt, 앨버트 공과 같은 19세기 영웅들의 조각상이 광장을 장식했다. 철학클럽과 정치클럽도 많이 생겨났고 정력적인 언론도 생겨났다. 도서관, 박물관, 오케스트라와 더불어 최초의 잉글랜드 시민대학이 개설된 덕에 문화생활도 풍성했다. 이 모든 것은 상업과 문화는 나란히 번성한다는 명제를 환기시킨다. 공학기술이 등장하면서 산업을 이끄는 주역으로서 방직업의 자리를 넘보기 시작했고, 1894년에 대형 선박용 운하가 개통되면서 원양 항해선이 맨체스터 중심부까지 진입했다. 20세기에 접어들어 도시의 산업 기반인 제조업이 쇠퇴하자 맨체스터에는 장기간의 위기가 도래했다. 21세기를 맞은 오늘날, 산업시대의 상처가 완전히 아물지 않은 맨체스터는 끊임없는 변화와 재생을 통해 새로운 활력을 찾아가고 있다.

만토바 Mantua

이탈리아 북부지역의 소도시 중에서 가장 뚜렷이 구별되는 만토바. 민치오 강이 만들어낸 호수 사이, 반도 모양 부지에 자리잡은 이 도시를 꽤 넓은 운하가 가로지르고 있다. 로마 시대 시인 베르길리우스의 탄생지로 유명했던 이 소도시는 서기 401년 알라리크 Alaric 왕과 서고트족의 침략에 의해 거의 파괴된 이후 여러 세기 동안 세상 사람들의 눈에 띄지 않는 무명 시절을 보냈다. 만토바의 전성기는 1400~1600년으로 당시에는 '새로운 로마'라는 명칭을 얻기도 했다. 곤차가 Gonzaga 가문이 만토바를 지배하던 시절 조성한 인본주의적 궁은 르네상스 시대의 가장 눈부신 성과로 꼽혔다. 곤차가 가문은 궁을 꾸미는 일을 맨 처음 화가 만테냐에게 맡겼고, 나중에는 줄리오 로마노에게 의뢰했다. 곤차가 가문이 후원한 예술가들 중에는 작곡가 몬테베르디도 포함되는데, 그의 초기 오페라는 모두 곤차가의 궁에서 공연되었다. 그 외에도 정치평론가 카스틸리오니와 서사시인 아리오스토도 후원했다. 베르길리우스의 시대와 르네상스 시대 사이에 만토바가 자랑하는 또 다른 저명인사로 트루바두르(중세에 주로 프랑스 남부에서 활약한 음유吟遊 서정시인들.—역주) 시인인 소르델로가 있다. 브라우닝의 그 이해하기 어렵다는 시의 소재가 되기도 했던 사람이다.

곤차가 가문은 봉건시대 무사 계급이었다가 상업과 금융업으로 눈을 돌렸지만, 집안 인물 대부분은 무사의 전통을 고수했다. 1459년 안드레아 만테냐를 만토바로 데려와 산 조르지오 성을 장식하게 한 사람은 루도비코 곤차가였다. 만테냐는 '결혼의 방 Camera degli sposi' 또는 '채색한 방 Camera picta' 이라 불리던 곳의 벽면을 초상화를 이용해 환상적으로 꾸몄다. 곤차가 가문을 비추는 거울과도 같았던 그 방에서 곤차가 사람들은 또 다른 자신의 모습을 마주하곤 했다. 이와 같이 매우 귀족적인 예술 작품이 있었던 반면, 줄리오 로마노는 그의 스승인 라파엘로의 격을 떨어뜨리는 작품활동을 펼쳤다. 그의 화려한 프레스코는 음란한 세부 묘사와 이교도적 주제가 돋보였다. 당대 로마노의 명성은 막강했다. 셰익스피어의 작품에서 《겨울 이야기 The Winter's Tale》 언급된 유일한 화가가 바로 그였다. 이 시기 페데리고 궁의 화려함과 그 안에 도사린 음모는 베르디의 오페라 〈리골레토 Rigo letto〉의 배경이 되었다. 이로부터 몇 년 후 도시 인구는 4만 명에 이르렀다. 종교재판을 피해 나온 많은 유대인 공동체가 만토바의 관대한 정권 아래 은신처를 찾으면서 그 수가 늘어났다. 치타 베키아 너머까지 뻗어나간 거리는 대성당과 산 조르지오 다리 주변으로 집중되었다. 거리는 남서쪽 방향으로 뻗어나갔는데 너른 강 건너편 땅에는 사람이 살지 않았기 때문이었다.

17세기에 들어서면서 만토바는 쇠락의 길을 걸었다. 만토바 공公 빈센초 2세와 그의 후계자들은 가문의 재산을 허투루 낭비하고 도시를 엉망으로 다스렸다. 도시 인구는 감소하고 주변 들판은 방치되었다. 전성기는 그렇게 끝나버렸다. 1708년 마지막 만토바 공이 후손을 남기지 않은 채 사망하고, 같은 해 스페인 왕위계승권 다툼으로 시작된 전쟁의 와중에 만토바는 오스트리아의 손에 넘어가버렸다. 90년간 오스트리아 황제의 봉토였던 만토바는 1797년, 8개월 동안 이어진 나폴레옹의 공격에 함락되었다. 1814년 다시 오스트리아에 반환되었지만, 이탈리아 민족주의의 본원지로 격상되면서 1866년에 새로운 이탈리아 왕국의 영토로 편입되었다.

호수에서 바라본 만토바의 스카이라인은 베네치아만큼이나 인상적이다. 오늘날 만토바의 중심지는 간결하고 실용적이면서도 예술적인 풍치를 띤다. 한편으로는 한 가문이 도시 전체 운명을 좌우했던 3세기 동안의 옛 시절을 기념하고 있다. 만토바의 역사는 이탈리아의 도시국가 상당수가 르네상스 시대의 부와 영예를 잃은 채 외세에 굴복해야 했던 수모와 영락의 세월을 고스란히 반영한다. 이런 도시국가들은 이탈리아가 단일국가로서의 정체성을 완전히 되찾았을 때에야 비로소 긴 잠에서 깨어나 새로운 도약을 꾀할 수 있었다.

◀ 브라운과 호겐베르크가 그린 1572년의 만토바. 산 조르지오 다리 건너편 북동쪽에서 바라본 전경은 사실상 섬이나 다름없었던 만토바의 사정을 잘 드러낸다. 외관상으로는 베네치아와 흡사해 보인다. 이상한 점은 화가가 공작의 궁을 다소 작게 표현하고 있어서 찾기가 쉽지 않다는 것이다. 테 궁전 Palazzo del Te은 남쪽 해자 건너편에 우뚝 서 있다. 이 해자는 오래 전에 메워져서 리소르지멘토 비알레 Viale del Risorgimento(리소르지멘토 지자체)가 되었다. 북쪽의 두 개 다리 사이 강 유역은 만토바가 배출한 가장 유명한 인물인 베르길리우스의 이름을 딴 공원이 되었.
버밍엄 도서관 Birmingham Libraries

▲ 1602~1608년에 그려진 필사본. 동쪽에서 노트르담 드 라 가르드Basilica de Notre Dame de la Garde 사원이 있는 산 정상을 바라본 전경이다. 옛 정박지는 마르세유 항의 북쪽에 한정되었던 반면, 너른 평야는 도시의 동남쪽을 둘러싸고 있었다. 항으로 들어서는 입구에서 생 장 요새Fort St. Jean와 생 니콜라 요새Fort St. Nicolas를 볼 수 있다. 이 두 요새 사이로 매일 밤 거대한 쇠사슬을 늘어뜨려 놓았다.
대영도서관The Britisli Library, Add MS 2117, ff.94v-5

◀ 마르세유 항에서 얼마 떨어지지 않은 섬에 감옥으로 건립된 이프 성Chateau d'If은 뒤마가 《몽테크리스토 백작The Count of Monte Cristo》의 배경으로 삼으면서 유명해졌다.
대영도서관The British Library, Harley MS 4421. ff.13v-4

마르세유 Marseille

마르세유는 크기로 따지면 프랑스에서 두 번째지만 역사로 보면 단연 으뜸이다. 기원전 600년경 그리스의 식민지로 세워진 이 도시는 파리보다 몇 세기 더 오래된 역사를 자랑한다. 마르세유의 한 귀퉁이, 개펄과 모래사장으로 이루어진 해안가 깊숙이 들어앉은 항구는 예전부터 이 도시의 주요한 자산이어서 해상교역이 매우 번성했었다. 그래서 마실리아Massilia(마르세유의 옛 이름)는 모나코, 니스, 앙티브에 식민지를 세우기 위한 모도시가 되었다. 그리스 시대의 항해가 피테아스Pytheas가 4세기에 최초의 항해를 시작한 곳도 바로 이 마실리아였다. 피테아스는 북유럽을 발견한 뒤 브리타니아와 스칸디나비아 지역까지 탐험했다. 이 도시를 점령한 로마인들은 아를과 엑상프로방스로 도로를 내어 이탈리아-스페인 간 육로와 연결하였다.

후기 고전기에 이르러 마르세유는 고트족의 약탈과 해적들의 기습으로 인해 거의 사멸될 지경이었다. 도시가 생기를 되찾은 것은 12세기 십자군 원정 당시 마르세유가 거점이 되면서부터다. 도시는 다시 번성해 13세기에는 프로방스 왕국 안에서 자치권을 행사하는 공화국을 표명하기도 했다. 항구는 현재까지 건재한 생 장 요새와 생 니콜라 요새의 보호를 받았다. 항구의 입구에는 밤마다 거대한 쇠사슬이 쳐졌다.

항만시설이나 주택가는 마르세유 항 북쪽 구시가지에 밀집되어 있었다. 성벽 밖에 제혁, 방직, 비누 제조업체가 생겨나면서 도시는 마구잡이로 확대되었다. 1650년대 프랑스의 여러 지방에서 절대왕권에 저항한 프롱드의 난이 일어났을 때, 마르세유 역시 루이 14세에게 항거해 봉기했다. 하지만 1660년 루이 14세가 진두지휘하는 군대가 마르세유 성벽을 넘어와 반란군을 진압했다. 이후 마르세유는 현재 우리가 보는 형태를 잡아가면서 서쪽으로 새로운 거리를 조성했다. 칸비에르 대로에는 전통적인 패턴의 사선 거리가 무리를 지어 모여들었고, 쿠르 벨장스에 근사한 새 건물이 들어섰다.

하지만 1720년, 지중해 동부에서 배를 통해 유입된 전염병이 유행하면서 많은 시민이 죽었다. 마르세유 만 바깥쪽 라토노 섬과 포메그 섬이 검역소 역할을 했지만 방역은 실패로 돌아갔고, 도시 인구 절반에 해당하는 10만 명이 사망했다고 전해진다.

마르세유는 프랑스 혁명에 적극 가담하였다. 1792년 파리로 진군해간 혁명가들의 행군가가 〈라 마르세예즈 La Marseillaise〉라는 이름으로 널리 퍼져 오늘날 프랑스 국가가 되었다. 하지만 공포정치 시대가 이어지면서 마르세유는 공안의회에 저항하다 다시 무력으로 진압당했다. 이후 마르세유는 여러 해 동안 반나폴레옹주의를 신봉하며 군주제를 복원하려 애썼다. 이 기간의 마르세유가 바로《몽테크리스토 백작》의 배경이다. 작품 속 이미지는 한동안 마르세유와 동일시되었다. 악명 높은 섬 감옥 이프 성과 항구 묘사로 시작하는 소설은 2~3세대를 걸치는 기간 동안 수백만 독자들의 간담을 서늘하게 했다. 이프 성은 프랑수아 1세가 마르세유 만의 세 번째 섬에 지어놓은 성이지만 18세기에 바스티유 감옥과 함께 민영 교도소가 되어 왕명만 있으면 재판 없이도 무고한 이를 감금할 수 있는 곳이 되었다. 당테스가 친구의 수의를 입고 이 요새와 같은 감옥에서 탈출하는 대목은 불후의 명장면이다.

19세기에 들어서면서 마르세유는 북아프리카 해적 정벌(1815~1835), 알제리 정복(1830), 수에즈 운하 개통(1869) 등에 힘입어 '프랑스 제국의 항구'가 되었다. 1800년에 10만 명이었던 도시 인구는 1900년 50만 명으로 증가했고 현재는 100만 명에 육박한다. 1860년대에는 구항구의 북부에 졸리에트라는 신항구를 만들었다.

마르세유는 제2차 세계대전에서 커다란 상흔을 입었다. 파니에 지구 전체를 독일인이 다이너마이트로 날려버린 것이다. 오늘날 마르세유에서 2,600년 역사의 흔적을 찾아보기는 힘든 일이 되었다. 이제 국제적인 대도시로 성장한 마르세유는 때로 격정적이고 때로 실용적인 성격을 지니고 있다. 노트르담 드 라 가르드 사원(수세기 동안 마르세유 항에 오는 배에게 신호가 되어온 곳이다)이 서 있는 언덕에서 바라본 마르세유는 구항구의 중심지 너머로 끝없이 불규칙하게 뻗어나가는 모양새다.

마르세유는 언제나 항구이자 산업도시로서 기능을 다해왔지만 예술이나 패션의 중심지 역할은 담당해보지 못했다. 그러나 프랑스의 그 어떤 도시보다 생기 넘치는 곳으로, 단 한 번도 관광객의 발길이 끊기지 않은 명소다.

1556년 멕시코시티. 모든 유럽인들이 생각하는 아스텍 왕국의 수도 모습은 코르테스의 보고서와 함께 스페인에 보내진 한 장의 스케치에 근거를 두고 있다. 여기 있는 것은 그 이후에 다시 그려진 그림으로, 배경에 멕시코의 화산들이 아름답게 장식되어 있다. 신전과 궁이 호수에 떠 있는 듯한 그림은 흡사 베네치아와 같아 스페인 정복자들은 크게 놀라고 경탄해 마지않았다. 하지만 이런 놀라움도 정복자들의 도시 파괴를 막지 못했다. 이 지도가 유럽 사회에 등장했을 때는 정작 이 같은 모습의 도시는 더이상 존재하지 않았다.

대영도서관The British Library.
566.K.1-3

멕시코시티 Mexio City

멕시코로 이어진 곧고 평평한 대로를 따라 들어오며 호수 위에 서 있는 도시와 마을, 그리고 마른 땅 위에 세워진 다른 도시들을 보았다. 대경실색할 일이었다. 호수 위에 우뚝 서 있는 이 훌륭한 도시와 석조 건물들은 마치 마법에 걸린 듯 매혹적인 모습을 하고 있었다. 눈이 부시도록 화려한 그 모습은 이전에는 듣도 보도 못했고 생각조차 못했던 풍경이었다.

스페인이 멕시코를 정복하는 모습을 현장에서 목격했던 베르날 디아스 Bernal Diaz의 글이다. 오늘날의 멕시코시티는 호수 한가운데서 베네치아처럼 모습을 드러내며 디아스를 깜짝 놀라게 했던 아스텍 왕국의 수도 테노치티틀란의 자리를 지키고 서 있다. 테노치티틀란은 1325년경 아스텍인들이 이주하면서 생긴 도시다. 아스텍인들은 그곳에 정착하라는 신의 계시를 받았다. 그들을 인도하던 독수리가 선인장에 앉아 큰 뱀을 게걸스럽게 먹어치운 장소가 바로 그곳이었다.

그 이후 150년 동안 아스텍인들은 주변 부족을 굴복시키고 거주지를 확장해 10만 명 이상이 살 수 있는 도시를 만들었다. 마차나 금속 도구가 없었음에도 아스텍인들은 훌륭한 건축공학자였다. 섬은 해안가에 수많은 대로를 내어 주변과 연결되었다. 도시 내부의 교통은 운하 시스템을 통해 이루어졌다. 호수의 수위는 제방으로 조절했고, 궁과 사원도 지었다.

하지만 이 독특한 도시의 심장부는 악몽 같은 곳이었다. 아스텍인들의 신인 우이칠로포츠틀리의 신전이 피라미드 모양으로 세워져 있었는데 그 정상에서 매일 사람을 희생제물로 바치는 인신공양 관습이 유지되었다. 때로 수백 명이 한꺼번에 희생되기도 했는데, 이는 아스텍인들이 우주의 질서를 유지하기 위해서는 인간의 피를 신에게 바쳐야 한다고 믿었기 때문이다. 이런 관습은 스페인 사람들의 주목을 끌었다. 스페인 사람들은 혐오감을 표하며 이것을 야만족의 나라를 정복하는 구실로 삼아 자신들의 행위를 정당화했다.

이 도시의 모습이 유럽에 제대로 전달된 것은 코르테스의 명으로 그려진 그림이 유일하다. 그림에는 샤를 5세에게 아스텍 왕국의 영토를 설명하는 저 유명한 편지가 포함되어 있었다. 이 그림은 그 후로 여러 번 인쇄되었지만 사실 이미 사라져버린 도시의 모습을 보여주고 있었다. 일년에 걸친 격렬한 전투 끝에 테노치티틀란은 함락당하고 아스텍 지배자들은 살해되었다. 그때 코르테스는 도시를 완전히 파괴하고 지역 주민들을 노예로 삼은 뒤 악명 높은 신전이 있던 자리에 교회를 세웠다.

곧 식민지 도시가 건설되었다. 이전과 마찬가지로 도시 한가운데가 중심이 되었는데 그곳에는 거대한 광장이 자리잡았다. 이후 그곳은 소칼라 Zocala라고 불리게 되었다. 그곳에 중앙시장이 만들어지고 주변에 식민지 정부의 관청이 들어섰다. 총독 궁은 아스텍 왕의 궁이 있던 자리를 차지했다. 주변에서 흔히 구할 수 있는 테손틀레 tezontle라는 부드러운 화산석을 이용해 건축물을 화려하게 장식했다. 멕시코 바로크 양식의 최고봉은 대성당과 같은 18세기 건축물이다.

새롭게 건설된 도시에는 멕시코란 이름이 붙여졌다. 아스텍인들을 멕시카 mexica라고 부르기도 했기 때문이다. 나라의 이름은 뉴스페인이었다. 도시 주변 호수를 간척하려는 여러 번의 시도가 있었지만 19세기 이전까지는 성공을 거두지 못해 홍수 및 장티푸스 같은 역병이 빈번하게 발생했다. 하지만 원주민 대부분의 생명을 앗아간 것은 그들이 전혀 면역력을 갖지 못한 인플루엔자, 홍역, 수두와 같이 유럽에서 전파된 질병이었다. 스페인 사람들은 병으로 죽은 원주민을 대신해 아프리카에서 노예를 수입해 들여왔다.

멕시코는 1821년 스페인으로부터 독립했지만, 그 이후의 도시 역사는 전쟁과 폭정, 반란, 혁명의 연속이었다. 1847년 미국이 텍사스, 뉴멕시코, 캘리포니아를 멕시코인들에게서 빼앗아오는 전쟁을 벌이면서 멕시코시티는 미국 군에게 점령당했다. 그리고 유럽

멕시코시티 **Mexio City**

열강에 의해 오스트리아 대공인 합스부르크의 막시밀리안이 제위하게 되었다.

막시밀리안 황제는 차풀테페크 성을 복구하여 도심을 내려다보며 우뚝 솟아 있도록 했다. 아크로폴리스가 아테네를 내려다보며 그 위상을 드높인 것과 마찬가지였다. 또한 이전에는 황제 대로라고 불리던 곳을 포르마 거리라는 널찍한 가로수길로 정비하였다. 멕시코를 오스만 양식으로 개조하는 일은 포르피리오 디아스가 정권을 잡았던 1876년부터 1911년까지 이어졌다. 1910~1917년의 멕시코 혁명 기간 동안 도시는 전장이 되었고, 갈 곳 잃은 농부들이 거리로 쏟아져 나왔다. 1920년 멕시코시티의 인구는 50만 명에도 미치지 못했다. 하지만 현재 멕시코시티는 세계에서 가장 거대한 도시가 됐다. 그만큼 사회문제나 환경문제도 심각하다. 한때 멕시코는 사람을 집어삼키는 곳이었지만 지금은 사람을 양산하는 곳이 되어 200만 인구를 자랑한다.

멕시코의 과거에는 폭력과 비극의 흔적이 진하게 남아 있다. 하나의 문명이 사라진 폐허 위에 지어져 한 나라의 수도가 된 도시는 멕시코시티가 유일하다. 이와 동시에 근대 도시생활의 모든 병폐를 안고 있는 도시 역시 멕시코시티밖에 없을 것이다.

멕시코시티. 마요르 광장과 바로크 양식의 성당이 아스텍의 케찰코아틀 신전이 있던 바로 그 위치에 서 있다.
대영도서관 The British Library, 648.c.1

1660년의 블라외Blaeu 지도책에 소개된 모스크바. 동쪽에서 바라본 전경에서 도시 성벽이 동심원을 그리는 모습을 볼 수 있다. 성벽은 크렘린 궁과 그 옆의 키타이고로트 지역에서 뻗어 나오고 있다. 두 개의 내벽은 백석으로 지어졌고, 세 번째 내벽은 당시에는 목재를 사용해 지어졌다. 지금은 사라져 없는 조그만 하천인 네글리나 강을 파서 성의 방비를 위한 해자로 삼았다. 19세기 이전 대부분의 도시가 그랬듯이 모스크바 강의 본류를 건너는 다리는 단 하나뿐이었다. 블라외가 이렇게 상세한 지도를 그린 것은 믿을 만한 러시아의 지도를 참고했기 때문일 것이다. 아마도 1600년경에 보리스 고두노프가 그린 지도를 본 것이 아닌가 싶다.

대영도서관The British Library, Maps C.5.d.1 vol2

모스크바와 상트페테르부르크(레닌그라드)
Moscow and St Peterburg(Leningrad)

모스크바와 상트페테르부르크(레닌그라드)는 러시아 역사의 쌍극을 이루고 있다. 오랜 역사를 지닌 모스크바가 타협이 없는 엄격함과 종교적인 성격이 강한 러시아의 심장부라면, 레닌그라드는 근대적인 도시로 화려하고 세속적인 성격을 지닌 황실의 상징이자 러시아 혁명의 발상지라고 할 수 있다. 두 도시의 공관 건축양식은 위풍당당하고 권위적이어서 이들 도시의 이름을 들으면 겨울, 잔인함, 침략자의 손아귀에서 고통받는 인민의 모습이 떠오른다. 하지만 실상은 그 나라의 전제 군주들 손아귀에서 받는 고통이 더 컸다.

모스크바가 처음으로 도시로서 자리잡은 시기는 언제인지 정확하지 않다. 이 도시는 작은 개천 두 개가 모스크바 강과 합쳐지는 지점의 나지막한 구릉지에 자리잡고 있다. 고고학적 증거에 의하면 신석기시대부터 사람들이 거주했던 것으로 추정된다. 모스크바가 역사적으로 그 모습을 드러낸 때는 1147년으로 크렘린에 공국의 성채가 들어서면서였다. 많은 러시아 도시들은 크렘린(러시아어로 '성채'를 뜻한다.—역주) 즉 요새를 보유하고 있었다. 당시는 요새를 목책으로 지었다. 13세기에 들어서면서 타타르 침략자들의 공격을 받아 도시는 파괴되고 몽골의 종주국으로 강제 편입되었다.

모스크바가 재건되자 1326년에는 러시아정교회의 수장이 그 본거지를 블라디미르에서 모스크바로 이전했다. 1453년 콘스탄티노플이 오스만투르크 제국에 함락된 이후 전통적인 그리스도교의 중심지로서 지위가 강화되면서 모스크바는 스스로를 '제3의 로마'라고 천명했다. 모스크바의 대공들은 노브고로드와 같은 다른 공국을 희생하면서 모스크바를 확장해 나갔다. 모스크바가 통일 국가의 명백한 중심지로 자리매김한 것은 이반 3세 재위 기간의 일이다. 이반 3세는 이탈리아에서 건축가를 데려와 크렘린 궁을 개조하게 했다. 성벽을 새로 세우고 아르항겔 사원과 블라고베시첸스키 사원을 화려한 비잔틴 양식으로 지었다. 모스크바 동쪽에는 교역과 상거래가 일어나는 키타이고로트 지역이 번창하고 있었다. 현재 붉은 광장이 있는 곳이다. 크렘린 궁은 늘상 웅장하고 독특한 건물들의 앙상블을 이루면서 공관의 역할과 종교적 공간의 역할을 감당했다. 권위주의적인 국가 건축물과 어깨를 나란히 하기도 했다. 성벽 밖에는 오두막이 어수선하게 늘어서 있는 정도였다. 외국의 방문객이 솔직담백하게 말한 내용을 보면, 그곳에 사는 사람들은 끊임없이 술을 마시면서 비참한 처지를 위안 삼았고 얼어붙은 거리에 나뒹구는 시체를 개들이 게걸스럽게 뜯어먹고 있었다고 한다. 16세기 후반까지 타타르인들의 침략 가능성이 존재했으므로, 이 성벽 밖 마을은 둥글게 이어진 요새로 둘러싸여 있었다. 그 자취는 지금도 선명하게 남아 있다. 크렘린 궁은 주변에 해자를 파놓아서 섬과 같은 요새가 되었고, 모스크바 외부에는 요새화한 수도원이 둥글게 늘어섰다. 그중에는 그 유명한 노보데비치 수도원도 포함되었다. 보리스 고두노프와 표트르 대제의 재위 기간 및 나폴레옹 침략기에 매우 중요한 역할을 했던 곳이다.

표트르 대제가 상트페테르부르크를 새로운 왕도로 정한 일은 모스크바에 상당한 충격을 주었을 것으로 보인다. 하지만 그렇다고 도시의 성장이 멈추지는 않았다. 새로운 산업이 자라나고, 1755년에는 대학도 설립되었다. 상트페테르부르크를 건설하는 데 활약했던 건축가들이 모스크바에 훌륭한 개인주택을 세우기도 했다. 또 외곽지역에 둥글게 이어진 요새를 새로 건설하기도 했다. 길이 25마일(40킬로미터)의 그곳에는 지금도 발 Val(성벽이라는 뜻)이라 불리는 많은 거리가 지나고 있다. 도시 인구는 1800년 30만 명에 이르러 상트페테르부르크보다 훨씬 더 큰 규모를 자

1753년의 상트페테르부르크. 지도의 위가 남쪽이다. 섬에 있는 페트로파블로프스크 요새 건너편에 구 해군성 건물과 윈터 궁이 마주서 있다. 지도 제작자가 거리는 평면으로 나타냈지만 큰 건물은 입체적으로 그려낸, 흥미로운 과도기적 지도다.
대영도서관 The British Library, Maps K4 TAB 44

모스크바와 상트페테르부르크(레닌그라드) Moscow and St Peterburg(Leningrad)

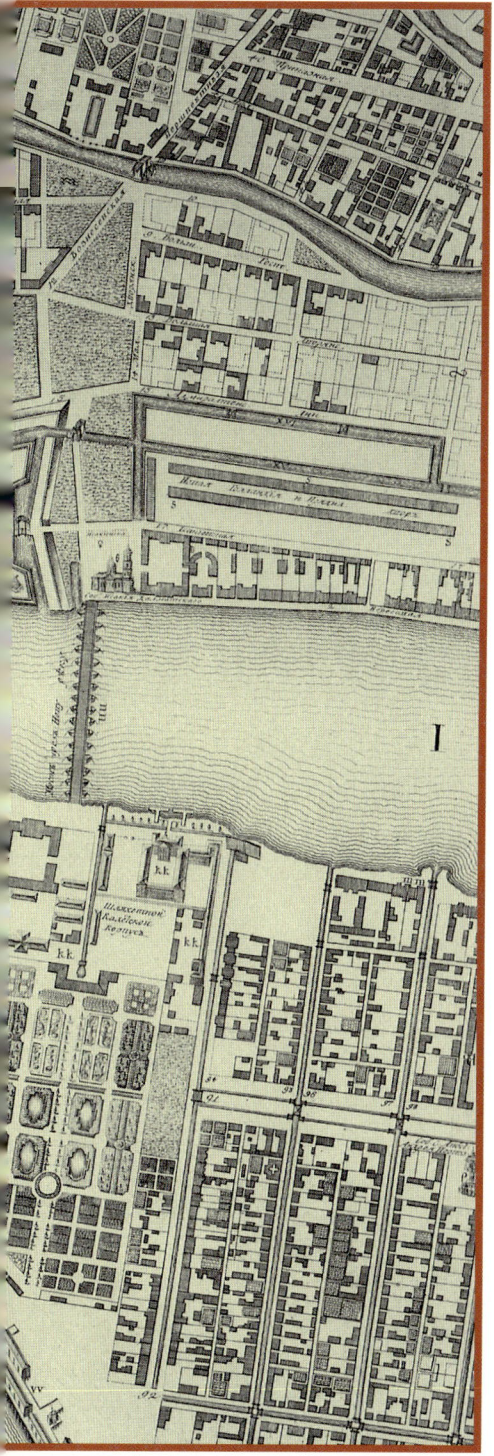

랑했다. 1812년, 나폴레옹은 러시아의 심장부가 모스크바라는 사실을 알고 공격을 감행했다. 반항적인 러시아인들은 나폴레옹이 입성하던 날 모스크바에 불을 질렀다. 도시의 3분의 2 이상이 파괴되었고, 이 사건은 모스크바 역사의 분수령을 이루었다. 크렘린 궁 밖에는 그 화재 이전의 것이 전혀 남지 않게 되었기 때문이다. 재건 사업은 신속하게 이루어졌고, 산업화와 더불어 농노가 해방되면서 도시 인구는 폭발적으로 증가해 1914년에는 거의 200만 명이 거주하게 되었다.

선거를 통해 구성된 러시아의 입법의회 두마Duma를 통해 러시아 민주주의가 잠시나마 존재했던 곳은 모스크바였지만, 1917년 러시아 혁명의 산실은 상트페테르부르크였다. 하지만 그 직후 행정부는 모스크바로 되돌아갔고, 그로부터 70년 간 모스크바는 공산주의 사회의 중심지가 되었다. 이전에 로마가 그러했듯이 모스크바라는 이름은 하나의 사상과 위대한 권력의 가공할 그림자를 상징하게 되었다.

상트페테르부르크는 한 사람의 명령에 의해 건설된 도시로서 근대사에 독특한 자리매김을 하게 된다. 1703년, 표트르 1세는 1세기 동안 스웨덴이 점유하고 있던 라도가 호와 핀란드 만 사이의 잉그리아 지방을 차지했다. 네바 강 어귀였던 그곳에다 표트르 1세는 러시아 서부에 진출하기 위한 관문을 세우기로 마음먹었다. 하지만 그곳은 습지여서 건물을 세우기에 적합하지 않았다. 지반을 다지기 위한 엄청난 규모의 기초 공사에는 수천 명의 노동자와 장인들, 건축가들이 동원되었다. 자야키 섬에 있는 페트로파블로프스크 요새와 건너편 네바 강의 남부 강변에 있던 해군 조선소는 신도시의 핵을 이뤘다. 이 신도시는 1712년에 이르러 러시아 수도로 공표되었다. 귀족들은 강변이나 바실리에프스키 섬에 주택을 짓도록 강요당하는 반면, 해군은 러시아의 오래된 북부 항구인 아크엔젤에서 신항구로 이동 경로를 변경했다. 상트페테르부르크와 호수를 잇고 볼가 강 유역과 동부지역을 이어주는 일련의 수로를 개통하기 위한 공사가 즉시 시작되었다. 초창기 상트페테르부르크는 모든 물자를 외부에서 가져와야 했지만 1730년대에는 무기, 직물, 제지, 가구, 도자기를 만들어내는 금속 주물공장과 제조공장이 들어서서 자족이 가능했다.

하지만 이런 성장은 1725년 표트르 대제가 사망한 지 한참 후에 일어난 일이었다. 그는 살아생전에 네프스키 대로 같은 것을 보지 못했다. 1720년대 이후에 개통된 거리였기 때문이다. 위엄 있는 상트페테르부르크의 모습을 가장 분명하게 보여주는 상징물은 도시 주변에 산재한 궁궐이다. 도심에는 섬머 궁과 윈터 궁이 있고, 핀란드 만에는 페레르고프 궁이, 남부지역에는 차르스코예 셀로 궁, 파블로프스크 궁, 가치나Gatchina 궁이 있다. 모두 로코코 양식의 건축물로 이탈리아와 러시아 건축가들의 작품이다. 이 많은 궁으로 보아 새로운 군주가 옹립될 때마다 자신만의 영지를 만들고자 했음을 알 수 있다. 이런 왕궁들이 혁명 이후에도 고스란히 남아 있다는 것은 참으로 놀라운 일이다.

모스크바와 마찬가지로 이곳에서도 1850~1900년 사이에 급속한 산업화가 일어났다. 전제 정권 아래 노동을 하는 끔찍한 공장 세계에서 혁명의 씨앗이 뿌려졌다. 정권의 억압으로 일진일퇴를 반복하던 도시의 폭동은 1905년 1월 윈터 궁에서 행진을 벌이면서 절정에 달했다. 하지만 시위대 수백 명이 목숨을 잃는 것으로 혁명은 마무리되었다.

제1차 세계대전으로 게르만 스타일의 도시 이름이

모스크바와 상트페테르부르크(레닌그라드) **Moscow and St Peterburg(Leningrad)**

◀ 17세기에 모스크바 강 위에 세워졌던 석조 교량. '모든 성자의 다리All Saints Bridge'라 불렸다고 한다. 크렘린 박물관에 소장된 1801년 F.A. 알렉세예프의 수채화.
대영도서관The British Library, LB 31.c.7277

▼ 18세기 중반의 상트페테르부르크. 네바 강을 따라 서쪽을 바라본 전경. 황실의 선박과 선교船橋의 원형을 볼 수 있다.
대영도서관The British Library, Maps K4TAB 44

페트로그라드로 바뀌었다. 2년 여의 전쟁으로 아사 직전까지 간 시민들은 1917년 2월 식량 폭동을 일으켰다. 이는 혁명의 도화선이 되었고 케렌스키의 지휘 아래 임시정부를 세우기에 이르렀다. 하지만 4월 3일 레닌이 오랜 망명생활을 마치고 핀란드 역에 도착한 이후 완전히 새로운 사회질서가 구축되었다. 러시아 황제와 그 가족들은 차르스코예 셀로 궁에 감금되었다가 시베리아로 유배돼 죽임을 당했다. 그해 10월 볼셰비키는 무력으로 정권을 잡고, 윈터 궁 근처에 정박해 있던 순양함 오로라의 총구를 케렌스키 정부의 구성원들에게 겨누었다. 행정부처가 모스크바로 이동한 직후 레닌그라드라고 개명한 이 도시는 이후 스탈린 시대에 일어난 내전으로 가혹한 세월을 보내며 고통받았다. 하지만 최악의 상황은 그 다음부터였

다. 1941년 9월부터 1944년 1월까지 레닌그라드는 독일 군의 포위공격에 봉쇄되었다. 도시 절반이 무너져 돌무덤으로 변했고 시민 25만 명이 굶주림으로 죽어갔다. 쇼스타코비치의 적막하고 침울한 교향곡 제7번 〈레닌그라드〉는 당시의 경험을 기리고 있다.

포스트 공산주의 시대를 맞이한 상트페테르부르크의 미래는 (다시 개명되었다) 모스크바보다 투명한 상황이다. 황실의 과거를 간직한 도시로서 예술과 관광의 중심지라는 새로운 역할이 맡겨졌기 때문이다. 상트페테르부르크를 처음 세운 이는 전통적인 양식의 유럽풍 도시를 만들었고, 그가 상상하지도 못했던 사건이 일어난 후에도 그의 업적은 고스란히 남았다.

서기 1680년의 일본 목판지도. 네덜란드 교역장으로 사용된 데시마라는 인공
섬의 만곡 형태를 항구에서 찾아볼 수 있다. 거대한 네덜란드 선박이 아시아
선박과 나란히 떠다니고 있다.
대영도서관The British Library, 63055(2)

나가사키 Nagasaki

1945년 8월 9일, 히로시마에 핵폭탄이 투하되고 사흘이 지난 바로 그날 미국 항공기 한 대가 두 번째 폭탄을 기타큐슈에 떨어뜨리려 하고 있었다. 하지만 여명이 밝아온 시각에도 기타큐슈는 짙은 구름에 싸여 있었다. 조종사는 항로를 바꾸어 두 번째 표적 도시인 나가사키로 향했다. 그 폭격으로 4만 명이 즉사하고 이 고대 도시의 인구 3분의 1이 사라져버렸다. 간발의 차이로 한 도시는 조용히 세상에 묻혀 지내게 되었고 또 다른 도시는 멸망의 상징으로 비극적인 명성을 얻었다.

나가사키는 원형경기장과 비슷한 형태로, 만 위로 올라가는 경사로에 주택들이 층층이 들어서 있다. 12세기 기록에 의하면 이곳은 어촌이었다. 하지만 1550년경에 이 마을의 운명은 극적인 변화를 맞이한다. 통치자가 일본 해안에 갑자기 나타난 유럽 선박들과의 교역지로 그곳을 개방한 것이다. 상인, 탐험가와 더불어 성 프란시스 사비에르 St Francis Xavier가 이끄는 예수회 선교사들도 나가사키를 찾았다. 이들은 서구의 과학과 학문을 일본에 전파하고 일본인들의 문화와 생활에 관한 최초의 보고서를 유럽으로 가져갔다. 초창기 유럽인들은 신지식과 신기술을 가져온 사람이라며 환대받았지만 곧 반유럽, 반그리스도교 정서가 싹텄다. 1597년에는 일본인과 외국인이 포함된 그리스도교인 상당수가 니시자카 언덕 위에서 십자가에 매달려 처형당했다. 현재 그 자리에는 이들의 죽음을 기리는 기념비가 세워져 있다. 1600년 네덜란드 선박에 타고 있던 영국인 조선공 윌리엄 애덤스는 나가사키에 표류하면서 일본에 정착한 최초의 영국인이 되었다. 그는 쇼군에게 고용되어 조선공으로 일하는 한편 유럽과 관계된 일에 조언자로 나섰다. 이용가치가 높았던 까닭에 일본에 억류된 그는 동양에서 전설이나 다름없는 인물로 부상했다.

하지만 시간이 흐르면서 일본인들은 유럽에서 온 방문객들에 대해 의심을 품었고 1639년에는 그 의심이 절정에 달해 쇄국정책을 펼치기 시작했다. 일본을 외부세계와 단절시켜버리는 정책이었다. 그리스도교는 금지되었고 유럽인들은 추방당했다. 일본인의 해외여행 역시 금지되었다. 그럼에도 불구하고 일본인들은 보다 넓은 세상과 소통할 수 있는 채널을 지속적으로 열어두어야 한다는 점을 깨닫고 있었다. 그래서 선교활동을 벌이지 않고 교역에만 관심을 가졌던 네덜란드인들을 선택해 교류했다. 나가사키 항 부근 데시마라는 조그만 섬에 네덜란드인들이 거주할 수 있는 곳을 마련해주고 본토와 연결되는 다리도 놓아두었다. 이곳에서 네덜란드 동인도회사의 간부들이 거주하며 2세기 동안 일본 땅 입국이 허용되는 유일한 유럽인으로 활약했다. 매년 한 번씩 네덜란드인들 중 일부는 나가사키를 떠나 일본의 수도인 에도로 가서 쇼군에게 충성을 표하곤 했다. 나가사키는 일본과 유럽 사이의 접점으로서의 독특한 역할을 맡으면서 인쇄, 지도 제작, 소화기 제조와 같은 기술을 전수받았다. 하지만 일본 고유의 문화는 여전히 엄격하게 보호되었다. 1826년 일본 최고의 천문학자 다카하시는 평소 친분이 있던 과학자 프란츠 폰 지볼트에게 선물로 일본 지도를 만들어주었다가 감옥에 갇혀 죽임을 당했다. 폰 지볼트는 그때까지 한 번도 공개된 적 없는, 일본의 모습을 아주 세세하게 담아낸 지도를 유럽으로 가져갔다.

1854년, 미국 페리 제독의 강압으로 미일 수호조약을 체결하고 서구 열강에 문호를 개방하면서 나가사키의 독점적 지위는 점차 약화되었다. 하지만 여전히 일본의 주요 항으로서 새로운 정책의 수혜를 입었다. 미쓰비시가 관리하던 조선소에서 서양식 선박이 만들어졌고 1903년에는 항구 일부를 러시아 해군의 겨울 정박지로 임대해주기도 하였다.

히로시마와 마찬가지로 나가사키는 폭격의 후유증을 털어버리고 재건되어 반전운동의 중심지로 거듭났다. 폭격에서 19세기 건물이 몇 채 살아남았는데 그중에는 토머스 글로버라는 영국 상인이 도시에 정착해 살면서 지은 저택도 포함되어 있다. 푸치니가 쓴 〈나비부인〉의 배경이 된 곳도 나가사키다. 데시마 섬은 다시 본토와 연결되었고, 조그만 박물관이 들어서서 이 작은 고립지가 일본과 유럽 사이를 연결하는 경계였다는 사실을 기리고 있다.

1464년 나폴리. 도시를 배경이 아닌 주제로 삼은 독특한 초기 르네상스 그림. 이스키아 섬을 프랑스의 지배에서 해방시키고 돌아오는 군함을 축하하고자 그린 것이다. 스페인 군주 알폰소 5세가 다스리던 당시의 모습이다. 알폰소 5세는 나폴리를 수도로 정했고 그의 재위 기간 내내 나폴리는 절정기를 맞았다. 그가 세운 누오보 성이 배경에서 도드라져 보인다.
ⓒ Photo Scala, 피렌체/ Musco de San Martino, 나폴리

나폴리 Naples

나폴리를 흠결 있는 혹은 퇴폐적인 아름다움이 있는 장소라고 보는 사람들의 견해는 좀처럼 달라지지 않는다. 티레니아해 부근 가파른 해안가에 위치한 나폴리는 유럽의 그 어떤 대도시보다 근사한 장관을 연출한다. 그리스 식민지로 시작된 이 고전적인 도시는 현재 누오보 성이 서 있는 곳의 북부지역에 위치했고, 민간인들의 별장이 보다 높은 지대에 세워져 있

고전주의 시대가 지난 후인 8세기에 이슬람교도들이 침입해 이 지역을 초토화시켰고, 11세기 이후로 나폴리는 노르만, 호헨스타우펜, 앙주, 아라곤, 합스부르크, 부르봉 등 남부 이탈리아를 다스리던 외래 왕가의 왕도가 되었다.

역사 전문가가 아닌 사람들에게 나폴리에서 일어난 이런 일련의 사건들은 거의 이해 불가능한 일이었

었다. 별장은 특히 서쪽의 포실리포 언덕에 밀집되었다. 카이사르, 칼리굴라, 네로 등의 로마인들은 매혹적인 해안가를 따라 별장을 지었다. 서기 61년에 헤르쿨라네움과 폼페이를 파멸시켰던 베수비오 화산의 위협도 아랑곳하지 않았던 것 같다.

다. 이들 왕가는 각자의 문화를 발전시켰지만 정작 그들이 나폴리 사람들에게 남긴 유산은 정치적 억압과 가난이었다. 주기적으로 일어난 반란은 항상 유혈사태로 종결되었다. 수수께끼 같은 시를 쓰는 시인이자 철학자였던 톰마소 캄파넬라는 반스페인 저항운

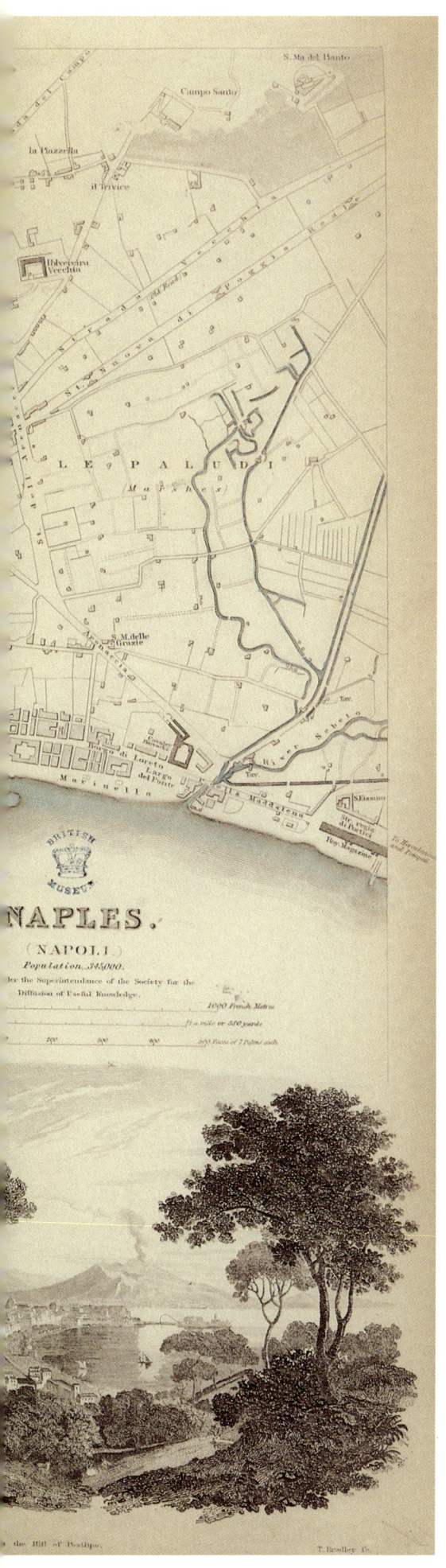

1848년의 나폴리. 포실리포 언덕에서 베수비오 화산 방향으로 내려다본 도시의 전통적인 전경을 가미한 실용적 도로지도다.
대영도서관The British Library, Maps 38.e.8

동에 참가했다는 이유로 20년 동안 누오보 성에 갇힌 채 고문을 받았다. 이런 식으로 스페인 지배를 받았다는 사실이 이탈리아 도시인 나폴리에 르네상스 시대 건축물이 그리 많지 않은 이유를 어느 정도 설명해준다. 물론 1944년에 일어난 최악의 전쟁이 중요한 원인인 것도 사실이다.

하지만 이런 점을 상쇄하듯 나폴리의 고고학 박물관에는 폼페이의 독특한 유물과 파르네세의 고대 유물 소장품이 있다. 스페인 거리라고 불리는 톨레도 길 서쪽에 위치한, 가파르고 비좁은 격자모양의 전형적인 나폴리 빈민가는 16세기 후반부터 형성되기 시작했다. 역병과 지진이 주기적으로 발생해 도시를 황폐하게 만들었기 때문이다. 1884년에는 콜레라가 유행하면서 하룻밤에 1,000명씩 죽어나갔다고 한다. 이 사건으로 자극을 받은 이탈리아 정부는 나폴리의 상처를 고치기 위해 특별조치를 취했다. 그 덕에 많은 빈민가가 사라지고 새로운 수로가 건설되어 가난한 사람들이 깨끗한 물을 공급받았다.

정체가 의심스럽다는 평판에도 불구하고, 18세기 나폴리는 외국 방문객들을 유혹하는 매력적인 장소가 되고 19세기로 접어들면서 그 명성은 더해갔다. 포실리포에 들어선 근사한 별장촌의 아름다움에 많은 사람들이 매혹된 것이다.

나폴리와 그 인근에는 쾌락적인 분위기와 몽환적인 이교정신이 서려 있어서 북유럽 관광객들의 흥미를 끈다. 존 미드 포크너의 소설 《사라진 스트라디바리우스 The Lost Stradivarius》(1895)로 인해 이런 평판은 더욱 높아졌다. 나폴리 별장 아래에 있는 동굴에서 행해진 이교도의 신비한 제례 주술에 걸려 한 영국인이 정신적으로 파멸해간다는 내용의 소설이었다.

20세기 초엽에는 나폴리의 마피아와 카모라(1820년대 이탈리아에서 조직된 비밀결사.—역주) 이야기가 세상의 이목을 집중시키기도 했다. 이 이야기는 제2차 세계대전으로 인해 나폴리가 입은 끔찍한 피해 및 1930년대의 억압 등과 어우러지며 이탈리아 도시 중의 고아라는 평판을 이 도시에 남겼다.

나폴리에는 과거가 존재한다. 하지만 북부 이탈리아의 르네상스 도시들과 비교해보면 그 역사는 가슴에 사무치는, 달갑잖은 이야기다.

뉴욕 New York

뉴욕시는 현재의 뉴욕에 걸맞게 국제적인 기원을 지녔다. 1524년 뉴욕 만에 최초로 들어선 유럽인은 프랑스 왕을 섬기는 이탈리아 항해사 조반니 다 베라자노 Giovanni da Verrazano였다. 그의 이름은 뉴욕의 브루클린과 스테이튼Staten 섬 사이 해협에 붙여져 기억되고 있다. 그로부터 두 번째 유럽인이 찾아와 보다 자세히 정찰을 했던 1609년까지 85년이 흘렀다. 이번에는 네덜란드 탐사 회사의 위임을 받아 미 대륙을 가로지르거나 우회해서 태평양으로 가는 길을 찾던 영국인이었다. 헨리 허드슨은 이 근사한 항구와 초록 언덕 그리고 온화한 기후에 대해 열광적으로 말했다. 몇 년이 지나지 않아 그곳에 조그만 네덜란드 식민지가 건설되었고, 1626년에는 페테르 미누이트 총독이 약 6길더의 물품을 주고 맨해튼 지역을 매입했다. 달러로 환산하면 대략 25달러 정도이다. 1653년에 이 도시는 '뉴 암스테르담'으로 공표되었다. 당시 도시 인구는 800명 정도였다. 하지만 유럽의 다른 적대국들은 신대륙에 들어선 네덜란드 제국을 용인할 수 없었다. 그래서 1664년 영국 함대 한 대가 들어와 도시를 함락하고, 그 이름을 뉴욕으로 바꾸었다. 찰스 2세의 동생인 요크 공작에게 경의를 표한다는 의미였다.

이 사건들은 '공작의 지도'라고 알려진, 채색된 뉴욕 지도를 작성하는 배경이 되었다. 이 지도의 제작자 및 지도의 표제는 알려져 있지 않다. '1661년의 마나도스 타운 즉 뉴 암스테르담의 모습이다.'라는 문장과 그 아래 1664년이라는 날짜가 덧붙여 씌어 있을 뿐이다. 과시하듯 영국 깃발을 휘날리고 있는 맨해튼 주변 선박들로 보건대 1664년 영국인에 의해 그려진 그림이라고 추측할 뿐이다. 네덜란드의 지도는 이보다 3년 이른 때에 제작되었다. 이 지도에서 뉴욕은 맨해튼 지역에 국한되어 있다. 훗날 월스트리트가 들어서는 곳에는 성벽이 세워져 시의 경계를 이루고 있다. 현재 배터리 파크가 있는 요새 옆에는 네덜란드에서 넘겨받은 아름다운 유물인 풍차가 서 있다. 그 당시는 다사다난한 시절이었는데, 1673년 네덜란드가 해상으로 급습한 후 이곳을 자신들의 식민지로 선포하면서 잠시 동안 '뉴 오렌지'라 불렀다. 그 다음해에 영국-네덜란드 간 평화협정이 체결되면서 이 지역을 두고 계속되던 시소 게임은 끝나고 영국이 뿌리를 내렸다. 그로부터 100년 동안 맨해튼은 교역으로 생계를 꾸려나가는 도시가 되었다. 이곳이 해적들의 노획품이 거래되는 곳으로 악명을 떨친 반면, 강 건너 뉴저지와 브루클랜드Brookland(브루클린의 옛 이름)에서는 농장과 광활한 토지 개간이 이루어졌다.

공작의 지도가 그려진 이후 1세기가 지난 1776년, 군대 측량기사였던 버나드 라처가 공들여 그린 뉴욕 지도를 간행했다. 미국 독립전쟁이 무르익어갈 무렵이었다. 이 지도는 바우어리 거리를 따라 57번가까지 북쪽으로 이동하다가 루스벨트

뉴욕 즉 '1661년의 뉴 암스테르담'의 모습이다. 영국이 수복하여 도시 이름을 바꾸기 3년 전에 그려진 것으로 추정되는 작자 미상의 필사본 지도이다. 미래의 월스트리트 지역과 배터리 파크가 들어설 곳을 한눈에 알아볼 수 있다.
대영도서관The British Library, Maps K. Top. CXXI.35

뉴욕 New York

◀ 버나드 라처가 1766년에 측량하여 1776년에 간행한 지도. 한 영국인 측량기사가 1770년에 그렸던 지도를 미국 독립전쟁 초기에 재간행한 것으로, 이로부터 몇 주 후에 뉴욕은 화재 피해를 입었다.
대영도서관The British Library, Maps 1 TAB 44(28)

▼ 1884년 하 맨해튼의 바닷가. 당시의 리버풀이나 함부르크와 크게 다르지 않은, 산업화된 어둠침침한 항구의 모습이다.
대영도서관The British Library, Newspaper Library. Colindale x702/5596 243

섬의 남부 끝자락까지 살펴보고 있다. 지도 하단에는 거버너스 섬에서 멀찍이 바라본 맨해튼 건물의 전경이 있다. '베들로 섬 혹은 케네디 섬'이라 불렸던 곳에는 현재 자유의 여신상이 서 있고, '버킹 섬'이라는 곳은 현재의 엘리스 섬이다. 수많은 토지 소유자들이 땅에 자신의 이름을 붙였는데, 그중에는 이스트 강과 마주한 곳에 '스타이브센트 가의 영지'도 있었다.

이 평온해 보이는 지도가 판화로 인쇄되던 시기에 이미 애국자들과 영국 병사 사이에는 전투가 벌어졌고, 거대한 폭격으로 도시 일부가 손실된 상태였다. 10년 간의 역사적인 전투 이후 뉴욕은 신생국 최초의 수도로 부상하였고, 이곳에서 워싱턴이 최초의 대통령으로 취임식을 거행했다. 19세기에 접어들면서 뉴욕 인구는 6만 명을 넘어섰다.

그렇다면 이 아담한 도시가 20세기의 거대 메트로폴리스로 변신하게 된 배경은 무엇일까? 이러한 결과를 이끈 쌍두마차는 이민과 산업화이다. 유럽에서 온 수백만의 이민자들에게 뉴욕은 미국으로 들어가는 관문이었다. 이들 중 상당수는 곧바로 뉴욕에 정착하여 새로운 산업에 종사했다. 이민자들이 커다란 부락을 이루며 맨해튼 동부와 서부지역을 야금야금 잠식해 들어갔다. 하지만 뉴욕의 심장부는 항상 맨해튼 반도였다. 허드슨에게 강한 인상을 주었던 맨해튼을 페테르 미누이트가 25달러에 매입했던 일은 역사에 기록될 최고의 거래로 길이 남을 것이다.

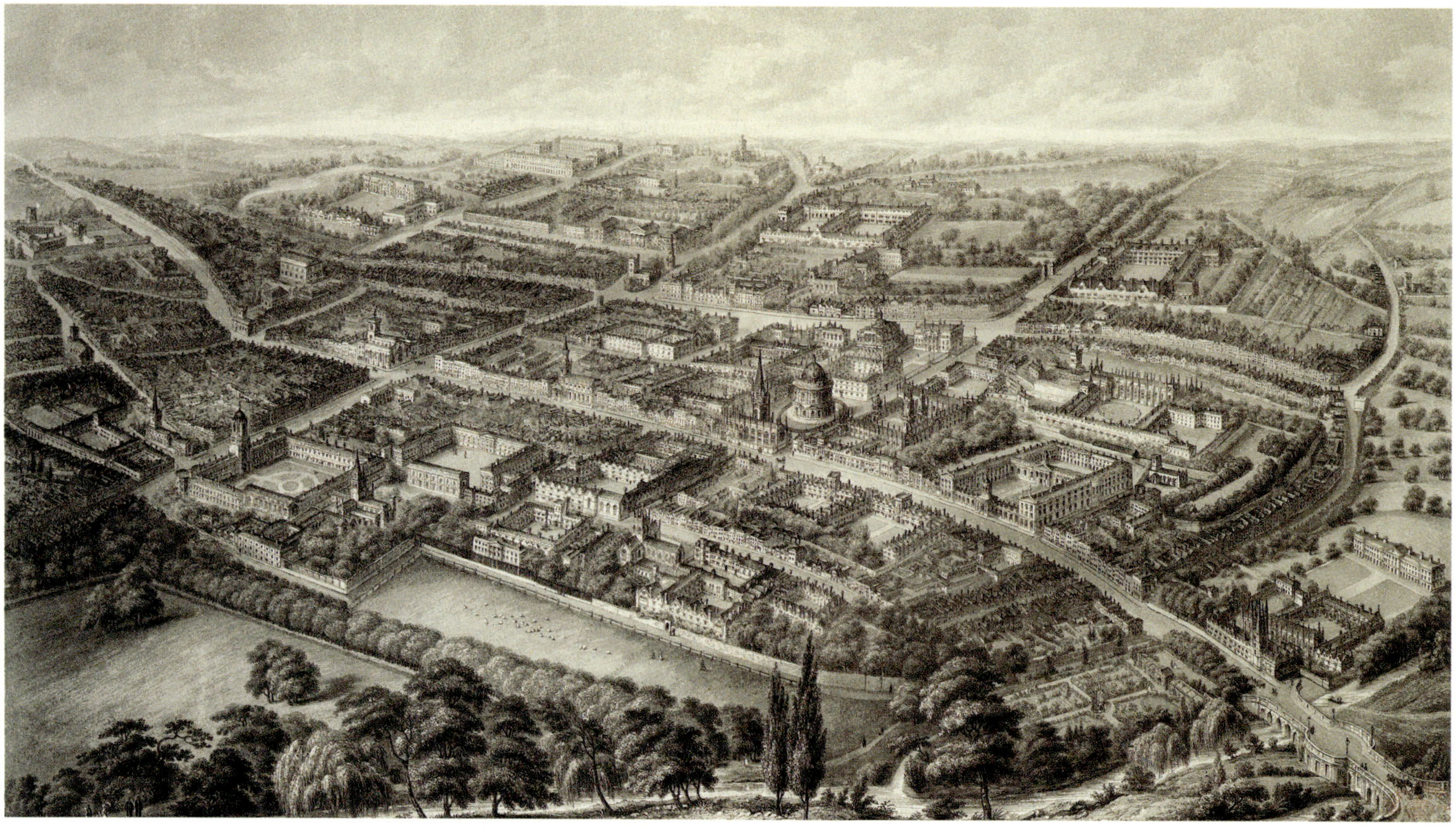

옥스퍼드 Oxford

과거의 시와 사상을 대기 중에서 느끼고 돌에서 만져볼 수 있을 것만 같은 도시. 옥스퍼드에 관한 낭만적 생각은 콤프턴 매킨지Compton Mackenzie의 소설 《불길한 거리Sinister Street》(1914)에 잘 재현되어 있다.

우중충한 11월의 어스름에 필적할 만한 것은 없다. 조용한 시골길을 따라 한참을 걸어온 마이클과 앨런은 카팩스Carfax의 소음으로 되돌아와 사람들이 북적대고 미끈거리는 콘마켓을 따라 흙탕물을 튕기며 걸어 세인트 자일스로 향하면서 이 우중충한 11월의 어스름을 맞이했고, 황혼 빛에 희미하게 빛나는 찻집 같은 것을 보았다. 버터 바른 토스트를 먹고 차를 마셨다. 두 번째로 좋은 파이프 담배를 태우고, 〈옥스퍼드 리뷰〉와 〈스타〉지를 부스럭거리면서 들춰보았다. 뚱뚱한 여주인이 상을 치우는 잠시 동안 마이클은 차양을 걷어올리고 어둠과 안개가 서서히 세인트 존 가와 건너편 느릅나무 오솔길을 지워내는 모습을 지켜보았다. 순교자 기념탑과 베일리얼 칼리지에는 중세적인 느낌에 의미심장한 신비감이 더해지고 있었다. 실내가 다시 조용해졌다. 램프와 벽난로가 빛을 발했다. 마이클과 앨런은 푹신한 의자에 앉아 역사서와 철학서를 읽었다. 밖에서는 11월 밤의 발 소리가 지나고 있었다. 마차와 수레가 덜컹거리는 소리가 이따금씩 들려오고, 차임벨이 울리기도 했다. 11월의 어둠에 잠긴 바깥의 삶은 그 연속성을 분명하게 보여주고 있었다. 하지만 이곳 실내에서는 마이클과 앨런을 위해 수많은 전투와 번영의 역사, 사상, 이론 그리고 과거에 대한 사색이 선명한 램프 불빛 아래 펼쳐진 출판물 위로 일렁거렸다.

저녁식사 후 마이클과 앨런은 11시까지 책을 읽었다. 앨런은 이 시간 즈음에는 잠자리에 들었다. 어떻게 보면 앨런이 자리를 떠난 이후야말로 마이클이 밤을 제대로 즐길 수 있는 때다. 중세 연대기는 책장에 되돌려놓았다. 스텁스Stubbs 즉 링거드Lingard, 프루드Froude, 프리먼Freeman, 기조Guizot, 라비스Lavisse, 그레고로비우스Gregorovius도 모두 책장에 꽂아두었다. 마이클은 따스하고 조용한 실내를 정처 없이 둘러보다가 5분 동안 《돈키호테Don Quixote》냐, 애들링턴Adlington이 옮긴 아풀레이우스Apuleius의 작품이냐, 폴로리오Florio가 옮긴 몽테뉴의 글이냐, 루키아노스Lucian의 《진실한 이야기True History》냐를 놓고 고민했다. 난로의 불은 재와 먼지로 스러져갔다. 안개가 방으로 몰래 숨어 들어왔다. 이제 밖에는 일정한 간격으로 들리는 차임벨 소리뿐이다. 밖에 도시가 존재한다는 사실을 알려주는 유일한 소리다. 그 시간의 옥스퍼드는 진정으로 장중하다. 시간적이나 공간적인 면에서가 아니라 도시라는 추상적인 개념이 그러하다는 것이다.

진지하고 학구적인 방문객에서부터 허둥대는 관광객들까지 수천 명의 사람들이 옥스퍼드를 찾는 이유는 바로 이런 낭만성 때문이다. 학문과 지적 업적이 관광객을 모으는 곳은 흔치 않지만 옥스퍼드는 대단한 관광명소가 되었다.

사람들은 이곳에서 찾고 싶었던 것을 얻어가고 있을까? 휴대전화, 패스트푸드, 교통체증이 난무하는 이 시대에 전통을 지닌 지역사회가 끝까지 보존될 수 있을까? 미심쩍은 일이다. 매킨지가 소설 속에서 완벽하게 재현해냈던, 사라진 옥스퍼드의 모습은 지금껏 남아 있는 대학의 둥근지붕 및 첨탑 등과 어울려 소중하고 영원한 과거와의 연결고리를 재공한다.

1848년 너새니얼 위톡Nathaniel Whittock이 그린 옥스퍼드. 지도 속 웅장한 전경은 체어웰 강 동쪽 이플리 로드Iffley Road 위에 가상의 산 정상을 설정하고 그곳에서 내려다본 듯한 모습이다. 보들리 도서관, 애시몰리언 박물관, 옥스퍼드 대학 출판부 등 명소와 대학들이 세밀하게 묘사되어 있다. 이 아름다운 판화에는 평온함이 가득한데, 사람의 모습이 전혀 보이지 않기 때문인 것 같다. 관광객이 북적이고 쇼핑센터와 교통체증이 있기 이전의 옥스퍼드 모습을 그리워하게 만드는 그림이다.
대영도서관The British Library, Maps 4735 (8)

혹스무어Hawksmoor가 설계해 1713년에 완공된 옥스퍼드의 클래런던Clarendon 건물이다. 옥스퍼드 출판부의 본거지로 사용되던 건물이지만 지금은 보들리 도서관에 속해 있다. 니콜라스 바커Nicolas Barker의 《옥스퍼드 출판부와 학문의 확산The Oxford University Press and the Spread of Learning》(1978)에서 발췌했다.
대영도서관The British Library, 2708.ff.39

팔마노바 Palmanova

1593~1603년의 10년 동안 건설된 팔마노바는 르네상스 시대 도시 건물이 보여준 두 가지 원리를 결합시킨 곳이다. 이곳은 군사공학적 요구와 이상 도시의 기하학적 규칙성을 동시에 포함하고 있다. 일상생활의 쾌적함은 이 두 가지 테마의 통합에 관여할 수 없었다.

우디네Udine(이탈리아 북동부 프리울리베네치아줄리아 지방 우디네 주의 주도.—역주)와 해안 사이 중간지점에 자리잡은 팔마노바는 오스트리아에 대한 방어와 투르크족의 해상공격을 대비해 베네치아 사람들이 건설한 요새다. 차후에 이어질 그 어떤 변경이나 형태의 변화도 고려할 필요 없이 하나의 완성체로 설계된 곳이다.

중앙 탑에서 시작된 여섯 개의 방사형 도로는 요새의 외부로 뻗어나가고, 도로의 끝자락에는 성문이 자리잡았다. 중앙 망루에서는 그 어떤 형태의 포위공격도 감시할 수 있었고, 증원 부대를 지휘할 수도 있었다. 방사형 도로는 세 개의 원형 도로를 가로질러 지나게 되어 있었다. 이 원형도로는 성문으로 이어지지 않고 도시지역을 구분해주기만 했다. 그 결과 완벽한 대칭구조가 탄생했다. 거대한 성의 외벽이 얼마나 튼튼했는지는 내벽과 외벽의 지름 차이만 보아도 짐작할 수 있다. 성벽 안쪽 직경은 2,400피트(730미터) 정도였지만, 해자와 능보 밖의 직경은 5,400피트(1,650미터)에 달했다.

도시는 비첸차 출신 건축가 비첸차 스카모치Vincenzo Scamozzi(1552~1616)가 설계했다. 팔라디오Palladio의 제자였던 그는 후기 르네상스 건축의 이론가이자 신고전주의 창시자로 꼽힌다. 팔마노바 요새의 형태와 기하학적 규칙성은 대단한 영향력을 발휘해서 유럽 전역의 도시에서 이 도시를 모방하려는 시도가 이어질 정도였다.

1593년 브라운과 호겐베르크가 그린 팔마노바. 건축가의 도시다. 상상 속에서나 볼 만한 이상주의적 계획도시의 전형이다. 많은 건물이 근대화되고 성벽은 풀이 무성한 흙 둔덕으로 변했음에도 불구하고 팔마노바는 기적적으로 현재까지 그 구조를 유지하고 있다. 중앙 집중 형태에 동심원을 이루는 순환도로와 고정된 경계가 이루는 구조는 코페르니쿠스 이전의 우주 모형 축소판과 같다.
대영도서관The British Library, Maps C.29.e.1

마테우스 메리안Matthaeus Merian이 그린 1650년의 파리. 서쪽에서 바라본 전통적인 전경으로 왼편에 구 요새와 루브르 박물관, 바스티유 감옥이 있고, 중앙에는 파리 한가운데에 있는 작은 섬, 일드라시테Isle de la Cite와 노트르담 대성당이 보인다.
대영도서관The British Library, Maps 152.d. 4xv

파리 Paris

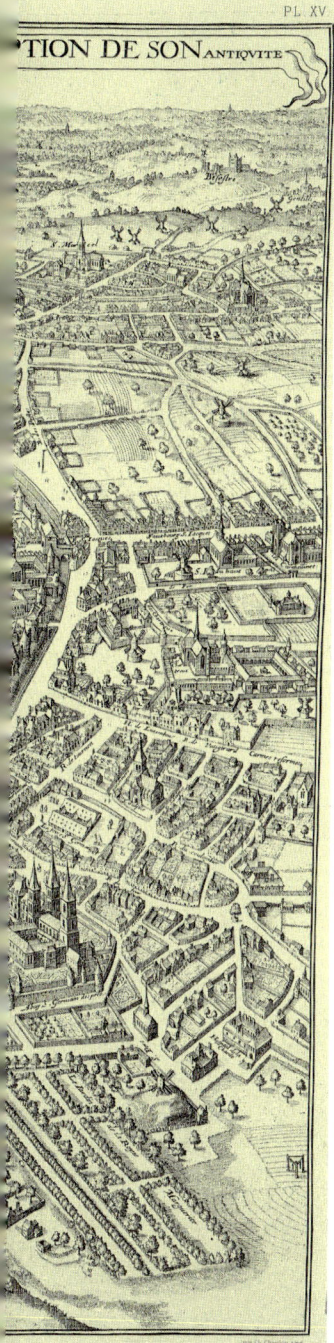

파리는 두 개의 역사가 하나로 얽혀 한 나라의 사상과 숙명에 어떻게 반영되었는지를 고스란히 들려주는 도시다. 전제군주국, 계몽사상, 혁명, 제정기, 산업화, 탁월한 예술성, 지적 오만 등 프랑스 역사의 주요한 테마는 모두 파리라는 공간에 밀집되어 있었다. 거리 폭력은 오랫동안 파리 역사의 한 부분을 차지했다.

카이사르의 말에 의하면 로마 시대의 파리는 시테 섬에 한정되었으며, 파리시Parisii라 불리는 부족이 거주하고 있었다. 15세기에 프랑크족이 라인지방에서 서쪽으로 이주하면서 그들의 왕인 클로비스가 파리를 왕도로 정했고 센 강 양쪽까지 영역을 확대했다. 중세시대의 파리는 카페 왕조의 지배 아래 번창하면서 크게 세 지역으로 확장되었다. 교회와 행정기관의 중심지인 시테 섬, 파리시청사와 시장 주변 상업지역인 센 강 오른쪽, 1200년경에 소르본 대학이 자리잡은 센 강 왼쪽이 그것이다. 센 강 왼쪽에서는 1469년 최초의 프랑스 인쇄기가 작동되기도 했다. 센 강 북쪽에는 파리의 방비를 담당하는 두 개의 요새가 있었는데, 서쪽의 루브르 성과 동쪽의 바스티유 성이 그것이었다. 성벽이 이 두 성 사이를 고리 모양으로 연결하고 있었다. 북쪽으로 몇 마일 더 가면 생드니 사원이 있었는데 훗날 프랑스 군주들의 웅장한 묘가 되었다.

영국과의 전쟁과 내부 불안으로 파리는 언제나 위험한 곳이었다. 1420년부터 1436년까지 영국의 지배를 받았던 까닭에 프랑스의 군주는 파리가 아닌 투렌에 머물렀다. 파리가 르네상스 궁을 갖춘 왕도로 부상한 것은 프랑수아 1세와 그 직계들이 재위하던 1520년대 이후의 일이었다. 루브르 성은 왕궁으로 재건되었고 서쪽 교외지역은 왕가의 영토가 되었다. 튈르리 궁전Tuileries과 룩셈부르크 궁이 그 뒤를 이었고, 시테 섬을 들고 나는 다리 중 가장 오래된 퐁네프가 다음으로 건설되었다. 1560~1600년 사이의 종교전쟁으로 프랑스는 붕괴 직전에 이르렀고 전쟁의 가장 큰 노획품인 파리를 누가 다스리게 될 것인가가 중요한 문제로 대두되었다.

루이 16세 재위 동안 파리의 역사는 새로운 장을 열게 된다. 루이 16세는 루브르 성에서 10마일 떨어진 베르사유 궁에 거처를 마련했지만, 파리를 자신의 영예를 드러낼 장소로 선택했다. 건설부 장관이었던 콜베르Colbert 역시 거대한 규모의 건축물이야말로 전쟁에서 승리하는 것 다음으로 왕의 권위를 고취시키는 데 효과적이라고 생각했다. 튈르리 궁전과 루브르 궁은 재건되었고, 앵발리드Invalides가 설립되었으며, 쾌적한 마차 운행을 위한 3차선 도로인 샹젤리제가 뚫렸다. 뱅센산림공원Parc de Vincennes이 도시에 녹지를 더하고, 생토노레Saint-Honore 거리와 생제르맹Saint Germain 거리에는 왕족 측근의 우아한 주택들이 즐비하게 늘어섰다.

이 새로운 왕도는 오래된 성벽을 뚫고 서쪽으로 확장되어갔다. 북쪽과 동쪽에서는 성문을 통과해 입장할 때 세금징수인이 지키고 서서 통행료를 부과했다. 드 페르de Fer가 1717년에 그린 지도와 튀르고 지도라고 알려져 있는 1739년의 상세 파노라마 전경도에서 파리의 모습을 볼 수 있다. 우아한 도시에는 왕궁과 넓은 가로수길이 있고 문명의 개화가 돋보인다.

하지만 화려한 외관 뒤에는 불평불만을 품은 25만여 명의 시민들로 시끌벅적했다. 그들의 비참한 주거환경은 튀르고 지도를 장식하지 못했다. 루이 16세 재위식에서도 프랑스 극작가 코르네유Corneille는 다음과 같이 비웃었다.

도시 전체가 화려하게 지어져,
오래된 개천에서 기적처럼 우뚝 솟아올랐다.
그곳에 사는 모든 사람들이 신이나 왕이라고 속여먹자는 수작이지.

볼테르 역시 파리에 부정적인 소용돌이가 가득하다고 경고했으며, 계몽주의의 절정기에도 많은 사람들이 공공연한 고문에 희생당했고 파리 시청사 앞에

◀ 니콜라 드 페르 Nicholas de Fer가 1717년에 그린 파리. 이 지도의 매력은 도심 외부에 있던 명소들을 낱낱이 추적했다는 점이다. 현재는 이 지역들 역시 파리에 속해 있다. 사크레쾨르 대성당 basilique du sacre-coeur, 페르 라셰즈 묘지 Cimetiere du Pere Lachaise, 볼로뉴 숲 Le Bois de Boulogne 등 많은 곳을 찾아볼 수 있다.
보들리 도서관 Bodleian Library

▶ 파리. 두 그림에서 대조적인 지도 장식테두리를 볼 수 있는데, 첫 번째는 앙시앵레짐 Ancien Regime 즉 프랑스 구체제의 특징을 보여주고, 두 번째는 혁명 시대의 특징을 나타낸다.
대영도서관 The British Library. Maps 152.d.4 XXV, XXXI

바로크 양식 건축물이 가득한 파리. 루이 16세가 앵발리드를 방문하고 있다. 태양왕이 자신의 흔적을 왕도에 압축하여 나타낸 거대한 교회 건물이다. 피에르 데니스 마르탱Pierre-Denis Martin의 그림이다.
파리 시청박물관Musee de la Ville de Paris, 카르나발레 박물관Musee Carnavalet, Paris/www.bridgeman.co.uk

서 갈기갈기 찢겨 죽임을 당하는 일들이 벌어졌다.

프랑스 역사상 가장 극적인 사건인 프랑스 혁명은 파리를 무대로 발발했다. 바스티유 성, 혁명광장 Place de la Revolution(현재의 콩코르드 광장), 베르사유 궁 그리고 도시 전역에 자리잡은 자코뱅 클럽이 그 주된 장소였다. 노트르담 대성당은 간신히 파괴되지 않은 채 보존되었지만 새로 건설된 교회는 위인들의 묘를 모시는 세속 신전인 만신전으로 성급하게 봉헌되었다. 나폴레옹이 프랑스를 통치하던 기간에 제국의 영광을 되살려놓지 않았다면 파리의 외관이 어떻게 되었을지는 아무도 모를 일이다. 개선문과 전승기념탑, 새로운 교량은 모두 그에게서 받은 유산이다. 하지만 파리 거리는 중세 이후 근본적인 개선이 이루어지지 않은 채 그대로 남아 있었다.

19세기 중반에 이르러서야 몇 가지 압력이 작용하면서 뒤늦은 변화가 일어났다. 도시 인구는 100만을 넘어섰고, 마차 통행량이 급속도로 증가해 도심은 질식할 지경에 이르렀다. 철도가 출현하면서 도시에는 새로운 중심지가 형성되었고, 1848년의 혁명으로 타격을 입은 정권은 폭도들이 비좁은 거리에 바리케이드를 치고 점령하는 일이 매우 손쉽다는 사실도 알게 되었다. 그리고 나폴레옹 3세가 파리를 자신의 원대한 야망에 걸맞은 견본도시로 만들고자 마음먹으면서 근본적인 정비가 시작된 것이다. 나폴레옹 3세는 센 강 주변지역 담당 지사인 오스만 남작에게 자신의 계획을 위임하였고, 1855~1870년 사이 오스만 남작은 빈민가를 철거하고 넓은 가로수길과 광장을 조성하였으며 공원을 만들었다. 그는 파리를 근대 도시로 탈바꿈시킨 공적을 인정받았지만, 동시에 자기 권력 확대 및 온기 없는 화려함이라는 프랑스 취향에 영합하였다는 비판도 받고 있다.

오스만 남작이 세운 파리는 금방이라도 폭발할 듯 극심했던 사회 분열을 가리는 겉치장에 불과했다. 80년 전의 위기를 그대로 재현하듯 파리는 다시 한 번 전쟁과 혁명으로 타격을 입었다. 프랑스-프로이센 전쟁 Franco-Prussian War은 치욕만 남긴 채 1871년에 종전했다. 정권의 본거지는 보르도로 이동했고 군부가 무너진 이후 프랑스인들은 독일군이 개선문을 지나 파리로 입성하는 모습을 지켜볼 수밖에 없었다. 파리 코뮌 정부는 새로운 공화국에 저항하다가 수천 명의 사망자를 내고 진압당했다.

하지만 믿을 수 없게도 몇 년이 지나지 않아 파리는 제모습을 되찾고 다시 한 번 국제박람회 개최지가 되었다. 에펠탑이 들어서고, 인상주의학파들이 활동하며, 몽마르트르 언덕이 있는 파리는 벨에포크 La Belle époque(아름다운 시대: 1871~1914년까지 서유럽이 평화·번영을 누렸던 시기.—역주)를 환기시키는 온갖 상징물을 갖게 되었다. 파리라는 도시를 세운 이들은 항상 웅대함을 추구했고, 그들이 남긴 기념비적 건축물로 인해 현재 우리는 파리라는 독특한 도시를 만날 수 있다. 하지만 이 도시에는 역사 내내 반복해서 폭발과 파괴를 경험해야만 했던 어두운 면이 감춰져 있기도 하다.

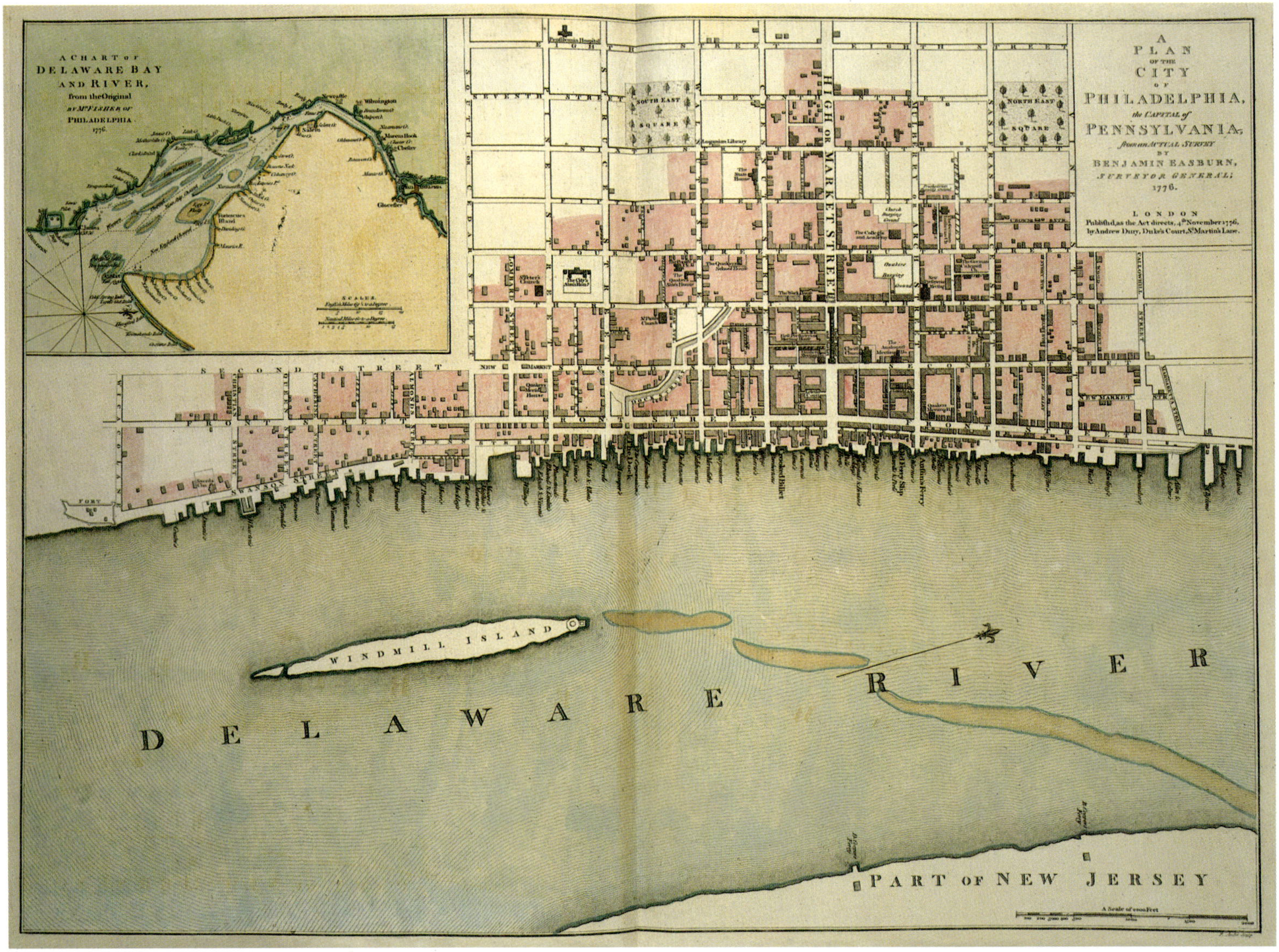

▲ 1776년 11월 런던에서 간행된 지도책에 실린 필라델피아. 미국 독립선언문에 영국인들이 흥미를 느껴 발간한 것이라 추측된다. 그러나 정작 지도에는 이 역사적 사건의 현장인 주의사당 건물이 체스넛 스트리트 위에 강조 없이 소박하게 그려져 있다. 지도에서 볼 수 있는 격자모양 도로 일부는 서쪽으로 뻗어나가다 델라웨어 강과 슈일킬Schuylkill 강을 만나고 상가는 윌리엄 펜이 설계한 중앙광장을 가로질러 지나고 있다. 이 광장에는 19세기 중반에 시청이 들어선다.
대영도서관The British Library, Maps 1 TAB 44 (31)

▼ 1756년의 필라델피아. 당시 영국의 식민지였던 필라델피아 항구의 아름다운 전경. 섬처럼 홀로 서 있는 풍차와 초기에 가축을 실어나르던 나룻배가 글로스터 카운티로 건너가는 모습이 보이고, 근해와 원양으로 나가는 선박이 델라웨어 강을 가득 메우고 있다.
영국 국립기록보존소National Archives

필라델피아 Philadelphia

정치와 종교의 자유를 구현하는 식민지를 만들겠다는 윌리엄 펜 William Penn의 '성스러운 실험'에는 신대륙에서 가장 성공을 거둔 것으로 손꼽히는 도시계획에 관한 실험도 포함되어 있었다. 이 실험의 성공적인 결과는 미국의 다른 도시에도 영향을 끼쳤다. 펜은 1665년과 1666년 런던에 닥친 대화재와 흑사병에서 살아남은 사람이었다. 그랬기에 그는 오래된 유럽 도시들의 화려함과 비참한 상태를 잘 알고 있었다.

그가 비전을 실현시킬 수 있는 기회는 찰스 2세가 펜의 아버지 윌리엄 펜 경에게 1만 6,000파운드라는 거액의 빚을 지면서 찾아왔다. 1681년, 이 빚을 상쇄해주는 대가로 왕은 그의 아들에게 펜실베이니아라 불리는 광활한 식민지 땅을 마음껏 사용하도록 윤허를 내렸다. 펜은 퀘이커교도들과 함께 그곳에 정착하여 고국에서 받았던 종교적 박해에서 벗어날 수 있었다. 이 새로운 식민지에서 땅을 산 사람들은 중심지의 적당한 자리에 토지를 분양받았다. 다음해 여름, 펜의 측량기사 토머스 홈 Captain Thomas Holme이 슈일킬 강과의 합류점 근처 델러웨어 강둑에서 도시를 세울 10만 에이커의 땅을 물색했다. 펜은 그 도시에 '형제애'라는 의미의 이름을 붙이겠다고 마음먹고 있었다. 펜이 가장 염려한 것은 아메리카 인디언들과 우정을 맺는 일이었다. 그래서 그의 측량기사는 처음부터 인디언과 협상을 했다. 볼테르는 이를 두고 '서약하지 않았지만 절대로 깨어지지 않은 유일한 조약'이라 부르며 찬미했다. 펜은 도시설계의 배후에 존재하는 '지도하는 영'으로 활약하며 널찍하고 통일감 있는 도시 구획을 구상했다.

도시 형태를 확실하게 잡아 국경에서 바다에 이르기까지 모든 도로가 같은 모양이 되게 하십시오. (…) 주택도 한 줄로 나란히 서 있게 하십시오. (…) 모든 주택은 대지의 한가운데에 지으세요. 그래야 정원과 과수원 그리고 밭을 주변에 둘 수 있으니 말입니다. 그렇게 하면 녹음이 우거진 전원도시가 되어 화재에도 안전하고, 건강에도 도움이 될 겁니다.

이 같은 계획은 1683년 런던에서 발간된 도시 설명서에도 구체적으로 나와 있다. 이 내용을 보면 중앙광장과 보다 작은 규모를 가진 네 개의 광장이 도시 주변에 대칭구조를 이루며 들어섰음을 알 수 있다. 런던에서 펜은 링컨스 인 법학원의 너른 벌판 인근에서 살았다. 그곳은 다른 지역과는 달리 부유한 이들만의 거주공간이 따로 없었다. 펜은 필라델피아의 도로 구획으로 인해 생긴 공터를 신도시의 중요한 공적 공간으로 사용하기로 했다. 펜의 도시설계에 가장 큰 영향을 미친 것은 런던 대화재 이후 재건 사업을 위해 마련된 도시계획안이었다(이 도시계획안들은 실행에 옮겨지지는 않았다). 특히 리처드 뉴코트의 계획안에 깊은 영감을 얻었는데, 5개로 도로 구획을 정리하고 정확한 격자무늬로 공간을 배치한 것은 필라델피아의 도시계획과 똑같다.

1684년 초 펜은 영국으로 소환되지만 그 즈음 신도시는 급속하게 발달해 300채 이상의 저택이 들어섰다. 새로운 지역사회 건설은 대단한 성공을 거두었다. 그 덕에 이 신도시 내 최악의 구획도 처음보다 4배 이상의 가치를 얻게 되었고, 최고 구획의 경우 40배 이상의 가치로 평가받았다. 이렇게 토지 가치가 높아지면서 도시계획을 더욱 엄정하게 확대해갈 필요성이 대두되었다. 펜은 초장기의 도시에 새로운 도로를 개통한 뒤 보다 작은 규모의 주택이 들어서게 했다.

경제적으로 필라델피아는 윤택했다. 펜실베이니아의 관용적인 종교정책은 다양한 배경과 국적을 가진 이민자들에게 무척이나 매력적으로 보였다. 또한 강이 인접해서 내륙의 농작물과 광물을 손쉽게 입수할 수 있었고 유럽까지 항해하는 것도 가능했다. 1770년에 이르러 도시 인구는 3만 명에 이르렀다. 펜실베이니아주 서부에서 탄광업과 철강업이 시작되면서 필라델피아는 런던과 리버풀의 뒤를 잇는 대영제국 제3의 산업 중심지라는 평판을 얻었다. 이 도시가 혁명과 독립전쟁으로 이어지는 주요 사건의 무대가 된 것은 어쩌면 당연한 일이었다. 1774년 9월부터 1776년 7월까지 22개월이 넘는 기간 동안, 주청사에 모인 사람들 간에 격렬한 논쟁이 벌어진 끝에 독립선언문이 작성되고 선포되었다. 필라델피아는 5개 대대의 군사력을 모아 독립전쟁에 임했지만 브랜디 와인 전투에서 미군이 패배한 직후 곧 영국군에게 점령당했다. 근 10년 간 전쟁과 불안을 겪은 후 미합중국 헌법이 주청사 건물에서 입안되었고 그후 워싱턴의 도시계획이 완성되기 전까지 10년 동안 필라델피아는 미합중국의 수도가 되었다.

식민지 이상주의에 대한 펜의 독특한 실험이 이루어졌던 장소이자 미합중국 탄생지인 필라델피아는 역사의 중심지로서 미국 도시사에서 자신의 몫을 당당히 차지하고 있다. 랭커스터와 리딩, 피츠버그 등 펜실베이니아의 다른 도시는 광장을 가로지르는 격자무늬 도로 구획을 본떠 도시를 정비했다. 필라델피아에 구현된 이 독특한 도시 구상은 훗날 멀리 떨어진 노스캐롤라이나의 롤리와 플로리다의 탤러해시에까지 영향력을 미쳤다.

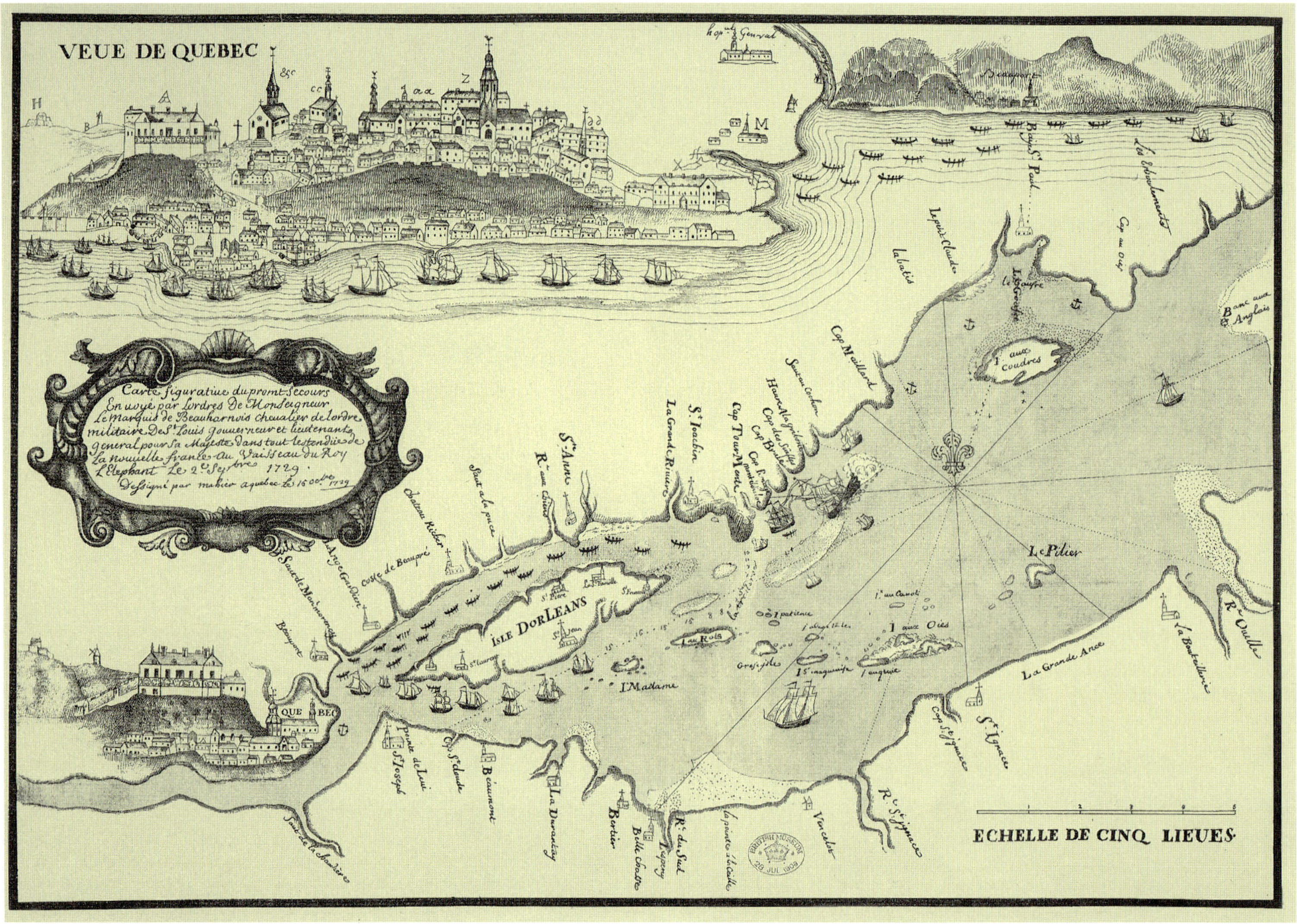

퀘벡. 급격히 좁아지는 세인트로렌스 강 줄기를 내려다보는 바위산 자연 요새 위에 자리잡은 퀘벡의 자연환경을 볼 수 있다.
대영도서관The Britibh Library, Maps
115.d.28 (7)

1729년 퀘벡. 유럽의 산 정상에 세운 요새도시와 같은 형태를 지닌 유일한 북미 도시. 성채와 성당, 성벽 등 구조물이 모두 당당한 스타일을 자랑하고 있어서 뉴프랑스 수도로서의 명성에 걸맞아 보인다.
대영도서관The British Library, Maps
115.d.28 (11)

퀘벡과 뉴올리언스 Quebec and New Orleans
뉴프랑스의 도시들

17세기와 18세기 내내 북아메리카의 거대한 영토는 유럽인들에게 '뉴프랑스'라고 알려져 있었다. 그 영토의 한계선을 결정짓는 역사적인 거주지 두 곳으로는 북쪽에 퀘벡, 남쪽에 뉴올리언스가 있었다. 프랑스령 캐나다의 요람이 되는 퀘벡은 바위 낭떠러지라는 전략적인 위치에 자리잡고 있었다. 세인트로렌스 강의 너른 하구가 갑자기 좁아져 폭이 채 1마일도 되지 않는 지점의 바위산 자연 요새를 차지했던 것이다. 내륙지역과의 통신 및 교역을 장악하고 물자를 공급하기에 완벽한 곳이었다. 퀘벡은 거대하지만 실체가 없는 프랑스 제국으로 가는 관문이 되었고, 이런 생각은 미국과 캐나다 국경의 5대호 지역에서 미시시피 강을 따라 북으로 가는 전역에 퍼져 있었다.

퀘벡 땅을 처음으로 밟은 유럽인은 자크 카르티에Jacques Cartier였다. 1535년, 그는 스타다코나Stadacona라고 불리는 인디언 마을을 발견한 뒤 귀국했다가 1541년 식민지를 세우려는 무리를 이끌고 되돌아왔다. 하지만 유럽 탐험가들이 애타게 찾던 황금을 찾지 못한 채 혹독한 겨울을 겪고 난 뒤 프랑스 제국은 캐나다라는 곳에 흥미를 잃고 몇 년을 흘려보냈다. 그로부터 상당한 시간이 흐른 뒤 프랑스인들은 그 지역으로 돌아가 뉴펀들랜드 섬 연안의 대구 어장에 흥미를 갖게 되었고, 그곳에 있는 또 다른 값진 산물에 관심을 보였다. 바로 모피였다. 프랑스 국왕은 탐험과 이주에 재정적인 후원을 하는 귀족에게 모피 독점권을 주었다. 1608년 여름, 퀘벡은 이와 관련된 원정대의 본거지로 선택받았다. 원정대를 이끈 이는 시외르 드 몽Sieur de Monts이었지만 배후에서 조종한 이는 사무엘 드 샹플랭Samuel de Champlain이었다. 샹플랭은 전문적인 지리학자이자 지도제작자로서 스페인령 미국에서 지낸 경험이 있었다. 그래서 멕시코시티, 산타도밍고, 베라크루스와 같은 도시에 주목했다. 퀘벡에 들어선 첫 번째 건물은 목재로 지어져 바닷가의 저지대에 자리잡았다. 하지만 샹플랭은 곧 강에서 300피트(90미터) 올라간 낭떠러지 위야말로 좀더 강한 방비를 갖춘 요새라고 생각했다. 그리하여 신도시는 두 개의 지역을 중심으로 발전하기 시작했다. 요새의 중앙을 차지한 오트 빌Haute-Ville과 그 아래 바스 빌Basse Ville을 중심으로 퀘벡은 성장해나갔다. 정치기관과 종교시설은 절벽 위에 자리잡았고, 상업 및 생산활동과 관련된 건물들은 항구 근처에 있었다. 1635년에는 예수회 수사들이 찾아와 대학을 설립했고, 1674년에는 프랑수아 드 라발Franccois de Laval이 최초의 퀘벡 주교로 부임했다. 그가 설립한 신학교를 기점으로 라발 대학이 들어섰다.

1660년 이후 프랑스의 왕령에 의해 퀘벡은 급격히 성장했다. 교회와 주택, 병원이 석재 건물로 지어지고 어퍼타운을 둘러싼 성벽도 1729년에 완성되었다. 어업, 조선업, 모피 무역이 항구에서 활발하게 이루어졌고, 100마일(160킬로미터) 떨어진 상류지역의 몬트리올이 성장해감에도 불구하고 퀘벡은 뉴프랑스의 수도로서 변함없는 역할을 담당했다. 농장주와 선교사들이 내륙지역으로 들어가기 위해서는 퀘벡을 거쳐야만 했던 것이다. 1750년에 이르자 퀘벡은 번잡한 교역이 벌어지는 강 위로 높이 솟은 곳에 성당과 성채가 자리잡은, 전형적인 유럽 도시의 외관을 갖추게 되었다. 도시 인구는 1만 명에 육박했다. 퀘벡 역사상 가장 중요한 변화를 맞이하기 직전이었다.

퀘벡은 1756~1763년 영국과 프랑스 사이에 벌어진 전쟁의 노획품이 되어버렸다. 뉴프랑스로 들어가는 전략적 관문으로서의 지리적 이점이 포착되었기 때문이었다. 프랑스군이나 영국군 모두 각자의 지휘관을 잃는 치열한 전투를 치른 끝에 1759년 영국군이 퀘벡을 장악했다. 여기에 버금가는 사건이 그로부터 16년 후에 일어났는데 미국 혁명군이 영국으로부터 퀘벡을 되찾으려 시도했다는 점이다. 만약 이 일이 성공했다면 캐나다는 미합중국에 포함되었을 수도 있다. 1775~1776년의 포위공격 당시 퀘벡의 항구지역은 적군에게 점령당했지만, 요새지역은 안전하게 지켜졌다. 이것이 퀘벡 역사상 마지막 전쟁이었다. 그후 퀘벡은 경제적인 면에서는 몬트리올의 추격을 받아 뒤처져갔지만 캐나다에서 가장 중요한 역사적 도시라는 위상은 지금까지 유지하고 있다.

피에르 디베르빌Pierre d'Iberville과 장 밥티스트 드 비엥빌Jean-Baptiste de Bienville이라는 이름의 두 형제가 프랑스에서 뉴프랑스의 남쪽 끝으로 두 번의 탐험여행을 한 것은 1698년과 1701년의 일이었다. 한 번은 멕시코 만에서 미시시피 강을 따라 탐험을 하고 또 한 번은 남부에서 미시시피 강을 따라 탐험을 했던 것이다. 이들은 1681년에 시행된 로베르 드 라살Robert de La Salle의 탐험을 더욱 철저하게 조사하기 위해 길을 떠났다. 로베르는 5대호 지역에서 바다로 가는 미시시피 강을 따라 철저하게 탐험해서 그 전체 지역을 프랑스령이라고 선포하는 데 일조했다. 디베르빌과 비엥빌은 그 지역에 정착하였는데, 그곳이 훗날 앨라배마 주의 모빌(모빌 카운티의 관청 소재지.—역주)이 된 마을

1769년 뉴올리언스. 전형적인 식민지 계획도시이다. 장기판과 같은 도로 구획이 신대륙의 숲과 늪지대를 지나고 있다. 이 기본 구상은 끝까지 변하지 않고 미래 도시의 심장부를 이루게 된다. 이 도시계획안이 나왔을 때 이곳은 프랑스의 지배를 받고 있다가 비밀협정에 의해 스페인에게 인도되었다. 1803년이 되어서야 뉴올리언스는 미합중국의 도시가 된다.
영국 국립기록보존소 National Archives

퀘벡과 뉴올리언스 Quebec and New Orleans

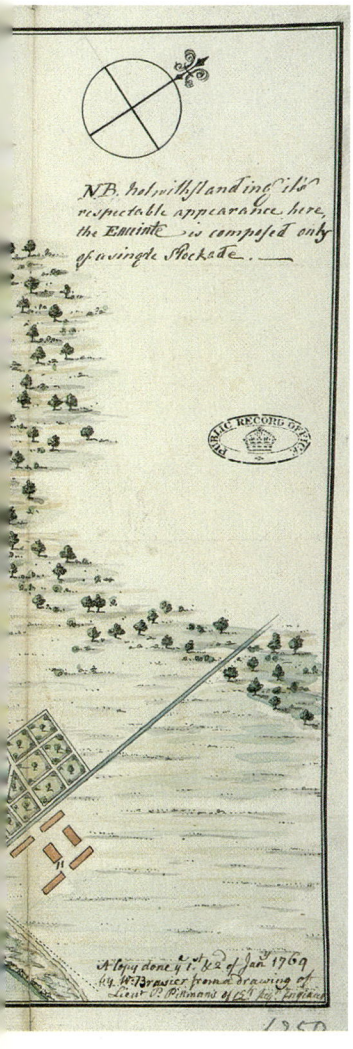

이다. 하지만 비엥빌은 미시시피 유역에 신도시를 건설하고 싶은 꿈이 있었다. 1718년 그는 초승달 모양의 강 만곡부를 선택해 도시를 세웠다. 바다에서 내륙으로 80마일(약 130킬로미터) 들어간 그곳은 인디언이 사용하던 육로를 통해 폰차트레인Pontchartrain 호수와 연결되어 있었다. 이 지역을 깨끗이 치우고 첫 건물들을 세우는 작업은 평판이 좋지 않은 스코틀랜드 출신 금융업자 존 로의 도움을 받았다. 파리에서 사업을 하던 그는 새로 설립한 서방회사Compagnie d'Occident의 주식을 팔면서, 미시시피 강가의 늪지대에 거대한 도시가 우뚝 들어설 것이라고 설명했다. 규모 면에서는 파리에 뒤지지 않을 것이라고도 했다.

그로부터 3년 후, 로의 회사는 망했다. 하지만 기술자들은 이미 전통적인 격자무늬 도로를 가진 신도시를 세워두었다. 이 도로 구획은 현재의 비외카레Vieux Carre 지역에 고스란히 남아 있다. 그리고 프랑스 지배자의 이름인 오를레앙Duc d'Orleans을 본떠 도시의 이름을 뉴올리언스라고 지었다. 신도시의 중심부에는 다름 광장place d'armes이 있었다. 근대에 들어서면서 잭슨 광장으로 개명되기도 한 이곳에는 1720년 세인트루이스 성당이 세워졌다. 이 성당은 허리케인과 화재로 두 번 파괴되었는데, 현재의 성당은 1794년에 완공된 것이다.

습지에 세워진 도시인 데다 천연자원이 그리 풍부하지도 않았던 까닭에 루이지애나의 주도는 프랑스 식민지 개척자들을 끌어당기는 매력이 없었다. 그래서 초기 거주자들은 병사, 모피를 얻기 위한 사냥꾼, 죄수, 가난한 사람들이었다. 비록 뉴올리언스가 공식적인 죄수 유형지는 아니었지만, 파리 법정에서는 때로 범죄자들을 그곳으로 추방하는 형을 내리곤 했던 것이다. 담배와 쌀을 재배하는 대농장이 도시 외곽에 들어서고 그 노동력을 충당하기 위해 노예를 수입해 들였다. 하지만 도시의 성장은 위태롭기만 했다. 1762년, 프랑스는 수지가 맞지 않는 식민지를 폐쇄하기로 결정했다. 루이 15세는 비밀협정을 맺고 뉴올리언스를 스페인에 인도했다. 그곳 거주민들은 새로운 스페인 총독이 병사를 이끌고 찾아온 후에야 그 사실을 알게 되었다. 스페인 사람들은 약 30년 간 그곳을 지배하는 동안 적지 않은 건축물을 남겼다.

1800년이 되자 나폴레옹은 뉴올리언스 반환을 비롯, 루이지애나 전체를 프랑스가 되돌려받기 위한 협상을 시작했다. 하지만 곧 북미지역에 관한 전략적 야망을 포기했다. 그리하여 뉴올리언스는 1803년 루이지애나 구입지購入地(1803년 프랑스로부터 사들인 미국 중앙부의 광대한 지역.—역주)에 포함되었다. 마침내 원래의 세력권인 미국에 자연스레 편입된 이후 도시는 면화와 목재, 주류, 완제품 수출업으로 번창하기 시작했다. 1812~1814년 영국과 전쟁이 벌어져 도시는 잠시 동안 안정을 위협받았다. 그리고 미국 남부에서 교전 중이던 양측 군대에게 종전 소식이 미처 전달되지 않은 탓에, 뉴올리언스 지역에 주둔 중이던 앤드루 잭슨 장군 휘하 미국 군대가 당시 명성 높았던 영국군의 해상 침략을 물리친 저 유명한 뉴올리언스 전투도 있었다. 이 전투 이야기는 대성당 앞에 서 있는 잭슨 장군의 기마동상에 새겨져 후세에 전해지고 있다.

이후 뉴올리언스의 건축은 전성기를 구가해 우아하면서도 편안한 도시 건축양식을 창조해냈다. 오래된 요새는 철거되었고 넓은 가로수길인 캐널 스트리트와 램파트 스트리트가 그 자리를 차지했다. 도시가 동서로 확장되면서 구부러져 있던 강둑은 반듯하게 구획된 신도시의 중심지가 되었다. 새롭게 조성된 도로들은 원래의 중앙도로와 긴밀하게 연결되었다.

미국의 도시에 바쳐진 프랑스의 조력은 역사적 이유로 미미했지만 퀘벡과 뉴올리언스에는 독특하고 기념비적인 흔적을 남겼다.

서기 1631년 제작된 주앙 알베르나즈Joao Albernaz의 채색 필사본 지도. 1620년대 포르투갈령 브라질에 몇 차례 네덜란드의 격심한 공격이 가해지는 와중에 그려진 것이다. 상세바스티앙San Sebastian과 산타크루즈에 있는 요새도시를 강조하는 이 그림에서 요새가 해변으로 들어가는 서쪽 입구를 지키고 있음을 알 수 있다. 항구로 이어지는 수로가 보이지만 만의 전체적인 지형은 다소 부정확하게 그려져 있다.
브라질 국립기록보존소Brazilian National Archive

리우데자네이루와 브라질리아 Rio de Janeiro and Brasilia

1502년 1월 1일, 이탈리아의 탐험가 아메리고 베스푸치Amerigo Vespucci가 이끄는 포르투갈 소함대 한 대가 남아메리카 연안을 운항하다가 두 개의 거대한 갑岬 사이를 지나 아름다운 만에 도착했다. 남회귀선과 정확히 일치하는 위치에서 남쪽 정면을 바라보는 산맥이 그 만에 줄지어 서 있었다. 함대는 미 대륙을 통과하거나 우회해서 중국과 인도제도로 가는 길을 찾아 나선 참이었다. 그래서 그 만을 재빨리 조사한 뒤, 강 어귀가 되는 곳이라 생각해서 이름을 리우데자네이루Rio De Janeiro라고 지었다. 포르투갈 말로 '1월의 강'이라는 의미였다. 그리고 항해를 계속해 나갔다. 포르투갈 사람들은 그 영토 전체를 자신들의 것이라고 선언했지만 이주할 사람들을 곧바로 보내지 않은 채 북부 브라질에 집중했다. 살바도르(브라질 북동부 바이아Bahia주의 주도.—역주)를 건설하고 사탕수수 농장을 세웠다. 그로부터 반세기가 지난 후 두 번째 유럽 함대 한 대가 그 만에 도착했다. 그곳은 타모이오 인디언들이 구아나바라Guanabara라 불렀는데, '바다의 팔'이라는 뜻이었다. 이번에 온 무리는 프랑스 사람들로 빌게농 해군제독의 지휘를 받고 있었다. 그들은 제독의 이름을 갖게 된 섬에 착륙했다. 그들의 목적은 프랑스 칼뱅주의자들이 피신해올 식민지를 발견하는 것이었다. 그래서 그들은 그곳에 라 프랑세 앙타르크티크La France Antarctique(남극 프랑스라는 의미.—역주)라는 얄궂은 이름을 붙였다.

1560년에 1,500명 가량의 프랑스 이주민들이 도착했다. 포르투갈 사람들은 곧 바다 건너 자신들의 영토에 위협이 가해졌음을 깨달았다. 포르투갈 함대 하나가 그 만의 지배권을 주장하기 위해 나섰다. 하지만 프랑스의 식민 야망을 분쇄하기 위해서는 몇 년에 걸친 군사적 행동을 필요로 했다. 1567년이 되어서야 포르투갈은 프랑스 식민지 서쪽에 리우데자네이루의 상세바스티앙Sao Sebastiao 성을 세울 수 있었다. 그 거주지, 아니 성은 대포가 성벽에 장전된 중세 요새와 같은 형태를 갖추어 신도시의 심장부가 되었다. 포르투갈은 그곳에 사탕수수를 심고 노예들을 들여와 대농장에서 일하게 했다.

여러 해 동안 리우데자네이루는 살바도르에 종속된 도시였다. 이런 상황은 17세기 말에 완전히 바뀌게 되는데, 매장량이 풍부한 금맥이 리우데자네이루 남서부 미나스제라이스Minas Gerais에서 발견되었기 때문이었다. 수천 명의 탄광 시굴자들이 찾아왔고, 새로운 도로가 개통되어 내륙과 연결되었다. 브라질의 중심은 이제 남부로 이동했다. 1763년 리우데자네이루가 살바도르를 대신해 수도로 격상되면서 이런 사실은 공식적으로 인정받게 된다.

하지만 리우데자네이루의 역사에서 가장 중요한 전환점은 1808년이었다. 포르투갈 군주가 쇄도하는 나폴레옹 군대에 쫓겨 거주지를 리우데자네이루로 옮기면서 이 식민지 도시는 포르투갈 제국의 왕도가 되어 버렸다. 수천 명의 국왕 측근, 외교관, 병사, 상인들이 몰려와 도시의 일상생활을 유럽화시켰다. 학교, 상점, 행정기관, 극장, 은행, 공원, 신문사가 생겨나는가 하면 국제 교역이 활성화되어 리우데자네이루는 세계적 도시로서 위상을 떨치기 시작했다. 한편 커피가 사탕수수와 황금을 대신해 지역경제의 원천이 되었다. 커피를 재배하는 사람과 수출업자, 금융업자들이 도시 주변의 근사한 저택에 살기 시작했다.

1821년 포르투갈의 왕이 고국으로 돌아가고, 1822년에 브라질이 독립을 쟁취하면서 리우데자네이루는 19세기 메트로폴리스로서의 변화를 재촉해나갔다. 포장도로, 가스등, 전신망, 철도 등의 시설이 들어섰다. 도시는 남부와 서부지역으로 뻗어나갔고 산등성이를 관통한 터널을 통해 해안가인 코파카바나Copacabana, 이파네마Ipanema까지 세를 넓혔다. 거리는 넓어지고 오래된 식민지 건축물은 철거되었다. 정부는 열대의 파리를 세울 생각을 하고 있었다. 그런데 20세기로 접어들고 몇 년이 지나지 않아 파벨라favelas(빈민가)가 발달하기 시작했다. 도시를 둘러싼 산비탈을 타고 판자촌이 마구잡이로 형성된 것이다.

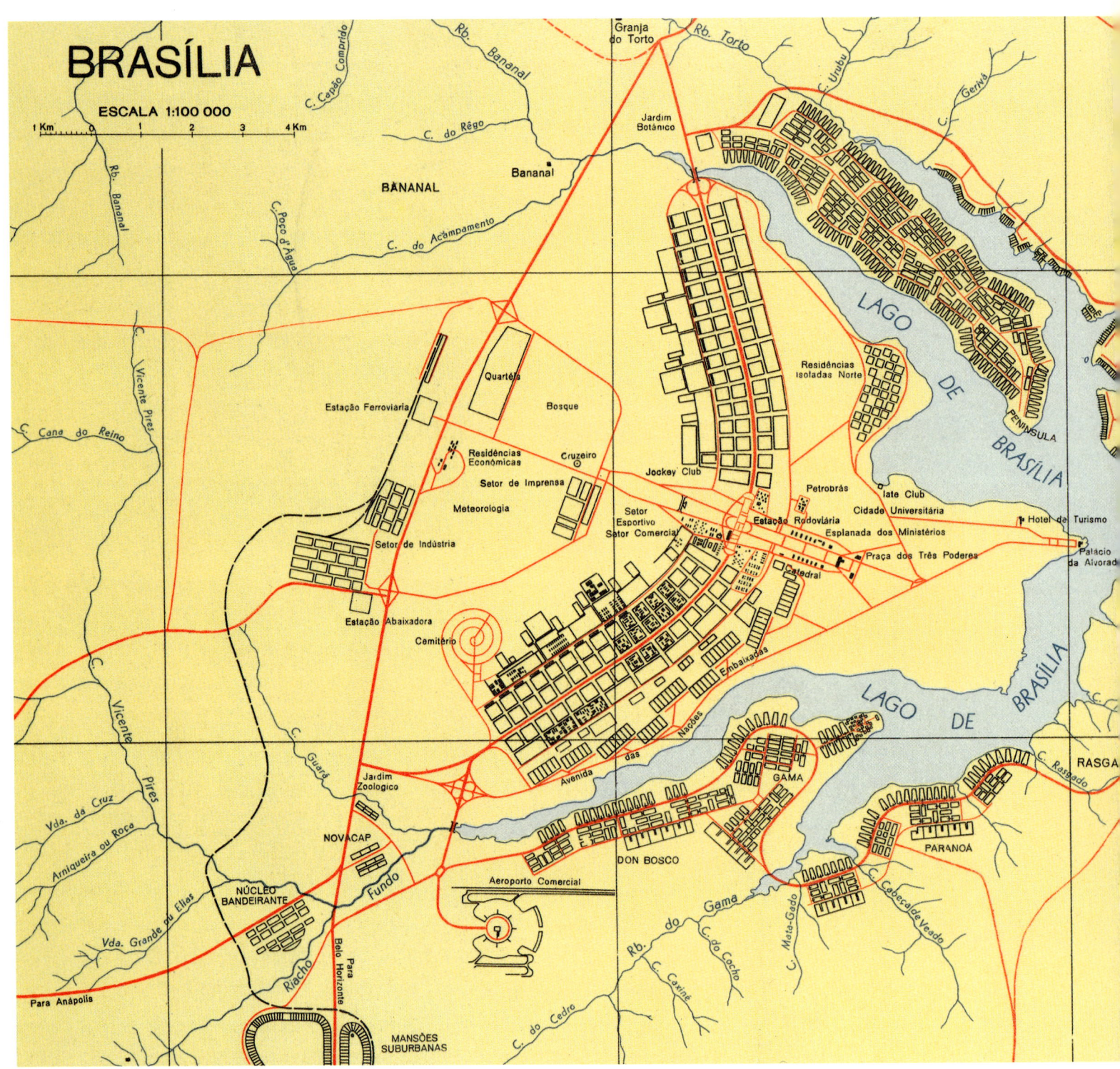

1960년의 브라질리아. 새로운 수도의 탄생을 기리는 의미에서 수많은 공식 지도가 발간되었다. 새인지 비행기인지 화살인지 모를 모양의 도시설계는 지금 보아도 참으로 기발하다. 하지만 그곳의 건물들은 안타깝게도 구식이었다. 그리고 이런 지도에는 도시 교외지역에 발생한 노동자들의 슬럼가가 전혀 표시되지 않았다.

대영도서관 The British Library, Maps 84905 (28)

리우데자네이루와 브라질리아 Rio de Janeiro and Brasilia

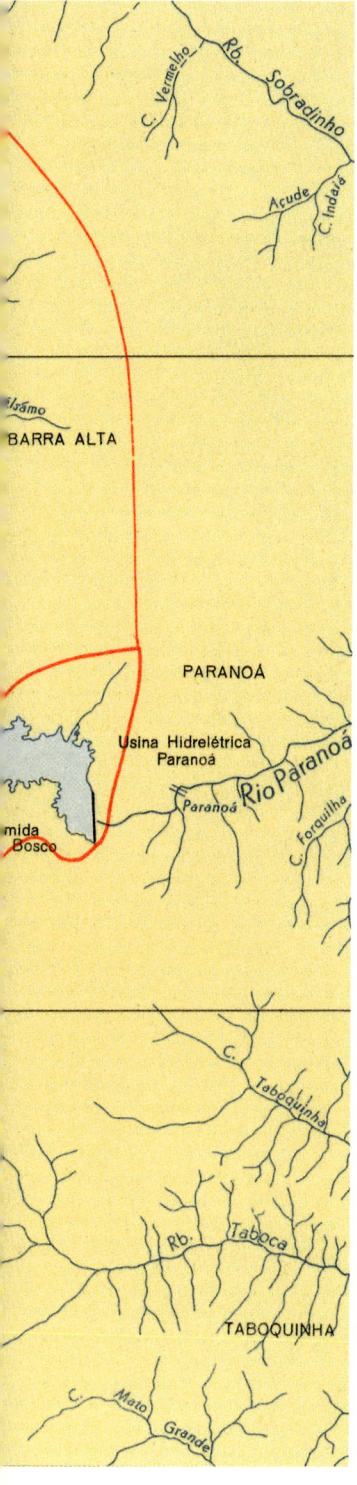

리우데자네이루가 걷잡을 수 없이 커져가는 바람에 빈민가는 도시 속의 도시가 되었다.

몇 년 동안 남미의 주요 도시로서 자리매김한 리우데자네이루였지만, 이곳은 브라질이 아니라는 인식이 계속 존재했다. 게다가 브라질의 거대한 내륙지역은 사실상 자연 그대로의 모습을 하고 있었다. 그래서 브라질이 독립국이 되면서부터 논의되었던 아이디어가 있었다. 새로운 수도를 내륙지방에 세워 국가의 구심점을 서쪽으로 이동시키자는 것이었다. 팜파스pampas(거대한 초원)와 정글을 개척하자는 생각은 그렇게 나왔다. 1950년대, 고원의 수많은 장소를 수도 예정지로 조사했다. 상징적으로 파라나Parana, 파라과이Paraguay, 상프란시스쿠Sao Francisco, 아라과이아Araguaia, 토칸틴스Tocantins 등 여러 강 사이에 있는 상류지역을 골랐다.

새로운 수도 건설은 1955년 새롭게 선출된 쿠비체크Kubitschek의 선거공약이었다. 그는 곧바로 '브라질리아' 건설에 착수, 자신의 재임기간인 1960년까지 완성시키기 위해 총력을 기울였다. '사막의 독재'라는 식으로 그 계획을 경멸하며 비판하는 소리가 거침없이 쏟아져나왔다. 도시에 관한 전체적인 구상안이 만들어지고 승인을 받는 데는 단 3일밖에 걸리지 않았다.

그 도시계획안은 새나 비행기 혹은 활과 화살에 비유될 수 있었다. 몸체에는 정부 건물이 기념비적 축을 이루었고 날개 부분은 주거지역이었다. 경제활동이나 인구증가, 용지 구분, 미래 설계 그리고 건설비용에 대한 연구도 없었다. 도시는 정치적 선언이고 상징이었다. 무엇을 상징했느냐고? 아마도 미래를 상징했을 것이다. 아니면 콘크리트로 미래를 만들어낼 수 있다는 신념을 상징했는지도 모르겠다. 그렇게 공중을 날아야만 들고날 수 있는 세계 최초의 도시가 탄생했다. 400마일(644킬로미터) 떨어진 벨루오리존치Belo Horizonte에서 브라질리아로 이어지는 도로는 한참 후에 개통이 되었기 때문이다. 오스카 니마이어Oscar Niemeyer가 설계한 몇몇 건물은 당시에 경탄의 대상이 되었다. 특히 반지하 건물로 만든 성당이 주목을 받았다. 하지만 머지않아 획일적으로 지어진 콘크리트 덩어리들은 1950~1960년대 비인간적 건축양식의 최악을 구현해내는 것에 다름아니었다.

사실 브라질리아는 자생력을 가진 도시였다. 하지만 그 자생력은 공관들의 갈라진 틈에서 나온 것이었다. 계획에 없던 거대 교외지역이 마구잡이로 늘어갔다. 건설 인부들이 무리지어 사는 마을이 중심이 되었다. 정부에서 싫어했지만 그렇다고 그것을 없애기 위해 별도의 노력을 하지도 않았던 이런 교외지역은 초라한 판자촌은 아니었다. 콘크리트로 지은 슬럼가에는 수천 개의 작은 상점과 술집들이 들어서고, 노동자와 특별한 기술 없는 서비스직 종사자들이 살았다. 브라질리아가 생겨난 지 5년이 지난 1965년에 이 지역 인구는 10만 명이 되었다. 이는 브라질리아 전체 인구의 3분의 1에 해당했다.

이곳 교외지역의 지속적 성장이 시사하는 점은 민주주의 정치체제와 시장경제를 기반으로 하는 사회에서 아무것도 없는 곳에 계획도시를 세운다는 건 불가능하다는 사실이었다. 무자비한 전제정권이라면 이런 일을 해낼 수 있을지 모르겠다. 브라질리아는 정치인과 관리들이 불가피하게 살아야만 하는 장소였다. 하지만 주기적으로 그곳을 벗어나던 그들은 머지않아 불규칙하게 커져가는 비공식적 수도 리우데자네이루로 돌아갔다.

고대 도시, 로마. 1574년 페락Perac의 작품. 로마를 방문한 사람들과 학자들은 항상 두 개의 지도가 필요했다. 정확한 시기는 상관없이 근대 로마의 지도 하나와 전통적인 고대 로마의 지도 하나씩. 관광객과 마찬가지로 학자들 역시 자신들이 사는 시대의 로마 어디에 신전, 목욕탕, 원형경기장, 왕묘, 기념비가 들어서 있었는지 찾아볼 필요가 있었다. 페락의 지도는 고대 로마를 인상적으로 재구성해놓았다. 하지만 상당 부분 어림짐작으로 그려진 것이다. 예를 들면 키르쿠스막시무스Circus Maximus(대원형경기장)를 중앙 바로 아래에 큼직하게 그려놓았지만 실제로는 그 흔적을 전혀 찾아볼 수가 없는 형편이다.

대영도서관The British Library, Maps 155 (7)

로마 Rome

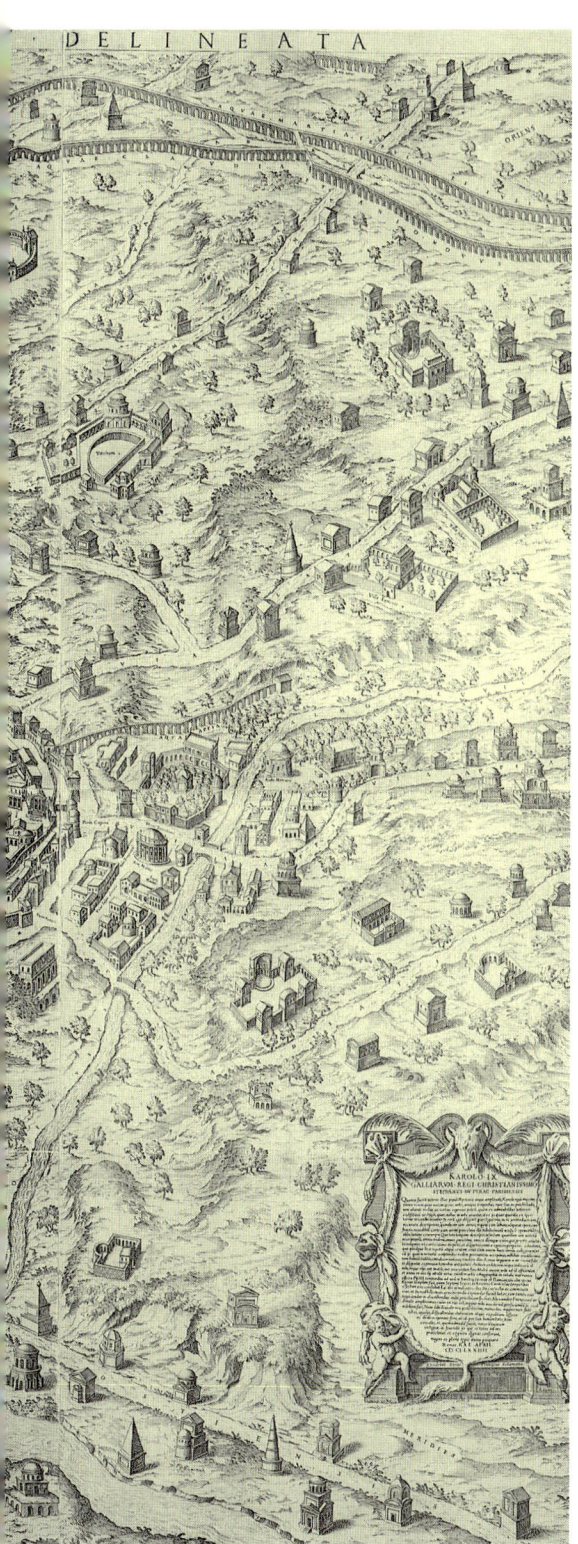

로마는 여타 다른 도시와 구별되는 독특한 역사를 지녔다. 철기시대의 주거지였기에 다른 도시들과는 출발점부터 달랐다. 기원전 600년에는 고대 지중해 연안의 중심지로서 천년의 세월을 보낸 도시가 되어 있었다. 그리고 세속적인 권력이 흔들리기 시작했을 때는 그리스도교의 중심지라는 새로운 역할을 찾아냈다. 그리하여 로마라는 이름이 권위, 지속성, 권력 등과 같은 의미로 통하게 만들었다. 로마는 늘 지명으로서의 의미 이상을 내포했기 때문에 때론 증오의 대상, 때론 공경의 대상이 되면서 그 어떤 도시보다 파란만장한 역사를 헤쳐나왔다. 고대인이 현재의 로마를 본다면 무척 작다고 생각할 것이다. 근대 로마는 바로크 시대와 그 이후에 형성된 것이기 때문이다. 하지만 그 고대 사람은 자신이 서 있는 로마가 오랫동안 유럽의 정신 위에 군림해온 도시라는 사실은 절대로 잊지 않을 것이다.

로마는 주변 환경도 남다르다. 주변에는 히스가 무성한 황량한 습지대인 캄파냐 평야가 있다. 말라리아가 유행하는 그 땅에는 수마일에 걸쳐 사람이 살지 않는다. 테베레 강 근처 나지막한 구릉지에 사람들이 초기 거주를 시작하면서 도시국가의 형태로 발달한 로마는 잠시 동안 왕이 다스리는 나라였다가 공화국으로 선포되었다. 주민들은 그 기원을 정확히 알 수 없는 라틴계였다. 그들은 양을 치는 사람들로 철학이나 예술에 조예가 있지도 않았다. 오히려 실용적이고 호전적이었던 그들은 로마를 이탈리아 전체를 지배하는 도시로 만들었다. 로마에는 특별한 경제적 기반이 없었다. 하지만 교역과 조공이 그곳에서 활발히 이루어졌다. 경계를 강화하고 경쟁자와 전투를 벌이는 전통적인 과정을 통해 영토를 넓힌 로마는 남부 브리타니아에서 카스피 해에 이르는 지역을 아우르는 제국이 되었다.

고전주의 시대에 로마는 소비의 도시였다. 병사, 관리, 상인, 장인, 하인, 노예가 엄청난 양의 음식을 소비했고 제국 곳곳에서 가져온 사치품으로 호사를 누렸다. 조공으로 얻은 수익은 궁, 목욕탕, 극장, 원형경기장, 개선문을 만드는 데 쓰였고, 수로를 통해 알바니 구릉에서 신선한 물을 끌어왔다. 클로아카 막시마 Cloaca Maxima 하수구는 오수를 도시 밖으로 빼내어주었다. 서기 1세기경 로마의 인구는 100만에 육박했다. 최고의 영광을 누리던 로마는 내부의 퇴폐성 때문에 흔들렸고, 외부에서는 북유럽의 공격을 받았다. 제국이 붕괴되고 고전주의 문명의 구심점은 동쪽의 콘스탄티노플로 옮겨갔으며, 인구는 격감했다. 로마는 경멸 또는 동정의 대상으로 전락하고 말았다.

하지만 그후 로마는 기적적인 변화를 겪는다. 역사적 사건이 일어나 그리스도교가 본국인 팔레스타인에서 옮겨와 로마에 자리잡게 된 것이다. 로마의 주교는 적어도 서방세계에서는 그리스도교계의 수장으로 인식되었다. 이제 로마의 권위와 힘은 세속적인 것에서 영적인 영역으로 옮겨갔다. 로마의 사상은 그리스도교계 전체를 지배하였는데 이는 고대 로마가 이교도계를 장악했던 것과 같은 맥락이었다. 그 과정에서 교황은 현실적인 힘을 소유한, 로마의 실질적 통치자가 되었다. 콘스

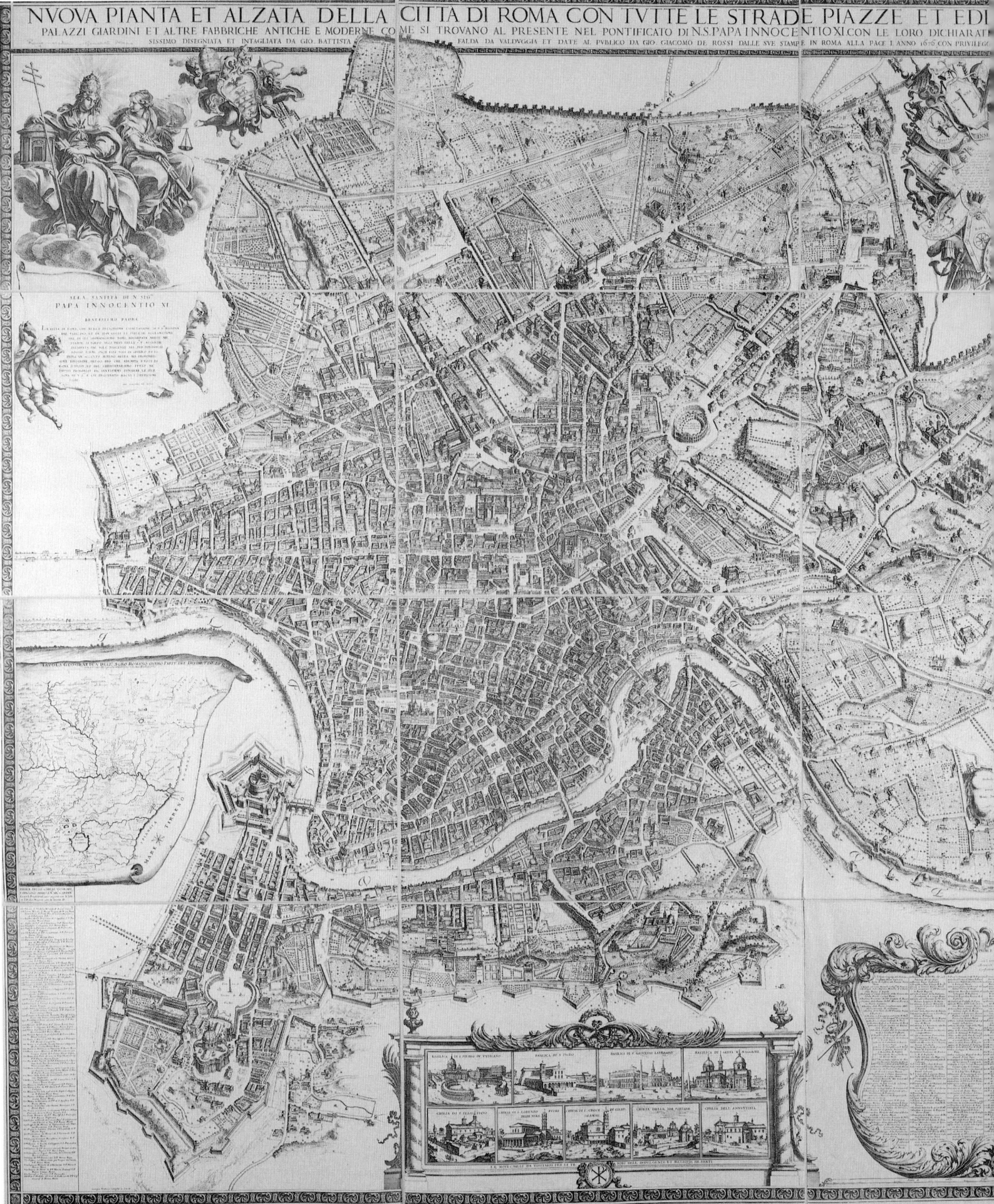

로마 Rome

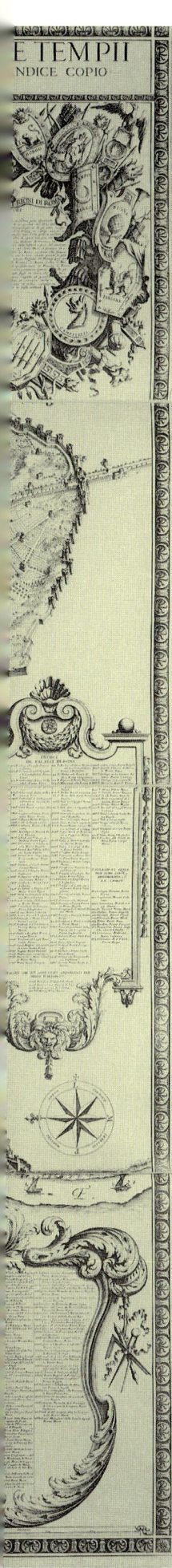

1676년에 처음 발간되고 1756년에 수정본이 다시 발간된 팔다 지도Falda Map. 바로크 시대 로마의 광대한 조망은 그림지도의 최고봉이다. 주요 건물들을 모두 입체적으로 표현하고 있다. 하지만 실용성 면에서는 1748년에 새로 발간된 놀리Nolli의 지도에 못 미친다. 놀리의 지도는 전면에 두드러지는 표현 없이 로마의 거리를 처음으로 일정한 축척에 의한 평면으로 나타냈다.
대영도서관The British Library, Maps 3.e.22

탄티노플과의 관계는 저항의 한계점에 다다르고, 로마는 북쪽으로 나아가 유럽의 새로운 왕국들과 동맹을 형성하기에 이른다. 교황 레오 3세가 샤를마뉴 대제를 로마 황제로 앉히던 서기 800년에 그리스도교 국가라는 개념이 만들어졌다. 이는 그리스도교도 왕과 교황의 통치 아래 정치와 종교가 하나로 연합된 유럽의 모습이었다. 이런 현상은 교황과 군주들 사이의 무분별한 갈등이 벌어지면서 점차 사라지게 되었고, 로마는 점차 쇠퇴했다. 경제적으로 로마를 지탱해줄 수 있는 것은 교황청과 로마를 찾는 관광객들뿐이었다.

846년에 이슬람교도들이 침입해와 로마의 외곽지역을 약탈했다. 이로 인해 교황 레오 4세는 바실리카(집회·재판 따위에 사용된 장방형의 공회당.—역주)와 궁을 요새화했다. 이것이 바로 도시 속의 도시, 바티칸 궁이다. 그런데 14세기에 교회 내부의 갈등으로 교황청이 아비뇽으로 옮겨가게 되는 일이 벌어졌다. 거기에 역병이 돌아 많은 도시민이 죽고 전통을 지닌 건물들은 채석장으로 전락했다. 1400년경에 도시 인구는 2만 명을 넘지 못했다. 대부분의 주민은 산피에트로 바실리카 근처에 밀집해 살았고, 구시가지에는 로마제국의 폐허 더미 사이에 정원과 포도원, 황무지가 드문드문 자리잡고 있어서 밤이면 도둑과 해충, 늑대들이 배회했다.

15세기에 로마는 또다시 부흥기를 맞이했다. 교황청이 돌아오고, 메디치 가문이 배출한 두 명의 교황이 교회 재정과 도시의 행정을 개혁하였다. 도로가 포장되고 불결한 주거지는 철거되었으며 새로운 교회가 건설되었다. 하지만 이 과정에서 많은 고전주의 유물이 약탈당했다. 이제 로마는 르네상스 선두 도시로서의 지위를 피렌체에서 넘겨받았다. 브라만티Bramanti, 미켈란젤로Michelangelo, 라파엘로Raphael, 베르니니Bernini, 보로미니Borromini가 새로운 로마 건설에 일조했다.

고대 바실리카가 있던 자리에는 산피에트로 성당이 새로 세워졌다. 이 성당은 그로부터 1,000년의 세월 동안 자리를 지키게 된다. 이런 물리적인 도시 개조작업이 절정에 이른 것은 식스투스 5세Sixtus V 교황 재임시절이었다. 그는 1580년대에 근대 로마의 도로계획안을 구상했다. 건축가 도메니코 폰타나Domenico Fontana에게 새로운 거리와 구획을 조성하고 많은 공공건물을 재건축하도록 위임했다. 수로가 복원되고 광장 분수대는 웅장한 조각상 형태로 개조되었다. 예수회의 새로운 로마 성당인 제수Gesu 성당이 바로크 양식으로 지어졌는데 둥근 천장에는 원대한 천국이 묘사된 프레스코화가 있었다.

1600년에서 1800년까지 교황령은 이탈리아의 정치 지형에서 가장 중요한 역할을 차지했지만 나폴레옹 시대 이후 이탈리아 민족주의가 출현하면서 불가피하게 충돌을 빚었다. 1861년 이탈리아 왕국이 탄생했고 교황령이 이에 병합되었지만 로마는 배제되었다. 1860년대 바티칸에는 프랑스군이 주둔해 있었다. 하지만 나폴레옹 3세가 어쩔 수 없는 상황으로 인해 군대를 철수하면서 1870년 9월 이탈리아 군대가 로마에 입성했다. 그해 10월에 실시된 국민투표에 따라 로마는 이탈리

아의 수도로 천명되었다. 극단적인 보수주의자였던 교황 피우스 9세Pope Pius IX는 이런 상황을 인정하지 않고 스스로를 바티칸의 죄수라 칭했다. 1929년 교황 비우스 11세와 무솔리니 사이에 라테란 조약이 체결됨으로써 교황의 통치권이 바티칸 시에 있음이 인정되었다. 이제 전 유럽을 아우르는 그리스도교 제국이라는 중세의 이상은 로마 안의 몇 에이커 땅에 갇혀버렸다.

1870년 이후 도시 인구는 크게 늘어났고, 로마는 행정의 중심이자 관광사업의 핵심이 되었다. 하지만 여전히 산업 기반은 취약하다. 사람들을 로마로 이끌어내는 것은 아직도 로마에 대한 막연한 동경이다. 유럽의 정체성 형성에 막대한 기여를 한 도시이며, 황제와 교황이 다스렸던 도시이고, 예술가들의 영화가 존재했던 곳이며, 적국의 증오를 샀던 장소라는 생각들……. 2,500년 간의 로마 역사는 결코 평탄하지 않았다. 하지만 인간이 세운 건축물이 쉽게 사라지지 않는 것처럼, 로마는 영원할 것이다.

1740년 로마의 산피에트로 광장. 조반니 판니니Giovanni Pannini의 그림이다. 복원된 로마는 17세기부터 건축 회화와 설화Narrative 회화를 하는 예술가들을 사로잡는 매력적인 소재가 되었다.
애그뉴 앤 손즈Agnew & Sons, 런던/www.bridgeman.co.uk

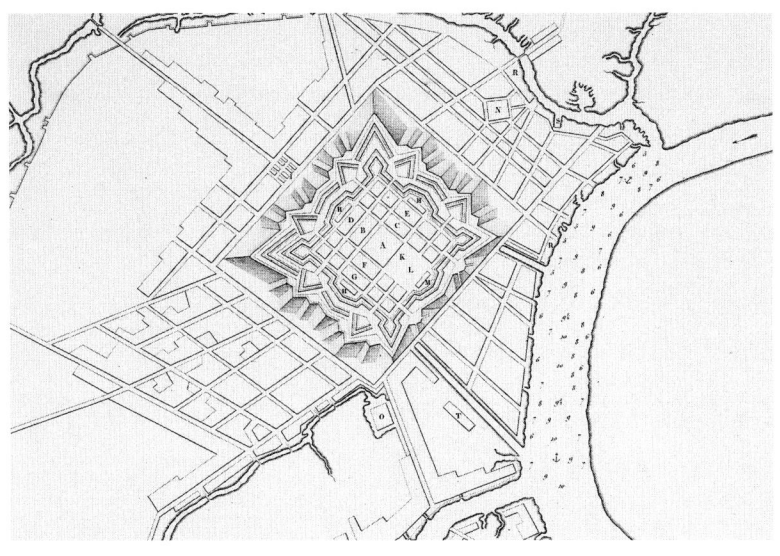

사이공의 요새는 응우옌 안Nguyen Anh 군주를 돕던 프랑스 군이 1790년대에 지어준 것이다. 응우옌 안은 나중에 베트남을 통일하게 된다. 별 모양의 능보는 전통적인 유럽 양식이다. 이런 구조는 나중에 프랑스 식민지 도시의 요새에 반영되었다.

대영도서관The British Library, Maps 147.e.119(14)

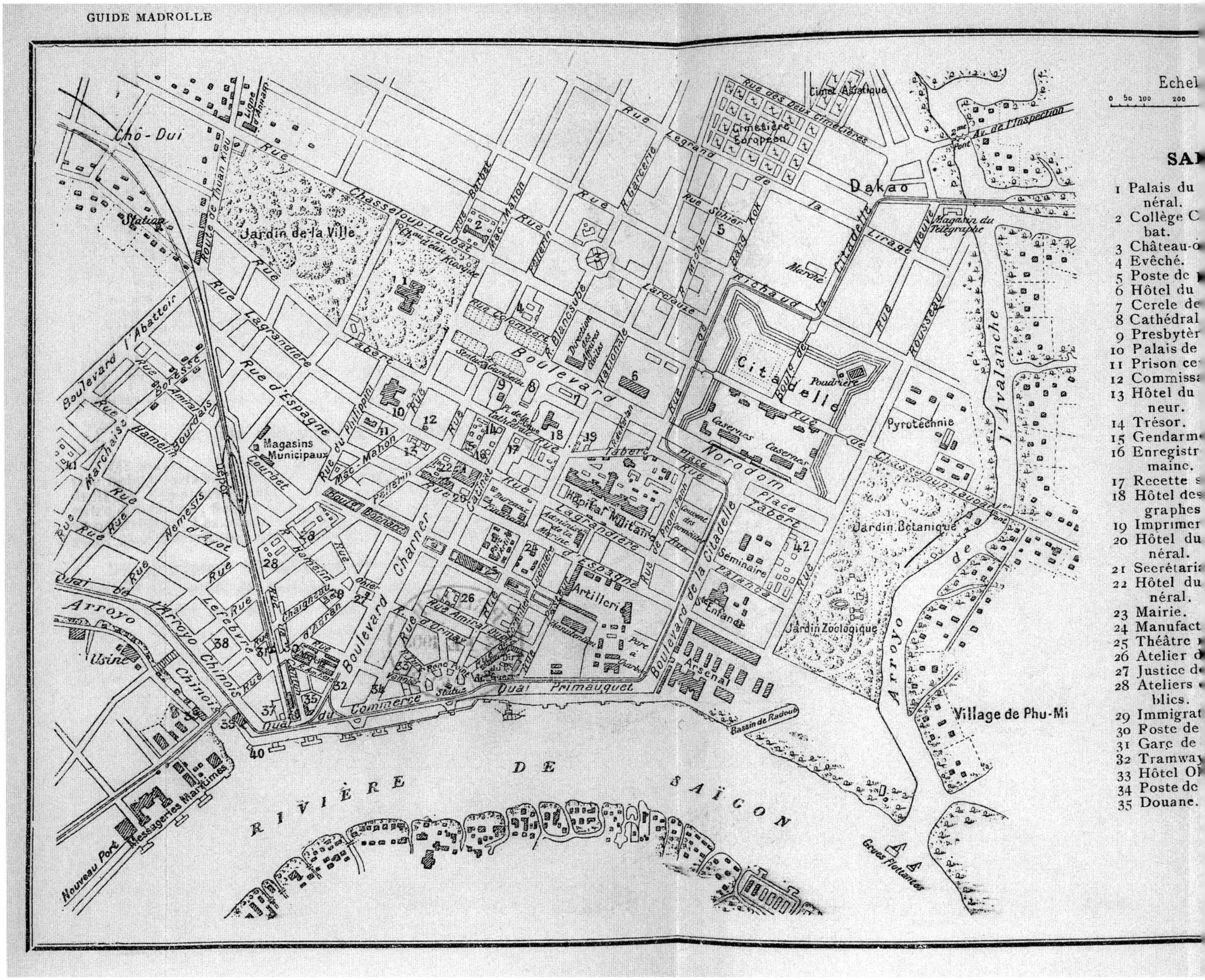

사이공(호치민시티) Ho Chi Minh City

1965년에서 1975년까지 10년 동안 사이공은 동아시아의 조그만 수도에서 전세계의 주목을 끄는 도시로 변모했다. 텔레비전 시대의 최초 전쟁 중심지가 되어 매일의 끔찍한 광경이 전세계 수백만 시청자에게 전해졌던 것이다. 1975년 4월, 사이공이 공산당에 함락되던 순간은 텔레비전으로 중계되어 동시대 사람들이 절대로 잊을 수 없는 역사적 사건으로 남았다.

메콩 삼각주와 남중국해 사이에 위치한 사이공은 1,000여 년 동안 크메르족과 참족이 거주했던 곳이다. 그리고 나중에는 베트남 사람들이 그 지역에 거주했지만 당시 프레이노코르Prey Nokor라고 불리던 도시는 1690년까지 참족에게 속해 있었다. 중국과 여타 아시아 국가에서 이주민들이 유입되어 프레이노코르는 불교, 유교, 힌두교, 회교가 한데 어우러진 다종교 도시가 되었다. 그리스도교는 포르투갈의 선교사들과 함께 1550년대에 상륙했지만 본격적으로 뿌리내리게 된 것은 17세기 후반 그곳을 초친 차이나Cochin China라고 부르던 프랑스인들에 의해서였다.

프랑스인들은 그곳을 교역 기점으로 삼았고, 프랑스 용병들은 그곳에서 벌어진 국지전에 참전해 싸웠다. 유럽 열강의 해외 식민지 개척 대열에 합류한 프랑스가 베트남 남부를 손에 넣고 도시 이름을 사이공이라고 개명한 것은 1859~1861년의 일이었다. 프랑스의 지배 하에서 사이공은 고무, 쌀, 경목을 수출하는 국제항으로 발전했다.

사이공에는 나무가 늘어선 널찍한 가로수길이 뚫리고 노트르담 대성당과 신고전주의 양식에 따른 총독의 저택, 시청사, 오페라하우스 등 웅장한 공공건물이 들어섰다. 마치 열대의 파리 같았다. 약 1세기 동안 사이공을 찾은 사람들은 이구동성으로 아시아에 이식된 프랑스 도시에 불탑과 사원이 더해졌다고 평했다.

제2차 세계대전 중 프랑스의 비시Vichy 정권은 일본에게 인도차이나 통치권을 넘겨주었다. 사이공에는 일본 군의 사령부가 들어섰다. 호치민이 이끄는 반식민지주의 공산당 운동이 베트남에서 일어난 것은 1930년대였다. 그리고 2차 대전이 종전되자 민족주의자, 식민지주의자, 공산주의자 간의 복잡한 국내 분쟁이 벌어졌다. 1954년 프랑스가 패전으로 퇴각하면서 베트남은 분단됐고 이것으로 다툼은 마무리되는 듯했다. 사이공은 남부 베트남공화국의 수도가 되었지만 곧이어 북부 공산주의자들의 맹공격이 가해졌다. 다음 단계의 국내 분쟁은 '베트남 전쟁'이라 불리는 전면전이었다. 이 전쟁이 끝났을 때, 베트남은 어마어마한 규모로 파괴되고 말았다. 사망자, 부상자 그리고 사이공 지역에서 쫓겨난 사람들의 수는 수백만에 달했다. 도시는 상징적인 의미를 담아 '호치민시티'로 개명되고 엄격한 공산주의 정치와 고립의 시절을 보내면서 사회, 물리적인 구조가 활발하게 재편되었다.

1990년이 되자 베트남 정부는 개방무역을 재개했다. 나아가 불교 문화유산을 자랑하며 20년 전에는 상상할 수조차 없었던 관광 국가의 대열에 합류했다. 오늘날 호치민시티는 높은 인구밀도를 가진 열대 복합도시로, 동서양 도시들이 갖는 모든 문제점을 안고 있다. 외세의 지배와 엄청난 규모의 이데올로기 전쟁을 겪으며 그 역사가 심하게 왜곡되어버린 것이다.

1902년의 사이공. 유럽 스타일로 조성된 계획도시가 아시아의 적도 지역에 세워졌다. 질서정연한 격자무늬 도로와 가로수길, 공원, 성당, 극장, 대법원 건물들이 돋보인다. 유일하게 어울리지 않는 '아편 공장'이 도시 중앙에 버티고 있다.
대영도서관The British Library, 10055.aa.18

세인트앤드루스 St. Andrews

> 북부 해역의 세인트앤드루스, 그곳은 나에게 유령 도시다.
>
> — 앤드루 랭 Andrew Lang

앤드루 랭이 학생 신분으로 세인트앤드루스에 도착했던 1860년대에 그곳에선 낭만이 넘쳤다. 바다 위 가파른 벼랑을 지닌 바위산 위에 건설된 이 도시에는 많은 유적이 있었다. 앙상한 탑과 아치가 하늘을 등진 채 위협적인 모습을 드러내거나 바다 안개 속에 녹아들어 유령처럼 음산한 기운을 내뿜었다.

가운 입은 학자들이 고대의 대학이 자리잡은 황량한 거리를 서성이던 그곳은 학문에 전념할 최상의 장소로 선택된 터전이었다. 반도의 끝에 자리잡은 그 도시에서는 다른 곳으로 이동하기도 쉽지 않았고, 교역이나 교통 또는 외부세계의 소란으로 방해받지 않고 침묵을 지킬 수 있었다. 꿈과 책 그리고 돌이 있던 그곳은 랭과 다른 이들의 사랑을 받았다. 그리하여 수많은 문인들의 회고담과 시 속에서 이 도시는 아름답게 윤색되었다.

하지만 그런 침묵과 유적들은 비교적 최근의 것이었다. 한때 세인트앤드루스는 스코틀랜드 역사에서 주요한 역할을 담당하던 곳이었기 때문이다. 특히 종교개혁 시기에 한몫을 담당했던 이 도시의 성채와 성당 유적은 과거의 전투, 증오, 열정의 흔적을 담고 있다. 몇 세기나 지속되던 이런 종교적 광신과 폭력의 시대가 종결된 것은 1700년경의 일이었다. 이후 도시는 평온을 찾았고, 심지어 자코뱅당의 반란에도 영향을 받지 않았다. 대학은 점점 작아져 교수와 학생을 다 합해도 200여 명에 지나지 않게 되었다.

이제 도시는 작은 어항으로 되돌아갔다. 건물을 지을 때 오래된 성당의 벽돌 일부를 마음대로 가져다 쓰

세인트앤드루스. 반은 평면도이고 반은 전경도인 이 필사본 지도는 1580년경 존 게디John Geddy가 그렸다. 브라운과 호겐베르크의 도시 지도집에 포함시킬 생각이었던 듯하지만 수록되지 않았다. 동서로 이어진 세 개의 도로는 지금도 변함없지만 오늘날에는 벼랑가의 길이 더 추가되었다.
스코틀랜드 국립도서관National Library of Scotland, c99/18

세인트앤드루스 항의 전통적인 전경. 성당 유적지와 성벽이 산비탈에서 남동로로 이어져 있는 모습이다. 1693년, 존 슬리저의 《스코틀랜드 현장 Theatrum Scotiae》 중에서.
대영도서관 The British Library, 188.f.2

기까지 했다. 게다가 1765년 폭풍이 어선단을 덮쳐 대부분의 선원들이 사망하는 일이 발생하면서 항구는 50년 동안 방치되었다. 1773년 이곳을 찾은 존슨 박사는 '음침한 인상을 강하게 받았다'고 기록했다.

쇠퇴 일로에 있던 세인트앤드루스를 구원해준 것은 19세기 중반부터 유행한 골프와 철로 개통이었다. 이 두 가지의 변수 덕분에 도시는 귀족적인 휴양지로 탈바꿈했다.

세인트앤드루스의 지도는 이상하게도 늘 단순했다. 대성당에서 서쪽으로 뻗어 나가는 긴 도로 세 개에, 수많은 골목길과 오솔길이 직각으로 교차하는 형태다. 골목은 비좁은 자갈길이었다. 시장도 마찬가지였다. 하지만 두 개의 주도로인 노스 스트리트와 사우스 스트리트는 넉넉한 공간을 확보한 너른 길로 가로수가 심어져 있고 대학 및 훌륭한 저택들이 16세기부터 이곳에 들어섰다.

도시 전체를 둘러싸는 성벽이 축조된 적은 한 번도 없지만, 거리 끝이 성곽 모양의 항구로 닫혀 있었다. 현재 사우스 스트리트에 남아 있는 항구가 그중 하나다. 구시가지 서쪽에는 몇 개의 우아한 초승달 모양 광장과 테라스식 주택가가 1840년대에 건설되었다. 에든버러 뉴타운의 축소판 같은 형태였다. 북쪽과 동쪽으로 해안가를 두고 있었기에 근대에 들어서면서 확장된 교외지역과 대학 건물은 모두 서쪽에 몰려 지어졌고, 역사적 의미가 있는 동부 중심지는 잘 보존되었다.

세인트앤드루스의 전통적인 전경은(바다를 통해서 세인트앤드루스로 다가간 사람은 아무도 없었다) 여전히 산에서 남동부를 바라본 모습이다. 크레일 로드 Crail Road에 올라서면 폐허가 되었거나 현재까지 건재한 첨탑과 수도원 위로 솟아오른 탑 그리고 재건된 항구가 만으로 이어진 모습을 볼 수 있다. 과거의 유령이 떠도는 이런 곳이 있으니 랭이 낭만에 젖은 것도 충분히 이해할 만하다. 그곳에는 지성과 열정이 물리적 환경 속에 제대로 녹아들어 있었다. 그리고 이런 분위기는 지금도 그리 생경스러운 게 아니다. 연중 어느 때라도 성당 유적지와 대학 캠퍼스, 서점의 진열장을 유심히 바라보며 홀로 서성이는 사람을 만날 수 있기 때문이다. 그는 학교를 졸업한 지 얼마 안 되는 젊은이일 수도, 오래된 기억들을 떠올리며 이 거리에서 설명하기 어려운 그 무언가를 찾아헤매는 나이든 여행자일 수도 있다.

1870년 솔트레이크시티. 도시가 건설된 후 대략 20년이 지난 모습이다. 브리검 영Brigham Young이 택한 이곳은 와사치 산맥 아래 너른 평원을 차지했다. 거리와 구획이 한치의 오차도 없는 동일한 면적으로 분할되었음을 볼 수 있다. 그 위로 높이 치솟은 웅장한 신전도 보인다.
의회도서관 Library of Congress

솔트레이크시티 Salt Lake City

미국에 식민지를 세우거나 도시를 건설하게 된 강력한 동기는 탈출이었다. 부정행위나 강압적인 법제에서 탈출해 자유와 정의가 넘치는 이상향으로 가기 위함이었다. 이런 동기는 17세기 뉴잉글랜드 지역의 수많은 식민 도시 건설에서 찾아볼 수 있다. 당시 유럽에는 증오심을 불러일으키는 정권이 있었다. 하지만 18세기와 19세기 북미지역에서도 여전히 그런 동기가 분출되었는데, 의분에 찬 사람들은 같이 살던 미국인들을 피해 탈출을 감행했다. 이를 잘 보여주는 예가 모르몬교도들의 탈출이다. 그들의 독특한 신앙이 1847년 유타 주의 사막에 자신들만의 공동체를 세우도록 만든 것이다.

솔트레이크시티는 사실 모르몬교도들이 세운 네 번째 혹은 다섯 번째 도시다. 그 이전 뉴욕 북부에 살던 한 무리가 오하이오 주와 미주리 주 그리고 일리노이 주에 자신들의 시온 성을 세우는 꿈을 펼치려 했다. 그들은 매우 질서정연한 도시계획안을 만들어 성전을 건설하려 했지만 번번이 인근 주민과 마찰이 생겨 쫓겨나고 말았다. 1844년, 일리노이 주에서는 모르몬교의 창설자이자 예언자인 조지프 스미스가 살해되기도 했다.

이 사건 이후 모르몬교도들은 서쪽으로 방향을 틀었다. 아무도 살지 않는 지역에 정착하면 자유를 얻을 수 있으리라 생각한 것이다. 집단 이주를 하던 그들은 네브래스카에 거주지를 형성한 뒤 '윈터 쿼터스 Winter Quarters' 라 부르며 질서정연한 마을을 세우고 겨울을 나기도 했다. 그리고 1847년 7월, 솔트레이크 계곡에 도착했다. 당시의 사법권이 영향을 미치지 못하는 지역이어서 모르몬교도의 지도자 브리검 영은 새로운 시온 건설지로 그곳을 택했다. 수로를 내어 근처 구릉지에서 물을 댔고, 사막에는 꽃이 피게 만들었다. 엄격한 규격에 의해 정사각형 모양으로 도로가 구획되고, 그것을 시작으로 도시 건설이 이루어졌다. 거리의 폭, 건물의 위치, 각 부지는 신중한 계산 아래 정해졌다. 이런 규칙성은 종교공동체의 환경에 필수적인 요소로 여겨졌다. 건축물의 질서는 법과 빛, 조화를 상징하는 것이어야 했다. 의심할 여지없이, 모르몬교도들은 <에스겔서>와 같은 구약성서에 나오는 거룩한 성의 모습에 영향받았을 것이다.

초창기의 건물들은 대개 어도비 벽돌(햇볕에 말려서 굳힌 벽돌.—역주)로 만들어졌다. 하지만 3년이 지나기도 전에 인구가 8,000명을 넘어섰고 1850년 그곳을 방문한 사람이 다음과 같이 말할 정도가 되었다.

도시는 거대한 규모였다. 길이가 거의 3마일에 폭이 2마일 정도의 지역을 차지하고 있다. (…) 거리의 폭은 132피트 정도다. (…) 도시 주변은 정말 아름답다. 와사치 산맥의 서쪽 끝자락에 있는 까닭이다.

새로운 성전을 위해 땅을 팠고 1853년에 주춧돌이 놓였다. 하지만 완성하기까지는 40년의 세월을 보내야만 했다. 이 특별한 건물에서 가장 인상적인 것은 비율이다. 건물의 높이가 가로 길이보다 훨씬 더 높아서 거의 불가능해 보이는 형태로 하늘을 찌를 듯 서 있다. 1893년 <뉴욕타임스>에서 이 건물에 대해 언급한 기사가 있다. '브리검 영은 초자연적인 힘에서 영감을 받아 그런 설계를 생각해낸 것 같다. 지구상 그 어떤 곳에도 그런 건물은 없기 때문이다.'

모르몬교도들이 원하던, 극단적으로 이질적인 정체성은 19세기 삶의 현실과 융화하기 어려웠다. 때문에 도시가 건설되고도 반세기 동안이나 갈등을 빚다가 유타 주의 양보로 미연방에 편입되었다. 이 종교의 유토피아적 경향은 도시 건설의 역사에서 강력하고 흥미로운 요소로 작용했다. 길거리에서 흔히 만나는 가시적인 악과 사회악을 동일시하고자 하는 유혹, 그리고 새로운 도시 건설을 통해 그 악에서 탈출하고자 하는 욕망은 사라지지 않는다. 예전에는 이런 욕망이 종교적 이상의 중요한 요소가 되기도 했을 것이다. 현대의 도시계획자라 할지라도 이런 믿음을 어느 정도 공유해야 한다. 자신의 작업을 정당화하기 위해서 말이다.

1841년 잘츠부르크. 게오르크 마이어Georg Mayr 작. 산과 강 사이에 끼인 짜임새 있는 작은 구시가지의 모습을 보여주고 있다. 도시의 아름다운 볼거리로 만든 테두리 장식에는 모차르트의 탄생지가 끼어 있지 않다. 이 지도가 그려지고 일년 후 이 위대한 작곡가의 동상이 서 있는 모차르트 광장Mozartplatz이 헌정되었다.
대영도서관The British Library, Maps 28327(11)

잘츠부르크 Salzburg

유럽에서 가장 아름다운 도시로 꼽히는 잘츠부르크는 자연과 건축물이 매혹적인 조화를 이룬다. 평야가 이어지다가 가파른 산맥이 잘차흐Salzach 강을 내려다보며 우뚝 솟은 지형을 배경으로 하는 잘츠부르크는 급류가 산맥 사이를 통과하는 지점에 위치하고 있다. 강을 가운데 둔 산에는 많은 건물이 들어서 있는데, 남쪽 산에는 거대한 요새인 호헨잘츠부르크Hohensalzburg 성이 있고, 그 아래 평지에는 주거지와 성당 건물이 빼곡히 서 있다. 좁은 길은 아름다운 비율을 자랑하는 광장으로 통한다. 광장에는 분수대와 조각상이 있다. 도시의 남쪽은 묀히스베르크Mönchsberg라는 산등성이로 자연스러운 경계가 조성되어 있다. 이 산등성이에서는 도시의 건물 옥상과 무수한 교회 첨탑, 둥근 지붕 그리고 요새 너머 웅장한 풍광을 감상할 수 있다. 남쪽의 알프스 산맥이 겨우 몇 마일 떨어진 곳처럼 보인다. 잘츠부르크의 전체적인 인상은 웅장한 자연의 틀 속에 부유하고 조화로운 건축물이 존재한다는 것이다.

잘츠부르크는 알프스 산맥의 북부 지류, 독일 평야로 이어지는 알프스 횡단루트에 위치한다. 고대에 이 루트를 따라 거래된 가장 중요한 생필품은 소금이었다. 잘츠부르크 근처에 거대한 매장량을 자랑하는 소금광산이 있었다. 로마보다는 켈트족의 영향을 더 받았던 잘츠부르크의 도시사는 8세기에 시작되었다. 신성로마제국의 제후이기도 한 대주교가 잘츠부르크에 머물게 된 것이다. 소금광산에서 얻는 수익과 산맥을 경유하는 교역의 대가로 인해 잘츠부르크는 부유한 자치구로 지내며 19세기 초엽까지 강력한 영주 겸 감독주교의 다스림을 받았다.

일반적인 도시 성장 공식과 반대로 잘츠부르크는 요새 근처가 발달하지 않았다. 11세기에 요새를 세웠던 이유는 지역공동체와 그 지배자의 많은 재산을 보호하기 위함이었다. 처음으로 성벽을 쌓은 것은 13세기의 일이었다. 그리고 잘차흐 강을 연결로로 삼아 카푸치너베르크Kapuzinerberg 산 아래에 있는 보다 작은 거주지와 소통했다. 최초로 이탈리아 풍의 건축물을 도입해 미라벨 궁전Mirabell Palace을 세운 사람은 로마에서 교육받았던 메디치 가문의 폰 라이테나우 대주교(1587~1612)였다. 그와 그의 후계자는 중세 도시의 흔적을 없애는 데 주력했다. 지금까지 전해지는 중세의 유물은 북쪽 강변에 있는 슈타인가세Steingasse가 유일할 것이다. 마르쿠스 시티쿠스Markus Sittikus는 산피에트로 대성당을 본뜬 바로크 양식의 성당을 짓도록 명했고, 도시 외곽에 헬브룬 궁전Hellbrunn Palace을 세우도록 했다. 하지만 1803년 나폴레옹에게 정복당한 후 대주교의 권력은 박탈되었고 마침내 잘츠부르크와 인근 지역은 오스트리아에 통합되었다.

잘츠부르크를 이야기하면서 음악과 모차르트를 떠올리지 않을 수 없다. 잘츠부르크가 낳은 최고의 예술가인 모차르트는 의도와 상관없이 잘츠부르크 근대 관광사업의 수호성인이 되어버렸다. 사실 모차르트의 음악과 잘츠부르크의 인상 사이에는 밀접한 관계가 있다. 자연미와 인공미의 우아한 조합, 친밀함과 웅장함의 교차 그리고 모든 것을 아우르는 조화가 양쪽 모두의 미덕이다. 잘츠부르크는 모차르트의 어두운 면을 고스란히 닮은 또 다른 요절한 천재를 낳기도 했다. 시인 게오르크 트라클Georg Trakl은 1887년 잘츠부르크에서 태어나 제1차 세계대전이 일어나던 주에 죽었다. 모차르트의 절묘한 재능을 하나도 갖지 못했으나 고독한 몽상가였던 트라클의 암울한 시는 완연히 다른 모습의 잘츠부르크에서 나온 것처럼 보인다. 여름의 열기라든가 인적이 완전히 사라진 그의 작품 속 도시는 차가운 안개와 적막한 광장 그리고 은빛 분수대만 있는 곳이다. 다행인 것은 트라클적 잘츠부르크는 겨울날에나 가끔씩 찾아볼 수 있을 뿐, 그와 반대 되는 모차르트적 잘츠부르크야말로 영원히 후대에게 계승되리라는 사실이다.

▼ 1829년 잘츠부르크. 새틀러와 루스가 그린 360도 파노라마 전경도의 일부. 산 정상의 요새가 빠져 있는데, 이 그림이 그곳에서 바라본 전경이기 때문이다. 강, 건축물, 산이 잘 어우러져 매혹적이다. **잘츠부르크** 시립박물관Salzburg City Museum

1878년 샌프란시스코, C.R. 파슨스Parsons 작. 북서쪽 만을 바라보며 그린 이 웅대한 전경은 만의 탁월한 주변 환경과 도시의 흥미로운 발달 단계를 보여준다. 샌프란시스코는 3단계로 개발되어 각각 도로구획이 다르다. 그리고 각 구획은 묘한 각도로 이어져 있다.
뉴욕역사협회New York Historical Society/www.bridgeman.co.uk

샌프란시스코 San Francisco

태평양과 내륙의 만 사이에 삐죽이 나온 갑은 샌프란시스코라는 도시를 위한 최상의 지형이다. 이런 장소라면 그 어디든지 거주지가 될 수 있었다. 하지만 우연한 역사적 사건이 일어나 샌프란시스코는 역사가 그리 깊지 않은 젊은 도시가 되었다. 골든게이트 해협을 통해 만으로 들어가는 훌륭한 해상 출입구가 있음에도 불구하고 가장 먼저 그 땅을 발견했던 사람들이 육로를 이용했다는 사실에 놀라는 이가 있을지 모른다. 1769년 11월, 호세 오르테가 Jose Ortega가 이끄는 한 무리의 사람들이 산타크루즈 산맥의 고지에서 처음으로 샌프란시스코와 만을 내려다본 최초의 유럽인이었다. 그로부터 몇 년 후, 후안 데 아얄라 Juan de Ayala가 조종하는 선박이 해안선 전체를 답사하는 과정에서 처음으로 골든게이트 해협을 통과해 만에 들어섰다. 1775년 8월의 일이었다. 이후 선교단과 주둔군이 거주지의 기초를 다졌는데 현재의 미션 지역과 프레시디오 지역이 바로 그곳이다. 도시는 매우 느리게 발전했다. 스페인령 멕시코 및 미합중국 모두와 격리되어 있었기 때문이다.

그러던 1835년, 미합중국 정부가 멕시코로부터 그 만을 매입하려는 의중을 드러내기 시작했다. 이런 상황에 샌프란시스코 지역을 찾았던 사람 중에 작가 리처드 데이너 Richard Dana가 있었는데, 그는 다음과 같이 예견을 했다. "만일 캘리포니아가 부유해진다면 이 만이 그 부의 중심이 될 것이다." 그리고 1848년이 되자 샌프란시스코의 역사는 갑자기 속력을 내기 시작했다. 그해 멕시코는 텍사스를 두고 시작된 전쟁을 조정하는 일환으로 캘리포니아를 미국에 양도했다. 사실 2년 전 이미 미국의 소유가 된 해안가 도시는 샌프란시스코라고 개명까지 한 상태였다. 그러나 무엇보다 중요한 사건은 시에라네바다 산맥에서 금이 발견된 일이었다. 몇 달이 지나지 않아 수만 명의 사람들이 이 도시로 몰려들었다. 1849년, 금광지에서 한 달을 머물다가 샌프란시스코로 되돌아온 어떤 이는 짧은 시간 동안 도시가 급성장한 것에 놀라 이렇게 말했다.

도시의 경계선만 갑자기 확대된 게 아니었다. 내가 떠난 이후 이곳에 사는 사람들의 수도 두 배로 늘어난 것 같다. 전에는 그냥 덩그러니 뚫려 있던 거리에 건물이 촘촘히 들어서고, 사람들로 붐빈다. 해안가에는 창고가 새로 세워졌고 새 부두도 배가 떠 있는 곳까지 이어져 있다. 돛대가 숲을 이루고, 시끄러운 소리와 부산한 움직임이 가득하고, 사방에서 장사와 일을 계속하고 있다.

금을 통해 부자가 된 이는 거의 없지만, 수천 명의 사람들이 농업, 어업, 조선업, 무역업을 계속했다. 내륙지역 북동쪽에 있는 첫 번째 구획은 급속도로 확장되었고, 그로부터 45도 각도의 지역에 두 번째 구획이 자리잡았다. 1860년대 도시계획을 보면 이런 두 가지 패턴이 규칙적으로 나타난 것을 알 수 있다. 오늘날에도 상가 경계지역 양쪽에서 이런 경향을 찾아볼 수 있다. 샌프란시스코 만에는 새로운 부두가 급속히 늘어갔다. 당시 골드러시를 따라온 수많은 선원들이 버린 배의 선체가 아직도 그곳 거리 아래에 묻혀 있다고들 한다. 1850년에 2만 5,000명이었던 인구는 10년마다 두 배씩 증가해서 1880년에는 20만 명에 이르렀다. 골드러시 시대의 극단적인 성장은 사회가 통합되면서 가속화되었다. 샌프란시스코의 성장은 미합중국이 동부에서 서부까지 북미대륙 전체를 아우르며 국가 운명을 실현해가는 굳은 상징처럼 보였다.

하지만 이런 시기는 골드러시보다 훨씬 더 격동적인 사건으로 종지부를 찍었다. 1906년 4월 18일, 대지진이 발생한 것이다. 미국 도시라면 겪게 되는 하나의 트라우마였다. 이후 연 4일 동안 대화재가 일어났다. 4평방마일(약 10평방킬로미터)의 중심가가 폐허로 변해버렸다. 1,000여 명의 인명 피해가 났고 수만 명이 집을 잃은 채 골든게이트 공원에서 노숙을 했다. 도시는 즉시 재건사업에 착수하였고, 믿을 수 없게도 1914년 파나마 운하 개통을 기념하는 파나마퍼시픽 국제엑스포를 개최했다. 재난의 흔적들은 모두 지워졌다. 그로부터 몇 년 후, 지질학자들은 캘리포니아 해안가 전역이 두 개의 거대한 판구조로 이루어진 단층선 위에 있다는 사실을 발견했다. 그 후로 샌프란시스코는 언제 또 지진이 일어날지 모른다는 두려움을 안고 살아가는 도시가 되었다.

샌프란시스코는 오랫동안 유럽적이고 지중해적인 분위기를 간직한 도시라고 자부해왔다. 그래서 늘 리스본과 비교되었다. 하지만 1960년대 후반부터 마천루가 도시를 장악하고 맨해튼과 비슷한 분위기를 띠면서 샌프란시스코의 독특함은 희석되어버렸다.

과거 샌프란시스코가 뿜어냈던 매력은 히치콕 감독의 1958년 영화 〈현기증 Vertigo〉에 잘 담겨 있다. 샌프란시스코가 간직한 스페인 풍의 과거가 당대의 도시생활과 묘하게 대비를 이루는 것이다.

1588년 산토도밍고, 밥티스타 보아지오Baptista Boazio 작. 1585~1586년 프랜시스 드레이크Francis Drake 경이 감행한 서인도 기습공격을 설명하기 위해 그려졌다. 이 과정에서 산토도밍고는 포위공격으로 함락당하고, 배상금이 도착하기도 전에 도시 대부분이 약탈과 화재로 엉망이 되어버렸다. 육로로 공격해 온 영국 군대를 도시 서쪽에서 볼 수 있다. 격자무늬 도로구획은 전형적인 스페인령 식민지의 모습이다.
뉴욕 공립도서관New York Public Library, 미국USA/www.bridgeman.co.uk

산토도밍고 Santo Domingo

신대륙에서 가장 오래된 유럽풍 도시인 산토도밍고는 크리스토퍼 콜럼버스Christopher Columbus와 직접적인 연관이 있다. 그의 동생 바르톨로메오Bartholomew가 1496년 이 도시를 세웠고, 그의 아들 디에고도 1509년부터 1516년까지 이곳을 통치했다. 오자마 강 동쪽 강변에 최초로 세워진 도시는 스페인의 이사벨라 여왕을 기린다는 의미에서 그 이름을 누에바 이사벨라라고 지었다. 하지만 1502년 허리케인이 불어와 도시를 날려버리는 바람에 서쪽 강변에 새로운 도시를 세우게 되었다.

콜럼버스가 첫 번째 항해에서 발견한 가장 넓은 지역은 이스파니올라Hispaniola(현재 아이티와 도미니카공화국이 있는 섬.—역주) 섬이었다. 그는 섬의 아름다움과 인디언들의 친절함에 깊은 감동을 받았다. 스스로를 타이노족이라 부르던 원주민들은 금과 보석으로 치장하고 있었다. 스페인의 군주들은 콜럼버스에게 이스파니올라 섬을 마음껏 분양할 수 있는 권한을 주었다. 그래서 자기 동생과 아들의 역할도 그가 스스로 정했다.

초기의 산토도밍고는 수도로서 대접받으며 신대륙에서 시작하는 모든 스페인 사업의 거점이 되었다. 1520년에는 스페인 식민지의 숫자가 3,000개에 이르렀다. 산타마리아 대성당은 서반구에서 가장 오래된 건물이다. 1583년에 설립된 대학 역시 마찬가지다. 스페인령 아메리카 대륙에서 태어난 위대한 역사가 바톨로메 데 라스 카사스Bartolome de Las Casas가 몇 년 동안 이 대학에 머무르면서 무례한 정복자들에게 대항하는 인디언들의 권리를 옹호하기도 했다.

그 이후의 산토도밍고 역사는 한마디로 이루지 못한 꿈이라 할 수 있다. 유럽인들이 전파한 질병으로 타이노족 원주민 수가 격감하다가 16세기 말엽에는 사실상 절멸되다시피 했다. 그러자 유럽인들은 아프리카 노예들을 데려다 농업과 광업에 종사하게 했다. 하지만 섬의 미래에 미칠 엄청난 결과는 예측하지 못했다. 멕시코 문명을 발견하고 정복한 후 페루 문명까지 찾아낸 스페인 사람들이 스페인령 아메리카의 구심점을 서쪽으로 옮겨버리면서 산토도밍고는 침체기에 들어섰다. 산토도밍고는 해적의 공격과 스페인의 라이벌인 다른 유럽 열강의 공격에 무방비로 노출되었다. 그리하여 1586년 프랜시스 드레이크 경(세계에서 두 번째, 영국인 중 첫 번째로 세계일주에 성공한 모험가. 해적이면서도 학살과 고문, 강간 등을 저지르지 않은 인간적 면모로 유명했다.—역주)이 도시를 약탈했다. 영국이 스페인과 벌이는 비공식 게릴라전의 일부였다.

산토도밍고의 역사상 가장 결정적인 순간은 1697년에 찾아왔다. 스페인이 섬의 3분의 1에 해당하는 서부지역을 프랑스에 양도하면서 프랑스인들이 그곳에 거주하기 시작한 것이다. 그로 인해 서로 반목하는 두 개의 주가 생기고 미래의 갈등을 피할 수 없게 되었다. 1791년 프랑스령 산토도밍고(후대의 아이티Haiti.—역주)에서 저 유명한 노예들의 반란이 일어났다. 반란을 이끌던 투생 루베르튀르Toussaint-Louverture는 동부의 스페인령 식민지와 싸웠다. 1801년 그의 군사들은 산토도밍고에 맹공을 가했고, 섬은 곧 원주민의 통치 아래 통일되었다. 영국 군의 도움으로 섬의 동부지역은 스페인에게 되돌아갔지만 1812년 이 식민지는 스스로 도미니카공화국이라 천명하며 독립했다.

19세기에는 섬의 동부와 서부 사이에 갈피를 잡을 수 없는 힘의 시소게임이 벌어졌다. 그러는 사이 산토도밍고는 쇠락하여 빈곤해졌다. 1930~1960년 독재자 라파엘 트루히요Rafael Trujillo가 나라를 자기 개인의 소유로 돌리고 산토도밍고의 이름도 트루히요 시Ciudad Trujillo로 개명할 정도로 절대 권력을 휘둘렀다.

최근 10년 동안 산토도밍고는 여러 세대에 걸친 불의와 실정에서 벗어나 회복 징후를 보이며 구시가지의 웅장한 식민지 시대 건축물들을 복구하는 작업을 진행했다. 콜럼버스는 스페인에서 죽었지만 그와 그의 아들의 유해는 1542년에 산토도밍고로 옮겨와 그곳의 대성당에 안장되었다. 1992년에는 콜럼버스 500주년을 기념하기 위해 그 유해들을 다시 콜럼버스 기념 등대박물관Faro a Colon으로 옮겼다. 하지만 그의 동상은 여전히 대성당 밖에 서 있다. 콜럼버스와의 유대 덕에 산토도밍고가 관광명소가 된 것은 사실이다. 하지만 폭력과 부패로 얼룩진 역사는 쉽게 지워지기 힘들 것이다.

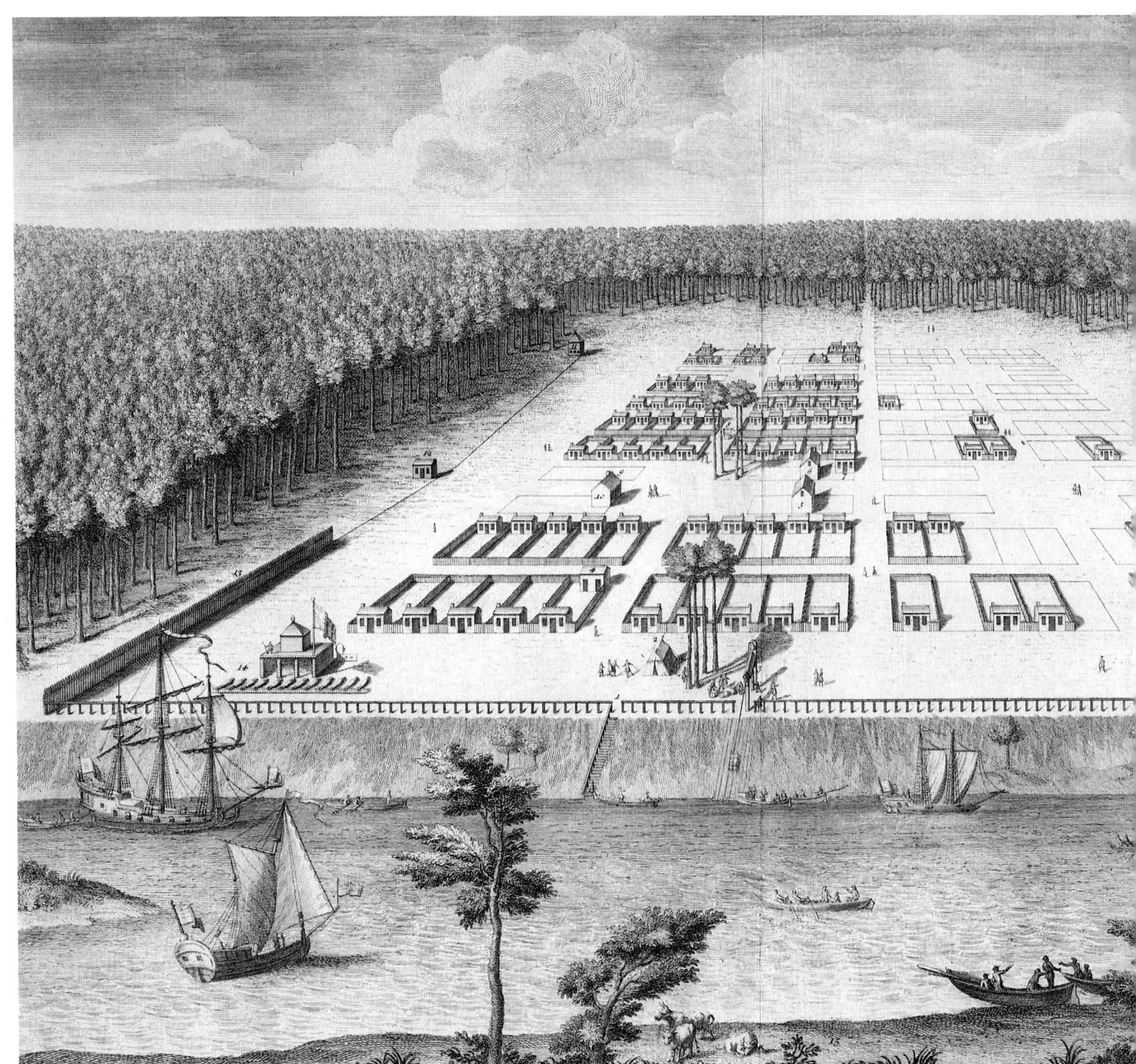

피터 고든이 그린 서배너. '1734년 3월 29일의 모습'이라는 제목의 이 그림은 오글소프Oglethorpe와 영국인 식민지 개척자들이 그 자리를 깨끗이 정비한 뒤 일년 정도 지난 모습이다. 계획도시의 전통적인 모습을 하고 있다. 장기판 같은 도로와 똑같은 모양의 주택이 있는 부지가 처녀림과 확연히 구별되어 드러나고 있다.
대영도서관The British Library, Maps 1 TAB 44.f.43

서배너 Savannah

18세기 초엽, 훗날 조지아 주가 되는 이 지역은 영국이 흥미롭게 주시하는 곳이었다. 남쪽의 스페인과 동쪽의 프랑스를 견제하기 위한 완충지대로서 적합하다는 판단 때문이었다. 그래서 식민지 건설이 논의됐고, 그 가능성을 제임스 오글소프 James Oglethorpe (1696~1785, 영국 장교이자 정치인)라는 특별한 인물이 실현시키게 되었다. 그는 가난하고 버림받은 사람들이 새 삶을 시작하고 박해받는 프로테스탄트들이 피신할 수 있는 곳으로서 북아메리카에 새 식민지를 건설해야겠다고 착상했다. 1732년 조지 3세에게 윤허를 받고 그해 11월 후원자들의 도움을 받아 114명의 적임자들과 함께 오글소프는 런던을 떠났다.

이들은 찰스턴에 도착하자마자 부랴부랴 머물 장소를 물색했다. 그 지역에 대한 사전 지식이 거의 전무한 상태였기 때문이다. 선택한 장소는 숲이 우거진 고원 지대로, 서배너 강에서 40피트(12미터) 정도 높이로 쌓은 둑 위에 있었다. 그로부터 2개월이 지나기 전에 나무를 베어내고 집을 짓기 시작했다. 땅 투기를 막고 부지를 골고루 배분하기 위해 부동산 전매는 금지했고, 상속법도 엄격하게 정했다. 금주령이 내려지고 이상적인 단결심을 갖도록 장려되었다.

신도시계획안은 0.5마일×0.25마일 평방미터 단위로 설계하여, 매우 규칙적이고 기하학적인 형태를 이루었다. 전체 부지를 똑같이 6개의 구획으로 나누고 각각의 구획에 커다란 광장을 만들어 시장이나 다른 공공행사용 장소로 활용한 것은 참 독특했다. 거리의 폭은 75피트(23미터)였고 강변에서 남쪽으로 곧장 이어지게 뚫렸다. 그리고 이 거리를 다른 길이 직각으로 가로지르게 설계했다. 만이라고 불리던 강변은 사업의 중심지가 되었다. 훨씬 나중에는 상점과 사교활동의 중심지가 되기도 했다.

서배너에서는 땅 투기가 엄격히 금지되었다. 그래서 도시가 확장될 때도 그 기하학적 패턴을 그대로 유지할 수 있었다. 초기부터 이곳을 찾은 사람들은 넓고 편리하며 잘 정돈된 도시라고 평했다. 그리고 이런 특징은 현재까지 잘 보존되고 있다. 웨슬리 가문 사람들이 1736년에 이주해와서 식민지 개척자들과 인디언에게 설교를 했고, 청교도들이 유럽에서 망명하면서 인구는 팽창하기 시작했다. 1739년에 영국과 스페인 사이에 전쟁이 발발하자 오글소프는 강력한 수비대를 일으켜 서배너 지역을 지켰고, 도시 전체에는 목책을 둘렀다. 오글소프는 1743년 영국으로 돌아가 의회활동을 벌였다. 자신이 성공적으로 만들어낸 도시에는 다시 돌아가지 않았다.

독립전쟁 와중에 영국 군대가 서배너를 점령했지만 독립전쟁 사상 가장 치열한 전투를 벌이며 그곳을 지켜냈다. 미국이 독립한 후 서배너는 중요한 항구로 그 비중이 점점 커졌고, 조지아 주 노예농장으로부터 면화를 공급받아 세계 면화시장의 중심지로 자리매김했다. 남북전쟁이 일어났을 때는 당연히 남부연합군의 중심지가 되어 강력한 방비를 갖추었고, 단단한 봉쇄를 뚫어야만 출입할 수 있는 항구로 활약했다. 그러므로 이곳을 퇴치하는 일은 북군에게 매우 중요한 목표가 되었다. 셔먼 장군이 드디어 서배너를 탈취하는 데 성공했지만 도시를 파괴하거나 약탈하지는 않았다. 1864년 12월 22일, 셔먼 장군은 링컨 대통령에게 전보를 보내 서배너를 크리스마스 선물로 바친다고 말했다. 통찰력이 있던 셔먼 장군은 실제로 그 고색창연한 도시에 매료되었다. 그 즈음 6개 구획은 24개로 늘어났고 그곳에는 그늘을 이루는 나무와 근사한 주택이 자리잡고 있어서 우아한 분위기를 자아냈다.

신기한 일은 미국 내에 이런 도시 패턴을 베껴간 도시가 거의 없었다는 점이다. 남북전쟁 이후 서배너의 위상이 격감되었던 게 그 원인이 아닐까 싶다. 서부로의 인구이동 바람은 서배너를 지나쳤다. 그래서 서배너는 그 도시만의 독특한 역사의식을 잘 간직할 수 있었다.

세비야. 남서부에서 과달키비르Guadalquivir 강 너머로 바라본 전경. 강 건너 왼편에서부터 차례로 거대한 성당과 알카사르 궁전 Alcazar Palace, 황금의 탑 Torre Del Oro이 분명하게 보인다. 하지만 산타크루즈의 좁은 무어인 거리는 보이지 않는다. 강에 정박해 있는 배들은 세비야의 원동력이었다. 스페인의 모든 교역과 신대륙에서 가져오는 보물들이 이곳 항을 거쳐 본국으로 들어갔기 때문이다.

대영도서관The British Library, Maps 18410 (5)

세비야 Seville

안달루시아의 수도 세비야는 스페인의 대서양 연안에서 50마일(80킬로미터) 이상 떨어진 곳에 있다. 하지만 세비야는 조그만 배로 과달키비르 강을 오르내리며 언제나 손쉽게 바다로 나갔다. 세비야는 내륙 항으로 발전해서 로마인과 무어인에게 매우 중요한 곳이 되었다. 세비야의 황금기는 16세기와 17세기였는데, 당시 미국 대륙에서 스페인으로 오는 모든 해상교역이 이 도시를 통하여 이루어졌기 때문이다. 이 역사적 도시의 한 면은 강의 만곡부와 접해 있었고, 다른 한 면은 성벽으로 둘러싸여 있었다.

로마령 세비야 즉 히스팔리스 Hispalis(세비야의 옛 명칭.―역주) 땅과 그 인근지역에서 각각 트라야누스 황제와 하드리아누스 황제가 태어났다. 로마시대 이후 세비야는 남부 스페인의 서고트 왕국 두 번째 도시가 되었다. 성 이시도루스 St. Isidore 주교가 다스리던 세비야는 전통 학문의 주요한 안식처였다. 그러나 711년 무어족의 지배를 받으면서 4세기 동안 이슬람 문화의 중심지 역할을 했다. 당대의 기록을 신뢰한다면 12세기 세비야의 인구는 40만 명에 육박했다고 한다. 요새라는 의미의 알카사르는 현재 산타크루즈로 알려진 지역에 둘러싸여 있었다. 산타크루즈 지구는 무어족의 비좁은 거리에 망과 회반죽을 바른 집들이 들어차서 남부의 강렬한 태양빛이 좀체 뚫고 들어가지 못하는 곳이었다. 사실 세비야는 멀리 떨어진 동양의 도시와 닮아 있는데, 비교적 나지막한 스카이라인과 그 사이사이로 야자수와 히랄다 Giralda(이슬람 모스크의 일종이다.―역주) 탑이 우뚝 솟아 있는 것이 비슷하다. 히랄다 탑은 성당의 종탑이다. 그리고 그 성당 종탑은 이전에 훌륭한 모스크의 첨탑이었다. 강가의 12각 황금탑이 무어족 지배를 받던 시절의 유물로 남아 있다.

페르디난도 3세의 지배를 받던 스페인 그리스도교인들이 세비야를 되찾은 1248년에는 중세 유럽에서 가장 큰 성당을 짓기로 했다. 이슬람교의 무력에 맞서 승리한 것을 기념하기 위해서였다. 이 성당의 거대함은 주변의 모든 건물을 하찮게 보이도록 만들었다. 사실 도시 탈환은 이 도시에게 있어서는 부정적인 사건이었다. 무어족과 유대인들이 쫓겨난 후 지역경제가 붕괴하면서 세비야는 장기간의 침체기를 맞은 것이다.

그러나 대서양으로의 접근성이 뛰어나다는 세비야의 자연적 이점은 부흥기를 되찾을 보증수표나 다름없었다. 16세기 초, 뉴스페인과 미국 간의 교역에 왕족의 독점적 특권이 보장되면서 세비야에 '서인도제도 상무성'이 설립되었다. 이 시기에 작성된 공문서가 현재까지 남아 있고 스페인인 정복자에 관한 문서와 지도 역시 많이 전해졌다. 필라토스의 집 Casa de Pilatos(그리스도에게 사형 판결을 내린 빌라도의 예루살렘 집을 모방해 지은 16세기의 건물.―역주)은 세비야에서 매우 중요한 부분을 차지한다. 그 존재로 인해 세비야는 왕도에 가깝게 격상되었다. 1519년 마젤란과 그 일행이 세비야를 찾아오기도 했다. 하지만 신대륙의 유혹이 훨씬 더 강했다. 남자들은 모두 미국을 향해 떠났다. 당대 사람들이 세비야는 완전히 여자들의 손에 맡겨졌다고 농담할 정도였다.

17세기에 이르러 선박이 커지고 대서양 연안 카디스 Cadiz 항에 더 많은 배가 모여들면서 세비야에는 어두운 그림자가 드리워졌다. 리스본과 마찬가지로 사람들이 너도나도 해외의 부를 좇아 떠나는 바람에 지역경제는 등한시되었다. 패션, 연극, 관대한 도덕으로 유명한 세비야의 이미지는 〈돈 후안〉과 〈피가로〉라는 위대한 풍습희극의 배경이 되었다.

세비야의 진정한 건축 자산은 조그만 거리의 창문과 발코니, 여름밤이면 꽃에 반쯤 가려 향기를 내뿜는 광장이다. 이곳에서 맛볼 수 있는 특유의 도시 경험은 유럽적이라기보다는 안달루시아적이다.

스톡홀름 Stockholm

커다란 내륙호와 발트 해 사이 해협에 교묘하게 자리잡은 스톡홀름은 수많은 섬과 교량으로 이루어진 스웨덴의 수도다. 북방의 베네치아라 불리는 이곳은 겨울마다 바다가 얼어붙었다.

이곳의 운명을 좌우한 요소는 발트 해와 연결된 지리적 특성 및 수산물, 목재, 금속 광석, 모피 교역 그리고 바다에서 도시로 접근하기 위해서는 수많은 수로를 통해 구불구불한 항로를 지나야만 하는 자연적 방어기능 등이었다. 도시가 세워진 해협지역은 철기시대부터 사람들이 거주하던 곳이었다. 비르카Birka 근처는 꽤 큰 바이킹 부락이었다. 그리스에서 죽음을 맞이한 한 바이킹 상인을 기리는 10세기 북유럽의 비문에 의하면 바이킹들은 남부 러시아와 콘스탄티노플 그리고 영국의 서쪽지역까지 탐험을 했다고 한다.

스톡홀름라는 이름이 역사에 등장한 것은 13세기다. 그때 스타덴Staden의 중앙섬은 한자동맹Hansa League의 요새도시로 많은 독일인이 거주했고, 주로 뤼베크Lübeck와 교역을 했다. 중세 후기 동안 스웨덴은 덴마크, 노르웨이와 불편한 동맹 관계를 맺고 있다가 1523년 구스타브 바사 Gustav Vasa가 재위하면서 독립국으로서의 지위를 천명했다. 그러면서 스톡홀름은 수도가 되었다.

당시 스톡홀름은 여전히 섬에 한정되어 있었고, 북쪽과 남쪽의 도개교를 통해 육지와 연결되었다. 섬은 성벽과 탑으로 방비를 갖추었고 호수에 말뚝처럼 박아넣은 방파제로 둥글게 둘러싸여 있었다. 주요 건물은 왕궁의 전신이 되는 트레 크로누르Tre Kronor 성채와 스토르키르칸Storkyrkan 성당, 리다르홀름Riddarholm(스톡홀름에 유일한 중세 성당이다.—역주)이다.

구스타브 바사는 다분히 실질적인 이유에서 스웨덴의 종교개혁을 단행했다. 그리고 1527년에 교회의 토지를 몰수했다. 수도원의 석재는 도시의 방벽을 견고하게 해주었고, 압류된 교회 재산은 바사 왕가의 재정과 권력을 강화시켰다.

거주지가 무차별적으로 인근 섬으로 확장되면서 각 섬마다 방비를 마련해야 할 필요성이 대두되었다. 상업적으로 중요한 수도로서 스톡홀름은 아담한 크기를 유지했다. 16세기 말엽에도 도시 인구는 1만 명이 넘지 않았다. 그중 대다수는 독일인이었다.

17세기에 스웨덴은 강력한 권력을 쥐고 핀란드와 러시아, 폴란드, 독일 북부에 영토를 확보했고, 이제 스톡홀름은 구스타프 아돌프와 그의 상속자들이 머무는 레지덴츠스타드트Residenzstadt(영주 거주도시)가 되었다. 석조주택이 낡은 목조주택을

◀ 1720년 스톡홀름, J.B. 호만Homann 작. 유럽의 수도 중에 가장 복잡한 기하학적 윤곽을 보유한 도시 스톡홀름은 수십 개의 크고 작은 섬으로 이루어져 있다. 전략적으로 자리잡은 스타덴과 리터홀름이 역사적 중심지다. 이곳에 왕의 성과 최초의 성당이 세워졌다. 18세기에서야 쇠데르말름Södermalm(스톡홀름의 남쪽에 있는 섬.—역주)과 노르말름 Norrmalm(스톡홀름의 북쪽에 있는 섬.—역주)으로 주거지가 확대되고 많은 교량과 부두가 건설되면서 '북방의 베네치아'에 걸맞은 이미지를 갖게 되었다. 지도 윗부분이 동쪽이다.

대영도서관The British Library, Maps K. Top. CXI.105

1786년 스톡홀름. 도시의 심장부에 위치한 부두를 파노라마 전경으로 아름답게 그려낸 판화이다.
대영도서관The British Library. Maps K. Top. CXI.107a

대신하고, 화려한 박공이 돋보이는 네덜란드 르네상스 양식 건물이 세워졌다가 나중에는 신고전주의 양식을 따르는 건물들이 들어섰다. 하지만 많은 교회는 바로크 양식으로 지어졌다.

이 시대에 스톡홀름에 발을 들인 최고의 건축가는 테신Tessin 부자父子였다. 이 부자가 선보인 건축의 결정판이 현재의 왕궁이다. 스톡홀름 중앙에 남아 있는 몇 채의 팔라디오 양식 저택도 이들의 작품이다. 하지만 스톡홀름 역사의 황금기는 18세기 초엽에 끝나고 만다. 전염병이 발병해 도시 인구의 3분의 1이 사망했고, 심각한 화재가 연달아 일어났다. 1697년의 화재로 이전 왕궁이 파괴되기도 했다. 1650년대 도시 인구는 5만 명까지 늘어났지만 1720년에 이르러서는 다시 3만 명으로 줄어들었다.

19세기에는 산업화 바람이 스톡홀름을 강타해 겨울의 고립현상을 타파했다. 1820년대로 접어들면서 증기선이 발트 해를 정기적으로 왕복하고, 1850년대에는 철로가 스톡홀름과 스웨덴 서해안 그리고 크리스티아니아(오슬로Oslo의 옛 이름.—역주)를 연결해주었다. 20세기 초엽에는 쇄빙선이 바닷길을 열어 겨울 고립은 사라졌다. 근대 스톡홀름의 교외지역은 걷잡을 수 없이 넓어져 스타덴 섬보다 몇 배나 더 큰 지역을 아우르게 되었다. 하지만 스톡홀름의 호반 중심부는 여전히 유럽에서 유례를 찾을 수 없는 독특함을 간직하고 있다.

1854년 시드니. 도심 거리에 피트Pitt, 캐슬레이Castlereagh, 조지George, 클라렌스Clarence 등 왕족과 정치가 이름이 붙어 있는 것으로 보아 영국의 전통을 물려받았음을 알 수 있다. 달링 항이 개간된 현재보다 남쪽으로 더 들어가 있다. 사실 이 지도의 전 주인은 강어귀에 다리를 놓으라는 제안을 하기 위해 선을 그어놓았었다. 새롭게 건설된 철도선이 지도 아래쪽에 있다.

대영도서관The British Library. Maps 90607 (18)

시드니 Sydney

시드니의 공식적인 역사 200여 년 뒷편에는 토착민이 거주하며 지냈던 4만 년의 놀라운 시간이 있었다. 1770년 제임스 쿡 선장이 호주 연안에 도착한 사건은 시드니라는 도시의 역사가 시작될 전조였다. 그는 남쪽으로 뻗어 있는 너른 만으로 들어갔다. 그리고 다양한 식물군이 분포한 땅이라는 의미에서 그곳을 보터니 만 Botany Bay이라고 이름지었다. 이 지역에 강한 인상을 받은 쿡 선장 일행은 이 땅을 영국 영토로 선포한 뒤 '뉴사우스 웨일스'라 부르며 배를 타고 그곳을 떠났다. 당시 영국 정부가 새로운 죄수 유형지를 물색하지 않았다면 호주의 미래가 어떻게 발전하였을지 모를 일이다. 쿡 선장과 동행했던 박물학자 조지프 뱅크스 Joseph Banks 경은 죄수들의 노동력을 이용해 보터니 만에 영국의 태평양 지역 거점을 설립해보면 어떻겠느냐고 정부에 제안했다.

1788년 1월, 11대의 영국 선박이 700명의 죄수와 그들을 지킬 간수를 데리고 보터니 만에 닻을 내렸다. 이들을 이끌던 아서 필립 선장 Captain Arthur Phillip은 그곳이 뱅크스가 점유했던 곳보다 덜 개방적이란 사실을 깨닫고, 항해를 계속 이어나갔다. 그로부터 북쪽으로 8마일 떨어진 곳, 수심이 깊은 수로로 들어선 일행은 훗날 필립 선장이 '세상에서 가장 훌륭한 항구'라고 묘사한 장소를 찾아냈다. 항의 남쪽 후미에 상륙한 필립 선장은 깃대를 꽂고 다시 한 번 그 땅을 영국령으로 선포하며 '시드니'라는 이름을 지어주었다. 당시 영국 내무장관이던 비스카운트 시드니 Viscount Sydney의 이름에서 따온 것이었다.

거주지는 시드니 코브라 불리는 작은 만 주변에 밀집되어 있었다. 현재 시드니 하버브리지의 동부 인접지역으로 지금 이곳에는 국제 선박이 정박하고 있다. 이 최초 정착지의 환경은 한마디로 험악했다. 질병, 식량 부족, 무질서, 호전적인 원주민 등의 여건은 지도자와 그 무리들의 사기를 꺾기에 충분했다. 초창기 몇 년 동안 거주지 대부분은 오두막에 비포장도로가 나 있는 끔찍한 슬럼가였다. 되는 대로 만든 벽돌 건물은 브리지 스트리트와 필립 스트리트가 만나는 모퉁이, 총독관저 근처에만 있었다. 어떤 계획이나 설계 아래 만든 거주지가 아니었다.

죄수 수용소였던 시드니를 식민지로 개조하도록 지시한 사람은 네 번째 총독인 래클런 매쿼리 Lachlan Macquarie였다. 그는 거주민들의 자유로운 유입을 장려하고 내륙지역 탐험을 후원했다. 특히 블루 산맥 너머 풍족한 목초지를 찾아나서는 일에 관심을 갖고 그곳에 양 축산업이 뿌리내리도록 했다. 또 재능 있는 건축가였지만 위조죄로 유죄선고를 받았던 프랜시스 그린웨이 Francis Greenway를 고용해 시 교회, 법원, 병영, 은행 등 시드니 최초의 공공건물과 민간주택을 설계하도록 했다. 슬럼가의 오두막은 사라지고 거리는 넓어졌다. 공공위생과 공중도덕에 관한 새로운 법령이 시행되었다. 1863년에 비글호를 타고 항해를 하다가 시드니를 찾았던 찰스 다윈은 완전히 개화된 영국의 식민도시를 본 후, "그 식민지는 지구 한쪽 반구에서 가장 쓸모없던 부랑자들을 다른 반구에 사는 능동적인 시민으로 변화시켜 훌륭한 신생국가를 탄생시키고 문명의 중심지가 되도록 했다."고 결론내렸다.

1840년 이래 영국의 시드니행 죄수 수송은 중단되었고, 자유로운 식민지는 이제 그들만의 변화를 겪으며 성장했다. 황금과 구리가 발견되면서 시드니 역사에는 새 장이 열렸다(멜버른도 마찬가지였다). 인구가 늘어나고 투자와 건설이 활기를 띠었다. 19세기 시드니의 귀감은 런던이었다. 중앙공원은 하이드파크라고 이름지었고, 공관 건물은 런던의 관청가인 화이트홀 건물을 모델로 삼았다. 상점들도 런던의 가게를 흉내냈고, 빠져서는 안 되는 빅토리아 여왕 동상도 시드니 코브에 세웠다. 1850년에서 1890년 사이에 인구가 급증해 기존 5만 명이었던 도시민은 40만 명으로 늘어났다.

시드니라는 도시의 시작은 그 어느 곳보다 열악하고 이상했다. 게다가 단 한 번도 수도로서 대접받지 못했음에도 불구하고 호주의 상업과 문화를 선도하는 최고 도시로서의 자리를 고수해온 곳이다.

▼ 1804년 시드니 코브. E. 데이즈 Dayes 작 '식민지에서 그린 그림 중에서'. 도시가 세워지고 16년이 지난 뒤의 모습을 그린 이 그림에서 시드니는 널찍한 목가풍 도시로 보인다. 하지만 당시 실제 상황은 이와는 다소 달랐다.
대영도서관 The British Library. Maps K. Top. CXVI

탕헤르 Tangier

1662년부터 1684년까지 20년 동안, 모로코의 항구 탕헤르는 영국의 관심을 한 몸에 받았다. 이곳은 고대 페니키아의 무역거점으로 처음 알려졌고, 뒤에 카르타고의 정착지였다가 다시 팅기스라는 로마인의 정착지가 되었다. 그후 8세기부터 15세기까지 이슬람 왕조의 지배를 받던 탕헤르를 1471년 포르투갈이 점령했다. 그리고 1662년 포르투갈 브라간사 왕조의 카테리네Catherine가 영국의 찰스 2세와 혼례를 할 때 지참금의 일부로 영국 수중에 넘어갔다. 이 지참금에는 봄베이도 포함되어 있었다. 영국은 기회를 놓치지 않고 지중해에 해군 거점을 세우기로 했다(지브롤터는 1713년에서야 영국령이 되었다). 탕헤르 근처에 거대한 요새를 건설한 영국은 인상적인 항구까지 곁들여 세웠다. 하지만 무어족의 잦은 침략은 도시의 안위를 위태롭게 했다. 1683년, 결국 영국은 자국 주민을 퇴거시키고 신항구를 파괴하기로 결정했다. 일기작가 새뮤얼 피프스Samuel Pepys는 몇 년 동안 탕헤르의 회계 담당자로 지내다가 퇴거를 위한 여행에 나섰다.

북쪽에서 바라본 아름다운 전경이 담긴 왼쪽 그림은 신요새 건너편의 아담한 고대 항을 보여준다. 이상하리만큼 화려한 색채를 자랑하고 있어서 마치 탕헤르가 에메랄드 빛 산에 둘러싸인 듯한 인상을 주지만, 사실은 정반대였다. 1662년 이후 도시의 거리에는 부처 로Butcher Row, 솔즈베리 코트Salisbury Court, 딘 스트리트Dean Street, 캐논 스트리트Cannon Street와 같은 영국식 이름이 마구 붙여졌다. 영국 색을 덧입히려는 시도였지만 부질없었다. 한쪽에 삽입된 지도에는 무어족의 잦은 침략 중 한 장면을 자세히 보여주고 있다. 도시 외곽지역에는 다음과 같이 적혀 있다. '전투가 벌어지기 전 산 뒤에서는 말을 방목하고 있었다.' '이 계곡에 무어족의 말들이 매복했다.' 영국은 방비를 갖춘 망루 여섯 개를 성벽 밖에 잘 지어놓고 그곳에서 외부의 침략에 대한 신호를 보냈다. 이런 요새와 항구를 건설하고 주둔군을 유지하기 위해서는 왕가의 재정에서 달갑지 않은 출혈을 해야 했다. 찰스 왕은 결국 그 기묘한 결혼선물을 포기하기로 마음먹었다.

존 셀러는 런던 최고의 지도 출간업자이자 왕의 수로 측량기사였다. 그는 지도의 내용을 최신 정보를 바탕으로 개정하기보다는 남의 것을 도용하기로 악명 높았다. 하지만 이 도시 전경도가 시사하는 바는 흥미롭다. 잠시 동안 영국이 점령했던 북아프리카 해안가 영토에 대한 흥미로운 기록을 제공하기 때문이다. 이로부터 한참이 지난 1920년대에 탕헤르는 영국, 프랑스, 포르투갈, 이탈리아 그리고 나중에는 미합중국까지 가세한 여러 나라의 지배를 받으며 국제도시로서 특별한 위치를 차지하게 되었다. 그리고 오랫동안 저속하고 퇴폐적인 휴양지로 알려지며 이류화가, 이류작가, 주정뱅이에 부랑자 같은 이들의 안식처로 전락했다.

◀ 1675년 탕헤르, 존 셀러John Seller 작. 이 인상적인 항구는 영국의 작품이다. 하지만 1683년에 철수하면서 영국은 스스로의 손으로 이곳을 파괴해버렸다. 왼쪽 상단에 삽입된 작은 지도에서는 잦았던 무어족의 침략을 묘사하고 있다. 탕헤르는 이 침략을 견뎌내지 못했다. 지도에 표시된, 초목이 무성한 듯 보이는 초록색 부분은 자칫 낭만적인 오해를 불러일으킬 만하다. 하지만 실제 상황은 전혀 달랐다.
대영도서관The British Library, Maps 7. TAB. 77 (19)

베네치아 Venice

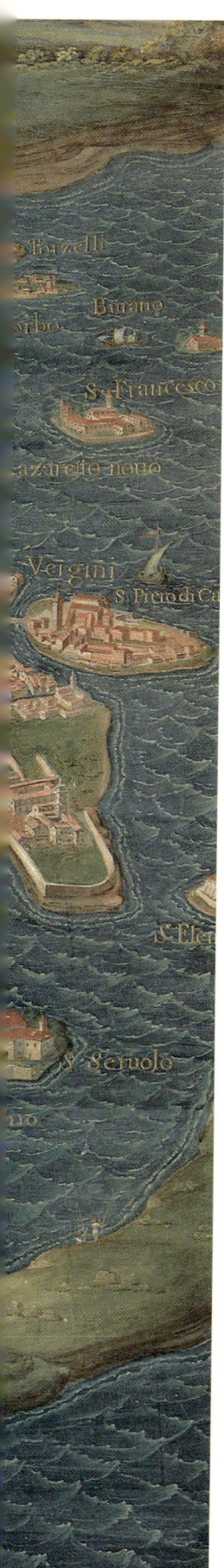

◀ 베네치아. 이냐치오 단티의 1550년 작. 남쪽에서 산마르코 성당과 도제 궁을 마주하고 서서 바라본 전통 지도. 바티칸의 지도 갤러리Gallerie delle Carte 에 있는 그림지도 중 하나다. 소재가 된 곳을 찬미하는 예술작품의 일종이다. 화려한 청색과 황금색을 사용하여 베네치아가 청금색 바다 위에 떠 있는 소중한 보물 같은 도시임을 강조하고 있다.
사진기록보관소Photo Scala, 피렌체Florence/바티칸 도서관Vatican Library

오래 전부터 사람들은 베네치아를 도시가 아닌 하나의 예술작품으로 여겼다. 그 어떤 도시보다 자주 산문과 운문 속에서 재현되고 회화와 사진의 소재가 되어온 곳이지만, 돌과 물 그리고 빛이 어우러지는 독특함은 그 모든 해석을 초월하여 존재한다. 지도와 풍경화에서 드러나는 이미지조차 그 어디에도 비길 수 없이 독특한 이 도시는 수많은 지형학 화가들에게 영감을 불어넣어 이냐치오 단티Ignazio Danti(19세기 이탈리아 페루자의 탁발수사이자 지도 화가.—역주)의 지형도와 같은 역동적 풍경화를 그려보고 싶은 마음을 품게 한다.

베네치아에는 다른 유럽의 대도시보다 더 강력하게 변화에 저항해왔다는 비밀이 숨겨져 있다. 도시 내부의 인구 압박이 강해지면 바다에서 보호책을 찾았고, 도시 경계를 확대해야 할 때도 바다를 이용했기에, 베네치아의 형태나 특징은 정확히 5세기 전과 동일하다. 르누아르가 표현한 파리나 디킨스가 그려낸 런던과는 달리 카날레토Canaletto의 베네치아나 몬테베르디Monteverdi의 베네치아는 여전히 현존한다.

이탈리아의 다른 주요 도시와 확연히 구분되는 개성을 지닌 베네치아는 로마 시대에 건설된 도시가 아니다. 도시의 기원은 6세기경, 석호의 모래톱에 사람들이 거주하면서 시작되었다. 아마도 본토에 침입한 롬바르드족을 피해나온 사람들이 모여살았던 것 같다. 지역공동체의 지도자로 도제Doge(당시 최고 지도자를 가리키는 명칭.—역주)를 선출하면서 역사의 장을 연 것은 8세기의 일이었다. 곧이어 베네치아라는 이름으로 정치조약을 체결했다. 베네치아는 유럽의 카롤링거 왕국들과 동로마 제국 사이에 위치하고 있어서 교역을 통한 부의 축적이 가능했다. 그리고 11세기에 이르러서는 비잔틴 제국 전역에 걸친 교역권을 획득했다. 해군조선소에서 만들어낸 베네치아의 해군 함대는 크레타Crete 섬과 로도스Rhodes 섬, 키프로스Cyprus 섬에 주둔해 있다가 동쪽의 사치품들을 가지고 왔다. 향료, 약, 비단, 보석, 황금, 모피, 공예품 등을 들여와 육로와 해로를 통해 유럽 전역에 유통시켰다. 이렇게 축적한 부를 기반으로 도시에는 교회와 궁전, 공관이 들어섰다. 하지만 베네치아는 기분 나쁜 유산도 물려주었다. 1348년 콘스탄티노플에서 유럽으로 흑사병을 옮겨오는 통로 역할을 했던 것이다.

중세 후반부터 베네치아의 통치자들은 '베네치아의 신화'를 양성하기 위해 노력했다. 거기에는 그리스도교 신앙과 이교도 신앙이 혼재했다. 베네치아는 성 마르크St Mark의 시신을 안장할 장소로 선택된 곳이었지만, 동시에 바다의 신 넵튠의 특별보호를 받는 곳이기도 했다. 그리고 베네치아 정치는 귀족정치와 공화제가 독특하게 공존했다. 또 바다와의 관계는 밀접할 뿐 아니라 영원했다. 매년 그리스도 예수의 승천일에 도제는 황금반지로 바다와 '혼인'하는 의식을 거행하면서 그 관계를 나타냈다. 이런 도시의 신화는 다양한 예술 작품에서 표현되었다. 넵튠과 다른 신들이 베네치아의 왕에게 황금을 빗물처럼 부어주는 모습도 있다.

15세기에 오스만투르크 제국이 번성하면서 베네치아의 상권은 위협받기 시작했고, 1500년 이후 아시아로 가는 서쪽 항로가 발견되면서 유럽 시장은 더이상 베네치아 상인들에게 의존하지 않게 되었다. 이로 인해 지역경제는 급격히 위축되고, 카날레토Canaletto와 같은 후기 베네치아 화가들의 작품에서는 침울한 기운이 짙게 감돌았다. 특히 프란체스코 과르디Francesco Guardi는 건물 정면이 뭉개지거나 무시되고 광장은 잡초가 무성하며 바다에는 짙은 그림자가 드리워진 가운데 비현실적인 인물 형상이 있는 풍경화를 선보였다.

1797년 나폴레옹의 침략과 함께 베네치아 공화국은 사라지고, 그로부터 6년 간 오스트리아의 지배 하

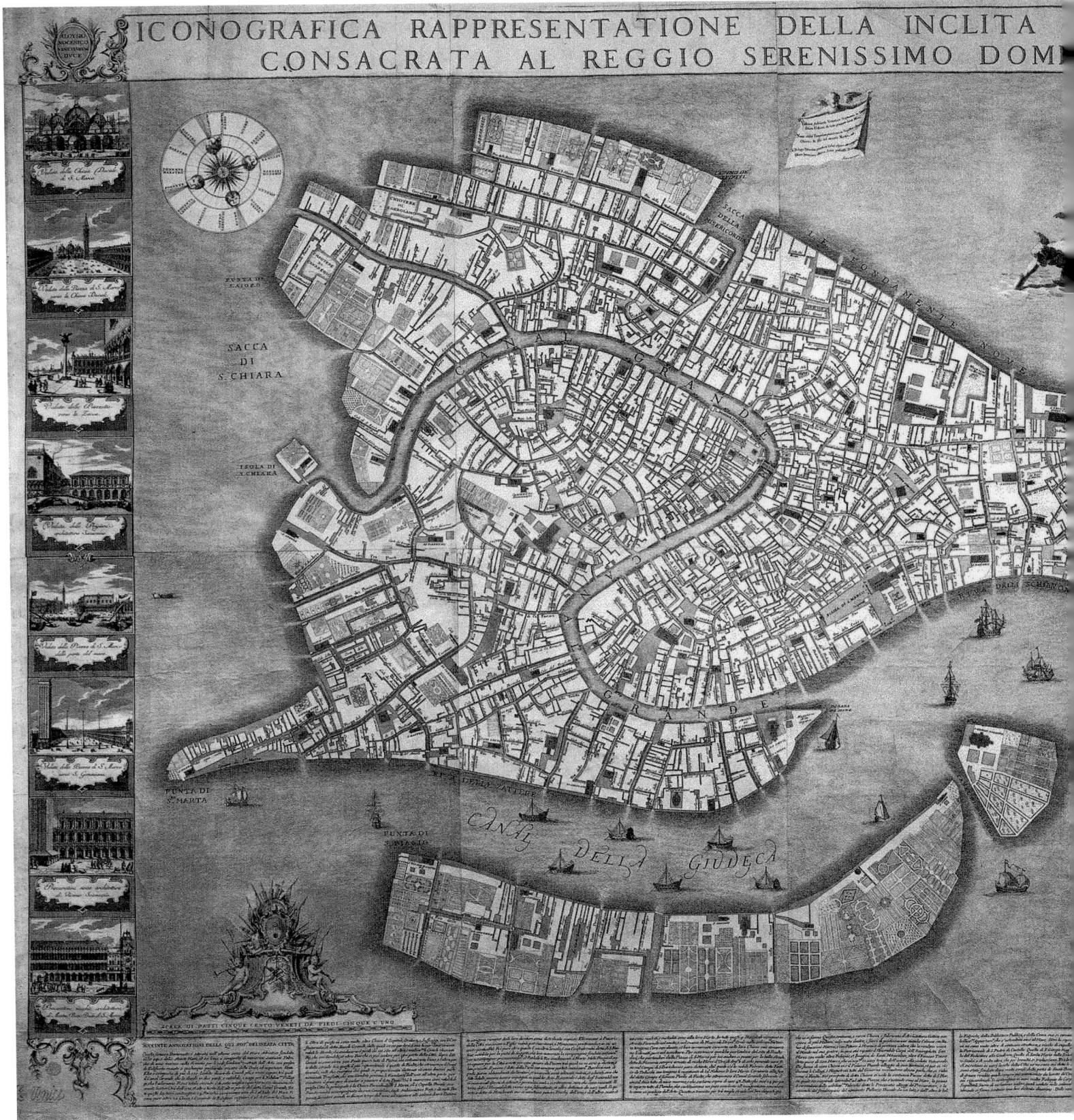

우기|Ughi가 그린 1729년의 베네치아 지도. 이전의 회화풍 파노라마 지도를 대체하게 된 18세기의 전형적인 신형 축적도이다. 이전에 지도를 장식했던 건물의 입체 그림이 지도 가장자리를 꾸미고 있다.
대영도서관|The British Library, Maps K. Top. 78.63

베네치아 Venice

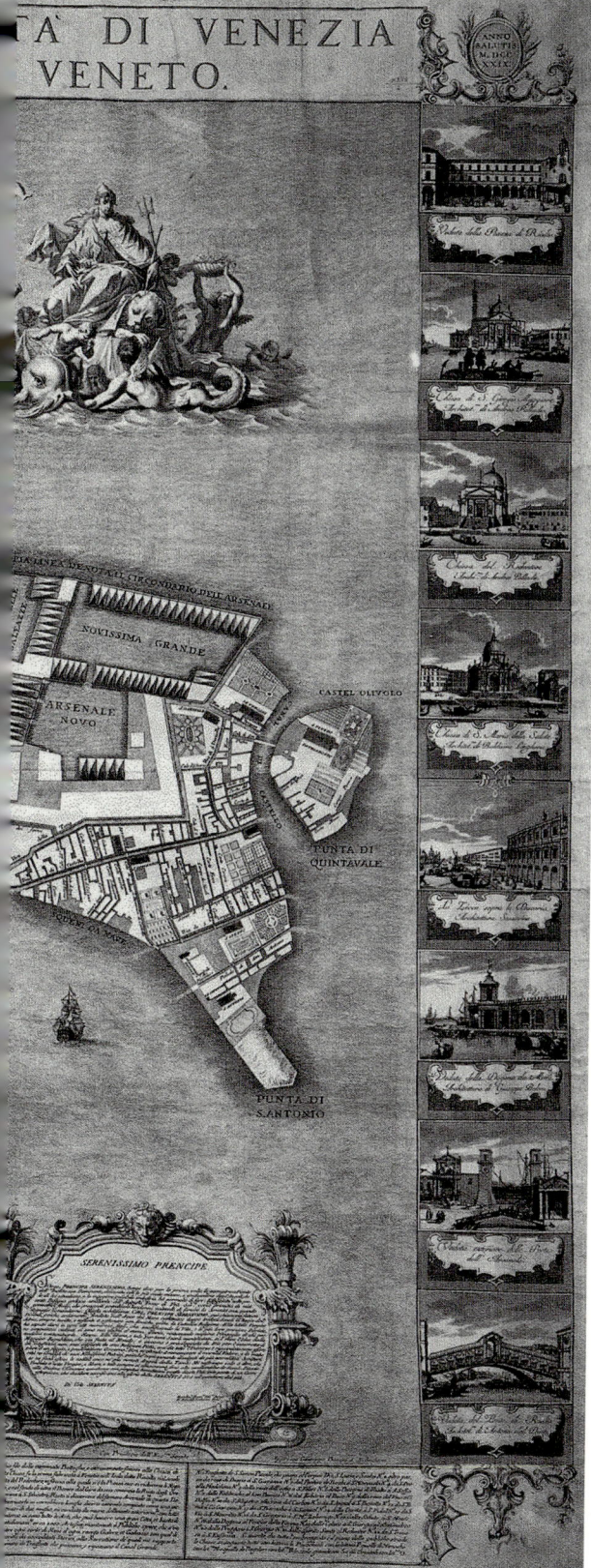

에서 활력을 잃어갔다. 1866년, 쇠약해진 오스트리아는 베네치아를 분리해 새롭게 건설된 이탈리아 제국에 편입시켰다.

하지만 이미 18세기 중엽부터 베네치아는 관광업에 눈을 돌리며 부흥기를 맞고 있었다. 호텔, 카페, 기념품가게 등 온갖 파생상품들이 생겨나면서 베네치아는 영국 상류계급 자녀의 대륙여행(귀족가문 자제들이 유럽을 주유하며 견문을 넓히던, 일종의 수학여행.—역주)에서 빠질 수 없는 코스가 되었다. 파리처럼 사상과 이데올로기가 응축된 곳도, 로마처럼 고전 시대를 간직한 도시도 아니었지만 베네치아에서 구현되는 특유의 심미적 이상이 젊은이들을 매료시킨 것이다. 독특한 건축양식, 수면에 비친 그림자, 잃어버린 과거의 영광 등이 어우러지며 시간과 변화의 물결에서 단절된 도시라는 느낌을 주었다. 그리고 이런 특징들은 예술로 승화돼 전시되었다. 베네치아로 인해 영감을 받은 사람들의 출석부가 길어질수록 이 같은 도시 이미지는 더욱 심화되었다. 티티안Titian과 베로네제Veronese, 몬테베르디Monteverdi와 비발디Vivaldi, 카날레토Canaletto와 티에폴로Tiepolo 등 이탈리아 예술가들에 이어 터너Turner, 바이런Byron, 러스킨Ruskin, 헨리 제임스Henry James, 토마스 만Thomas Mann 등 많은 외지인들이 찾아와 베네치아의 독특한 아름다움을 찬양했다.

하지만 베네치아는 근대 관광산업이 겪는 고질적인 딜레마를 안고 있다. 사람들이 보고자 하는 것들이 망가져가는 것이다. 날이면 날마다 도시를 가득 메우는 5만 명의 사람들이 똑같은 경험을 원하고 있으니 당연한 일이었다. 1846년에 본토와 연결되는 철도교가 개통되고 1932년에는 도로가 연결되었다. 또 메스트레Mestre와 마르게라Marghera의 산업시설에서 흘러나오는 유해한 연기가 도시의 유적과 석호를 오염시키고 있다. 1966년 11월의 홍수는 경종을 울리는 계기가 되어 이제 베네치아의 물리적 미래를 더 안전하게 지키기 위한 노력이 이뤄지고 있다. 그러나 베네치아의 석조건물에 무슨 일이 일어나든 이곳은 상상력의 근원지라는 이름으로 기억될 것이다. 수면 위에 설계된 도시라는 독특한 구조에다 아름다움과 역사의 울림을 간직한 으뜸 도시로 손꼽힐 것이다.

▶ 우기가 그린 지도 가장자리의 베네치아 산마르코 광장
Piazza San Marco.
대영도서관The British Library, Maps K. Top. 78.63

빈. 니콜라스 비셔Nicholas Visscher가 아름다운 파노라마 전경으로 표현한 판화. 1683년 터키에 함락된 직후의 모습이다. 도나우 강 건너편, 남서쪽을 바라본 전경이다. 거대한 요새가 매우 인상적이다. 사람들은 요새 뒤에서 거주해야만 했다. 외세의 위협에 시달리는 유럽 전초지의 요새에서 살아간다는 것은 그 자체로 치열한 일이었을 것이다. 터키에 함락당한 이후에는 성벽 외곽의 교외가 걷잡을 수 없이 확대되었다.
대영 도서관The British Library, K90.41.C (1,2,3)

빈 Vienna

6세기 동안 빈은 합스부르크 왕가의 거주지역이었다. 호헨촐레른 가문이 베를린의 운명을 좌우했던 것처럼 빈의 운명 역시 합스부르크 왕가에 묶여 있다시피 했다. 빈은 늘 카롤링거 왕조의 동쪽에 있었는지 '동쪽지역' 즉 '에스터라이히oesterreich(오스트리아의 독일어 표현.—역주)'라고 불렸다.

발트 해에서 대륙으로 가는 통상로와 도나우 강이 만나는 지점에 위치한 빈은 동유럽 교역의 대동맥이었다. 중세에는 종종 헝가리의 침입을 받았고, 유럽으로 진출하고자 거침없이 서쪽으로 향하던 투르크족에게도 두 번이나 포위공격을 당했다. 1529년 최초의 포위공격을 막아낸 후에는 르네상스 양식의 독특한 요새를 세워 빈의 구시가를 에워쌌다. 현재 링 거리가 있는 위치가 성벽의 자리다. 이 성벽은 1683년의 두 번째 포위공격을 막아내는 데 결정적인 역할을 한다. 15만 명의 투르크 전사들은 외곽에 진영을 차리고 거의 두 달 동안 도시를 포위했다. 이 충돌은 몇몇 유럽 국가에게 현대판 십자군전으로 비춰졌다. 그래서 폴란드, 프랑스, 작센, 바이에른에서 보내준 군대가 9월 12일, 막상막하의 격전장에 참여해 결국 승리를 이끌어냈다.

이후 벌어진 도시 재건사업은 오늘날 사람들이 감탄해 마지않는 바로크풍 빈을 만들어내는 계기가 되었다. 쇤브룬 궁과 벨베데레 궁, 호프부르크 궁 그리고 카를 성당은 오스트리아의 위렌Wren으로 통하는 피셔 폰 에르라흐와 그의 라이벌, 루카스 폰 힐데브란트의 작품이다. 투르크족의 위협이 완전히 사라진 후 빈은 동쪽 전초기지로서의 역할을 끝내고 오스트리아, 보헤미아, 헝가리를 아우르는 거대한 인접지의 중심이 되었다.

여제 마리아 테레지아와 그의 아들 요제프 2세(1740~1790)의 재위 기간 동안 계몽주의 시대가 열렸다. 종교적 관용이 장려되고 대학은 세속화되었으며, 새로운 산업이 환영받고 예술가는 후원을 받았다. 글룩, 하이든, 모차르트가 빈에게 음악의 도시라는 명성을 안겨주었고, 그 명성을 베토벤과 슈베르트가 다음 세기까지 이어갔다.

빈은 유럽의 중심지로서 활약하기 시작했고, 따라서 나폴레옹 이후 시대의 정상회의 장소 역시 자연스레 빈이 되었다. 빈 회의에서는 유럽 열강들이 모여 국경을 재정비했다. 이때의 합의는 반세기 동안 지켜지다가 비스마르크 시대를 맞아 수포로 돌아갔다. 회의가 진행되던 10개월 동안 빈에서는 각국의 외교력

벨베데레 궁의 정원에서 바라본 빈. 베르나르도 벨로토의 1760년 작품이다. 구시가의 남부 성벽이 미치지 않는 곳에 세워진 벨베데레 궁과 쇤브룬 궁은 투르크족의 포위공격 이후 빈의 모습을 보여준다. 로코코 양식의 두 성은 부유하고, 우아하며 편안해 보인다.
미술사 박물관Kunsthistorisches Museum, 빈/www.bridgeman.co.uk

과 사교술이 화려한 불꽃을 피워올렸다. 그 불꽃을 조정한 이는 얄팍한 천재 정치가 메테르니히였다. 1848년의 혁명으로 빈에도 여타 유럽 도시와 같은 거리폭동이 일어났다. 하지만 도시에 큰 여파를 미치지는 않았다. 그해 사실상 합스부르크 왕가의 마지막 황제인 프란츠 요제프 Franz Joseph가 왕위를 물려받는데, 그 과정에서 아무런 문제도 발생하지 않았던 것이다. 황제는 1916년까지 빈을 다스렸다.

1857년에 성벽이 제거되고 그 자리에 파리를 본뜬 넓은 가로수길이 들어섰다. 그 길을 따라 오페라빌딩, 극장, 박물관, 의사당과 같은 공공건물이 매우 다양한 스타일로 지어졌다. 1866년, 잠시잠깐 일어난 전쟁에서 패한 합스부르크령 오스트리아는 마침내 독일어 사용권에서의 우월적 지위를 프로이센에게 넘겨주었다.

하지만 1870~1871년 대참사(파리코뮌.—역주)를 겪은 파리와 마찬가지로 빈에도 사상과 예술이 꽃피는 시대가 열리고 있었다. 슈트라우스와 브람스로 인해 음악도시로서 전성기가 시작되고, 그 뒤를 브루크너 Bruckner와 말러 Mahler가 이어갔다. 연극에서는 슈니츨러 Schnitzler와 호프만스탈 Hofmannsthal이, 회화 분야에서는 클림트와 실레가 활약했다. 그리고 가장 중요한 인물인 프로이트가 있었다. 하지만 때늦은 지혜로 생각해보니 프로이트 이론에 대해 중대한 의문 하나가 생긴다. 그의 이론이 정말 인간성의 영구적 특성을 드러낸 것인가, 아니면 세기말 빈의 비정상적인 심리상태를 반영한 데 불과한 것은 아닌가 하는 의문 말이다. 빈의 거리에서 프로이트와 어깨를 부딪혔을 인물에는 어린시절의 아돌프 히틀러(히틀러는 빈의 반유대주의 시장 카를 뤼거 Karl Lueger의 영향을 받았다.—역주)와 시오니즘의 창시자 테오도르 헤르츨 Theodor Herzl 그리고 젊은 시절의 비트겐슈타인이 있었다.

합스부르크 왕가는 1918년 재기 불능 상태에 빠졌다. 따라서 5,000만 백성을 다스리는 제국의 수도였던 빈은 '머리 없는 몸'이 되어 500만 인구가 사는 나라의 수도가 되었다. 독일에 의한 오스트리아 합병은 불가피했다. 하지만 오스트리아 전체와 빈에 관해 해명되지 않은 의문점은 남아 있다. 1945년 이후 오스트리아인들은 나치즘의 희생자임을 자처하며 독립했지만, 그들은 정말 나치즘의 희생자였던가 아니면 공모자였던가?

전후 빈은 음악과 커피하우스의 신화를 성공적으로 재건해냈다. 하지만 1880년부터 1940년 사이에 활약한 특정 인사들과 몇몇 사건들은 빈의 역사에 어두운 그림자를 드리우고 있다.

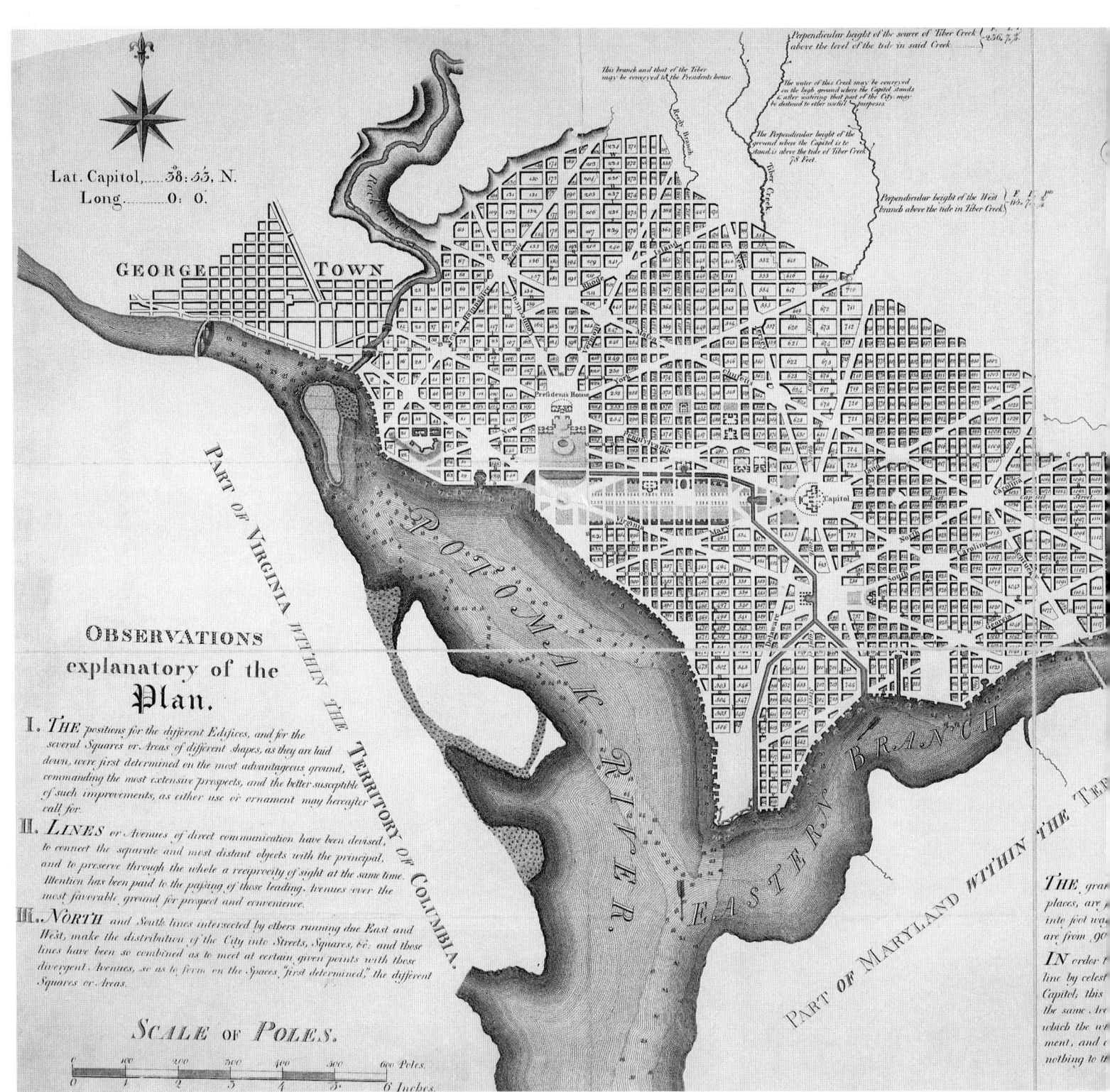

워싱턴. 앤드루 엘리콧Andrew Ellicott이 1792년에 제작한 평면도. 랑팡 소령이 갑작스레 도시계획가의 지위를 잃게 된 후 채용된 계획안이다. 6개 이상의 주요 도로가 여기저기서 마구 교차하고 있다. 교차점마다 새로운 가로수길을 만들겠다는 구상이었다. 바로크 양식의 도시를 건설하겠다는 웅대한 실험이 유럽의 왕도가 아닌 대변혁기의 미국에서 행해진 것이다.
대영도서관The British Library, Maps 72310 (1)

워싱턴 Washington

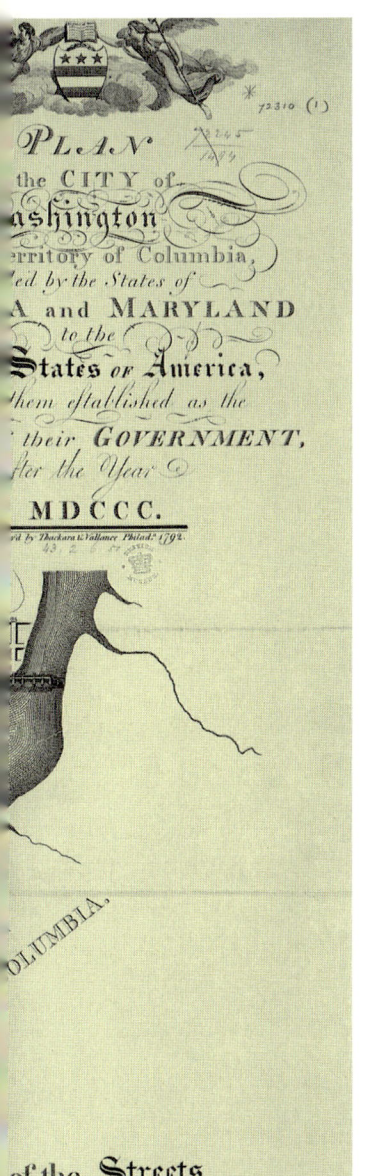

1783년 이후 워싱턴을 둘러싸고 제기된 의심과 혼란, 그리고 웅장한 수도의 건설 방법이 일관성 없이 불완전했다는 점은 독립한 지 채 100년이 안 된 신생 국가의 처지를 상징하는 것 같다. 독립전쟁을 승리로 이끈 이후 새로운 수도를 어떻게 정할 것인가가 관심사로 떠올랐다. 새로운 수도가 필요하다는 의견은 한결같았지만 과연 어디로 결정할 것인가?

이 문제는 남부와 북부 사이에서 매우 민감한 사안이 되어 10년 간이나 논쟁을 벌였다. 수도를 두 개로 정하자는 의견에서부터 차 위에 수도를 올려놓고 바라는 대로 끌고 돌아다니자는 우스개까지 많은 이야기가 오고갔다. 그러다가 포토맥 강변 어딘가가 양자 사이에 적당히 타협을 이룰 수 있는 중간지대로 검토되었고, 1790년 새롭게 선출된 미합중국의 대통령 조지 워싱턴에게 강변을 직접 살펴본 후 장소를 선정하라고 위임하는 단계로 나아갔다.

워싱턴은 포토맥 강과 애너코스티아 강이 합류하는 지점의 북쪽 구릉지 숲을 인상 깊게 보았다. 동서 길이가 3마일이고 강에서 1마일 정도 떨어진 그곳은 18세기 기준으로 볼 때 근사한 신도시를 세우기에 충분한 장소였다. 이제 그곳은 컬럼비아 준주(나중에는 컬럼비아 특별자치구 District of Columbia라는 표현으로 바뀐다.—역주)라 칭해지게 되었다. 새로운 수도가 특정 주에 속해 있으면 안 된다는 의견에 따라 고심 끝에 만든 독특한 중재안이었다. 이와 비슷하게 별난 규칙은 컬럼비아 거주민에게는 세금도 받지 않고 투표권 역시 행사하지 못하게 한 것이다. 컬럼비아는 미 의회의 직접 통치를 받게 되어 있었다. 이런 법률은 20세기 들어서야 바뀌었다.

워싱턴은 그 장소뿐 아니라 도시설계자를 선택하는 순간마저 독특했다. 독립전쟁에 자원 참전했던 프랑스인 랑팡 소령 Major Pierre Charles L'Enfant이 거사를 맡게 된 것이다. 랑팡은 프랑스인 화가의 아들로서 유럽 왕궁의 웅장한 바로크 건축양식에 정통했다. 그는 수도 예정지에 오르막과 내리막길이 자연스레 조성되어 있다는 점에 기뻐하며 세계의 불가사의가 될 도시를 건설해보겠다고 작심했다. 도시의 개별 부지 설계가 완성되었다(각 부지를 매각해서 수도 건설에 드는 재정을 마련해야 했다).

미국의 여타 도시들과 마찬가지로 격자무늬 구획이었지만 워싱턴의 경우 도로가 남북 축에 딱 맞추어 설계된 점이 특이했다. 하지만 랑팡의 천재성은 애너코스티아 강에서 북서쪽으로 뻗어가는 세 개의 대각선 도로망을 만들어 격자무늬 도로 위를 지나게 하는 데서 빛을 발했다. 그리고 그 주요 도로 사이로 포토맥 강에서 북동쪽으로 뻗어가는 6개의 도로가 교차하도록 했다. 여기저기 가로수길이 생기고, 수많은 네거리에서 대로는 별모양으로 뻗어나갔다. 도시 중심부는 두 개로 나뉘어, 대통령 관저와 의회건물인 국회의사당이 각각 구심점이 되도록 설계했다. 이제 정원과 분수대, 조각상으로 장식된 아름다운 도시가 건설될 예정이었다. 국회의사당 건물 기저부에 인공폭포를 만들겠다는 랑팡의 야심찬 계획도 있었지만 실현되지는 못했다.

본격적인 착공은 1792년에 이루어졌다. 하지만 자유로운 정신의 소유자 랑팡은 수도 건설공사를 감독하는 장관들과 마찰을 빚었다. 결국 해고를 당한 랑팡은 수고비로 지급된 금화 500기니를 경멸하며 거절했다. 랑팡은 자신의 기념비적 도시계획안에 대한 대가를 전혀 받지 못한 셈이다.

랑팡의 뒤를 이은 도시계획가는 앤드루 엘리콧 Andrew Ellicott이었다. 랑팡은 자신의 계획안이 '엉망으로 망쳐지고 마구잡이로 바뀌었다'고 격노했지만, 사실상 워싱턴은 전체적으로 그의 계획안과 흡사한 모습을 하게 되었다. 다만 공사 진행이 늦어졌을 뿐이었다.

국회의사당의 주춧돌이 워싱턴에 놓인 게 1793년 9월이었고, 백악관과 행정기관이 들어갈 몇몇 건물 공사도 시작되었다. 1800년 10월, 필라델피아로부터 공식적인 행정부 이전이 완료되고 존 애덤스는 백악관

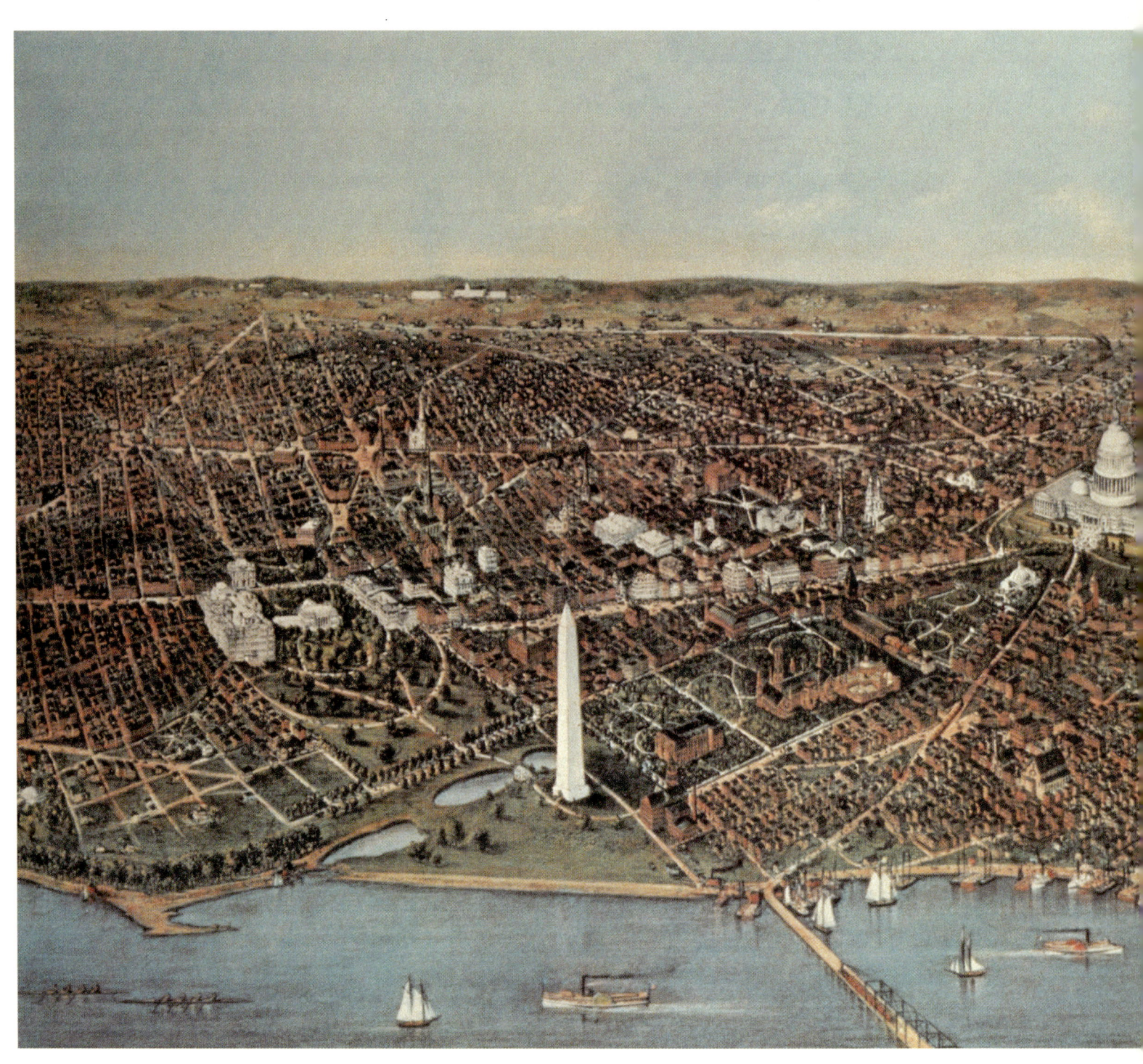

1892년의 워싱턴. 도시가 건설된 후 1세기가 흘렀다. 웅장한 조망도는 포토맥 강 건너 북쪽 모습을 보여주고 있다. 전면에는 워싱턴의 기념비가 보인다.

에서 살기 시작했다. 이후로 한동안 미합중국의 수도를 방문한 이들이 인적 하나 없는 숲속에 서서 깜짝 놀라는 일은 계속되었다. 1810년경, 워싱턴 인구는 5,000명을 넘지 못했다. 황무지라고 놀림받을 만했다. 철로가 개통되고 전신기 시스템이 갖추어지던 1840년대 이전까지 다른 도시로의 수도 천도설이 간헐적으로 언론에서 흘러나와 소란이 일어나기도 했다. 그리고 1812~1814년에 영국과 전쟁을 치르면서 어쩔 수 없이 잠시 동안 워싱턴을 포기했던 일도 있었다. 이때 영국 군은 백악관과 국회의사당에 불을 질렀다.

1861~1865년 남북전쟁으로 미합중국의 수도라는 워싱턴의 입지는 강고해졌다. 정부는 어떤 희생을 치르더라도 인근의 남부군으로부터 워싱턴을 지켜내기로 합의했고, 끝까지 이 약속을 수행해냈다. 전후 정부 기능이 점점 커지자 현재 워싱턴 중앙을 차지하고 있는 신고전주의 양식의 건물과 몰 산책로에 있는 문화기관들이 정부 관청으로 흡수되기 시작했다. 근대 워싱턴의 교외지역과 위성 도시는 오래 전에 컬럼비아 특별구의 경계를 벗어났다.

그래도 워싱턴의 심장부는 그 독특함을 고스란히 간직하고 있다. 장엄한 도시에 세워진 최고의 바로크 양식 구조물, 프랑스 계몽주의와 미국 독립정신 사이의 깊은 연결고리, 미국 역사의 주요 테마를 기리는 일련의 기념건축물들은 예나 지금이나 변함이 없다. 하지만 안타깝게도 워싱턴의 독특한 역사가 오늘날 많은 도시들이 겪는 고질적인 문제를 해결해주지는 못한다. 범죄, 오염, 사회분열과 같은 문제에 있어서는 워싱턴 역시 여느 도시와 다를 바 없다.

뷔르츠부르크 Würzburg

독일 뷔르츠부르크는 중요한 유럽 도시로서의 역사 대부분을 현존하는 건축물에 소중히 담아두고 있다. 암흑시대의 강변 부락에서 중세의 요새도시를 거쳐 바로크 양식의 우수한 견본과 전쟁으로 찢긴 폐허를 번갈아 경험한 후 근대의 세련된 도시로 번영을 누리고 있는 뷔르츠부르크. 이 알츠타드트Altstadt(고도)는 원래 마인 강의 동쪽 강변에 있었다. 서기 750년에 이미 대성당이 세워졌고, 그 주변으로 어부와 장인, 포도주 양조업자의 집이 들어서 있었다. 당시에도 뷔르츠부르크는 노블와인인 프랑켄바인Frankenwein의 고장으로 알려졌다. 1200년에는 주교 군주가 자체적으로 군대를 보유하고 화폐를 주조했으며, 세속적 권력을 드러내기 위해 강 건너 언덕에 마리엔부르크 요새를 건설했다. 요새는 마인 강 위 400피트(122미터) 높이로 우뚝 서 있었고, 거기서 '주교의 홀과 군주의 칼로' 지역을 다스렸다. 1525년 독일의 농민전쟁 동안 포위공격을 받자 17세기 들어서 요새는 더욱 커지고 견고해졌다. 이때 별모양의 외보가 있는 거대한 성채를 짓기 시작했다. 이 성채는 지금도 산비탈의 포도농원 사이에 남아 있다. 이와 비슷한 요새가 (오래 전에 철거가 되었다) 도시를 한 번 더 감싸고 있었다.

하지만 몇십 년에 걸쳐 요새를 완성시키고 나자, 우아함이 강조되는 새로운 시대가 찾아오고 요새는 시대착오적인 건물이 되었다. 주교 군주는 구시가지의 가장자리에 새로운 궁을 건설하도록 했다. 티에폴로가 그린 프레스코화로 유명한 뷔르츠부르크 궁은 알프스 산맥 북부지역에서 가장 화려하고 근사한 바로크 양식 건축물이었다. 이후 본격적인 바로크 양식 건축물이 도시에 들어서기 시작했다. 주교 군주의 통치는 1802년 나폴레옹에 의해 종식되었다(그는 뷔르츠부르크가 유럽에서 가장 아름다운 사제관이라고 말했다). 빈 협정이 체결된 이후 뷔르츠부르크를 꿀꺽 삼켜버린 것은 바이에른 왕국이었다.

1945년 3월, 단 하룻밤 사이에 영국 공습기가 도시 대부분을 파괴해버렸다. 궁과 요새는 심각한 손상을 입었다. 뷔르츠부르크는 신중한 재건작업으로 이전의 화려한 모습을 되찾았다. 그러나 르네상스 양식과 바로크 양식으로 지어진 수많은 귀족 주택은 영원히 자취를 감추고 말았다. 특히 마인 강을 바라보고 있던 저택들을 찾아볼 수 없게 되었다.

하지만 오래된 요새의 성벽 사이를 유유히 흐르는 강물 위, 도심에서 포도원으로 이어지는 다리에 올라 서쪽을 바라보면 독일의 그 어떤 도시에서도 찾아보기 힘든 인상 깊은 풍경을 감상할 수 있다.

1723년 뷔르츠부르크. 동쪽을 바라보고 있는 그림이다. 뷔르츠부르크는 예전부터 그림같이 아름다운 도시였다. 이 판화에서 주교 군주의 거처가 된 새로운 궁의 모습을 왼쪽 상단에서 찾아볼 수 있다는 점이 참신하다. 알프스 산맥 북부지역에서 가장 아름다운 바로크 양식 건축물이다. 마인 강 남쪽 강변을 보면 포도농원이 있는 가파른 산비탈에 세워진 오래된 마리엔부르크 요새가 눈에 띈다.
대영도서관 The British Library, Maps 28855(4)

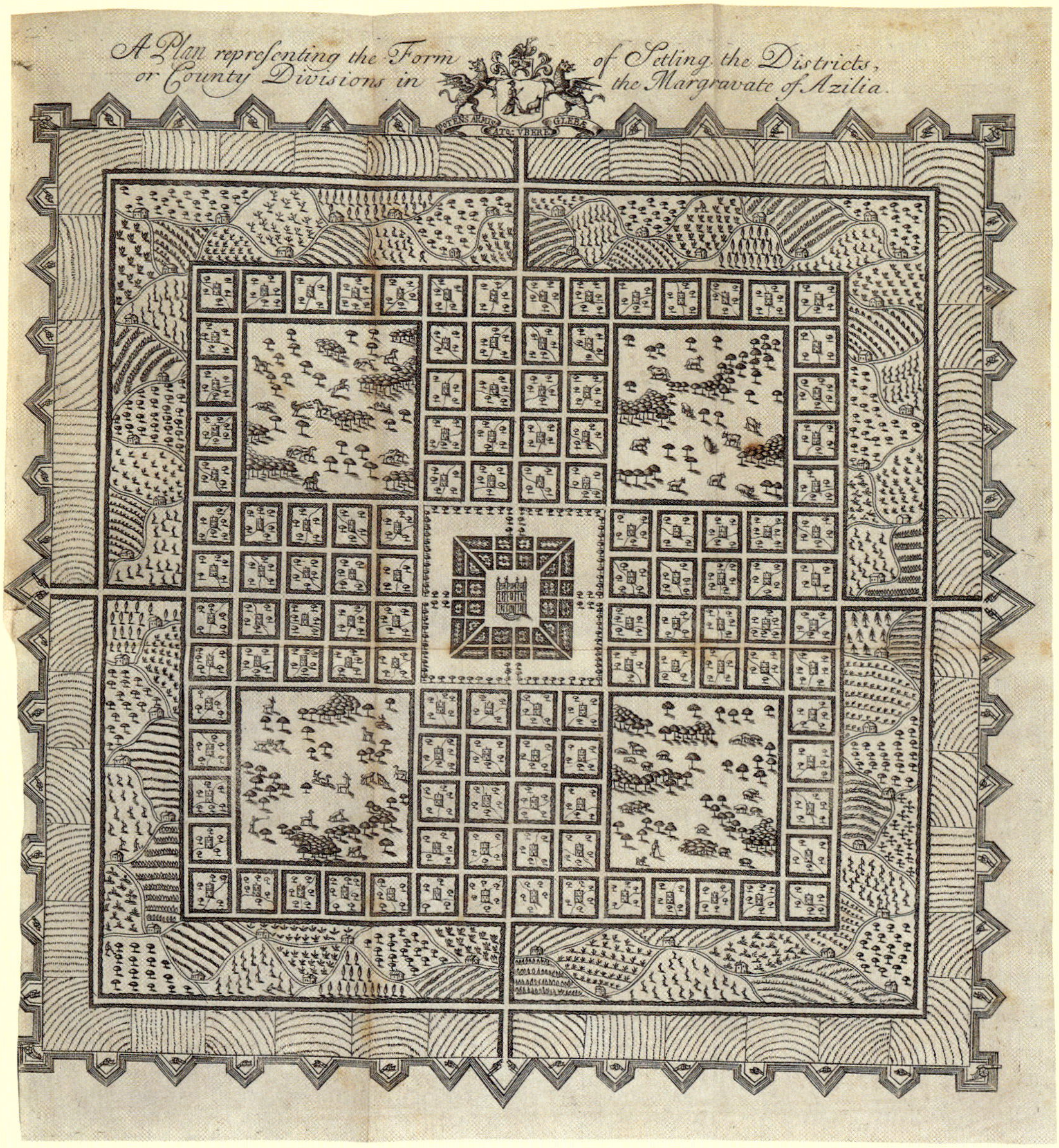

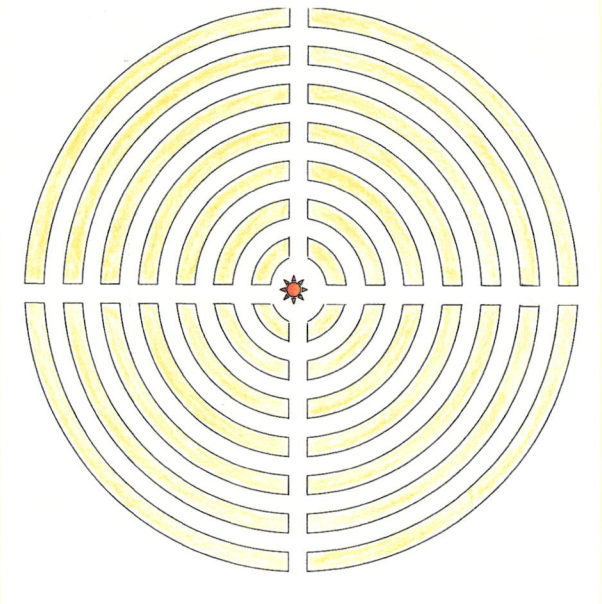

아질리아. 1717년에 조지아 영토를 대신하기 위해 로버트 몽고메리 경이 설계한 숲속의 거대한 계획도시. 하지만 실제로 건설되지는 못했다.
대영도서관The British Library, 103.k.34

'태양의 도시' 캄파넬라Campanella가 우주의 이미지로 세우려고 했던 상상 속의 공동체. 건축물로 이루어진 일곱 개의 동심원이 도심의 태양 신전을 둘러싸고 있다.
킴 위트필드Kim Whitfield

아질리아와 태양의 도시 Azilia and the City of the Sun
건설하지 못한 꿈의 도시

'이상 도시'는 수세기 동안 철학자, 신비론자, 건축가, 몽상가들의 흥미를 부추기는 매혹적인 개념이었다. 이상향의 도시는 늘 두 가지 측면에서 고려됐다. 물리적 구조와 정치 체제다. 이 둘은 언제나 상보적인 관계였다. 거리가 질서정연하게 대칭을 이루면 사회적 화합을 고취시키고 개인의 만족을 키울 수 있을 것이라고 생각했다. 도시의 물리적 구성이 아름답고 질서정연하면 공동체의 영혼이 성장하고, 그 성장을 개개인이 공유하게 된다는 것이다. 르네상스 시대에서 19세기에 이르기까지 이상 도시의 행정과 형태에 대한 설명을 기초로 수많은 시각 작품이 만들어졌다. 이런 전통에 가장 깊은 영향력을 발휘한 것은 토머스 모어의 《유토피아》다. 비록 이 작품에 나오는 유토피아는 섬이며 도시가 아닌 국가라 하는 편이 더 맞지만 말이다. 모어의 작품은 유럽의 대항해 시대에서 영감을 얻어 탐험가가 신대륙에서 우연히 마주친 문명에 대해 설명하는 형식을 취하고 있다.

토머스 모어의 유토피아 이후에도 비슷한 장치를 활용한 놀라운 작품이 있었다. 톰마소 캄파넬라의 《태양의 도시 La città del sole》다. 1626년에 출간되었지만 작품이 완성된 것은 20년 전이었다. 캄파넬라의 도시는 실론 Ceylon 의 고대 이름인 타브로바나 Taprobana 라고 불리는 탐험가가 발견한다. 도시의 물리적 구조는 매우 상징적이다. 코페르니쿠스의 우주 모형과 다름 없어서 둥글게 늘어선 건물들이 이루는 일곱 개의 원형은 일곱 천구를 나타낸다. 도시의 한 가운데는 거대한 태양의 신전이 있다. 이 일곱 겹의 원형건물 구조를 네 개의 도로가 교차해서 지나 네 개의 성문까지 뻗어나간다. 태양의 도시 주민인 솔라리언들은 조화롭게 돌아가는 우주가 창조주의 존재를 증명한다고 믿는 이신론자였지만 그리스도교도는 아니었다. 그들의 종교는 신비주의적 색채가 강했다. 별과 행성을 연구하는 점성술을 인간의 운명을 안내해주기 위해 신이 선택한 도구라고 믿고 있었다. 도시의 통치자는 하늘에서 이런 힘을 끌어내는 데 능했다. 모든 시민의 임신과 출산, 양육은 천체를 참고해 면밀히 계산한 뒤 일정을 정했다. 그리하여 사회 구성원은 모두 현명하고 평등하며 화목하게 지내는 반면 범죄, 가난, 이기심, 노동은 아예 존재조차 알려지지 않았다.

이 상상 속의 도시가 가장 놀라운 점은 집필 당시 작가의 정황이다. 작품을 집필할 당시 캄파넬라는 오랜 수감생활과 잔인한 고문을 견뎌내고 있었던 것이다. 캄파넬라는 신부이자 신비주의자이며 혁명가여서 스페인의 지배를 받는 남부 이탈리아의 해방운동을 돕기 위해 애썼다. 나폴리의 누오보 성 Castel Nuovo 에 있는 토굴 감옥에서 압제와 고난을 당하던 그 시기에 캄파넬라는 질서정연한 우주의 거울 이미지로 빛의 도시를 생각해내고, 자신이 꿈꾸던 그곳의 조화로움이 언젠가는 인간세상에도 찾아오게 되리란 생각을 품었다.

캄파넬라 이후 1세기 가량이 지났을 무렵 이성주의와 식민지 시대가 도래하면서 새로운 종류의 공동체에 대한 실용적인 도시계획이 만들어지는데, 바로 1717년 스코틀랜드의 이론가 로버트 몽고메리 경이 생각해낸 '아질리아 후작령 Margravate of Azilia'이다. 서배너와 알타마하 강 사이의 미개간지를 차용하기 위한 설계안이었다. 이곳은 나중에 북미의 조지아 주가 된다. 몽고메리가 생각한 지역공동체는 정확히 네모반듯한 토지에 부락을 이루게 되어 있었다. 29평방마일 넓이의 대지는 튼튼한 방어선으로 둘러싸여 있었다. 완전한 자급도시여야 했기 때문에 농지와 숲이 넉넉하게 포함되었다. 1평방마일의 부지 116개는 식민지 개척자들에게 할당되는데, 이것은 완전한 대칭을 이루며 배열되어야 했다. 이 작은 지역의 중심에는 수도가 있는데, 3평방마일 넓이의 그곳에는 후작의 거주지와 공관, 상업기관이 들어서게 되어 있었다.

캄파넬라의 이상주의적 접근과는 완전히 다르게 몽고메리의 계획은 전적으로 실용적이고 현실적이었다. 인간 본성에 관한 철학적 사유를 직접적으로 표현하지도 않았다. 아질리아의 질서정연한 윤곽은 기하학적 이상형에 기대어 나온 것이지 우주론과는 상관없었다. 단 인류가 수세기에 걸쳐 쌓은 사회적 경험을 깨끗이 지워버리고 다시 시작할 수도 있다는 가능성을 시사하기는 했다. 당시 분위기를 생각하면 이런 실험은 견고한 정치 체제를 가진 유럽이 아닌 곳에서 행해져야 했으므로 신대륙의 처녀림이 적합했을 것이다. 몽고메리가 굳이 후작령이라는 역사적 단어를 사용한 것도 의미심장하다. 이 단어는 변경지방의 군정장관을 의미하는 말이었다. 아질리아는 이질적인 환경에 자리잡은 문명화된 요새가 될 예정이었다. 그래서 몽고메리는 돈 많은 후원자에게 이 아이디어를 팔지 않았다. 하지만 그로 인해 아질리아는 건설되지 못했고, 몽고메리도 미국 유일의 후작이 되지 못했다. 이 기발한 도시계획 실험은 역사에 정식적으로 기록되지 않은 채 아이디어로만 남았다.

참고문헌 Bibliography

이 책에서 소개한 각 도시에 대한 글의 참고문헌들을 하나로 모으는 일은 불가능할 것 같다. 그래서 가장 유용하게 사용했던 전반적인 내용의 화집과 참고문헌, 연구문헌만을 소개한다.

Bahn, P.G., *Lost Cities*, Phoenix, Londin, 1999.

Benevolo, L., *The History of the City*, English Edition, Scilar Press, London, 1980.

Eaton, R., *Ideal Cities*, Thames & Hudson, London, 2002.

Elliott, J., *The City in Maps*, The British Library, London, 1987.

Gutkind, Erwin, *The International History of City Development*, 8 vols, Free Press of Glencoe. New York, 1965~1978

Hall, P., *Cities of Tomorrow*, Blackwell, Oxford, 1988, new edition 2002.

Hyde, R., *Gilded Scenes and Shining Prospects: Panoramic Views of British Towns*, 1575~1900, Yale Centre for British Art, New Haven, 1985.

Mumford, L., *The City in History: its Origines, its Transformations and its Prospects*, 1961, new edition Harcourt, New York, 1989.

Miller, N., *Mapping the City*, Continuum, London, 2003.

Palliser, D.M. th. al., *The Cambridge Urban History of Britain*, The Cambridge University Press, Cambridge, 2000.

Reps, J.w., *The Making of Urban America*, Princeton, New York, 1965, new edition 1992.

Ring, T. and Salkin, R., *The International Dictionary of Historic Places*, 5 vols, Fitzroy Dearborn, Chicago, 1995~1996.

Toynbee, A., ed. *Cities of Destiny*, Thames & Hudson, London 1967.

색인 Index

ㄱ
계몽주의 149, 201, 207,
고아 21, 90, 91, 139
골드러시 25, 181
그로스뮌스터 대성당 53
그리스도교 12, 15, 16, 17, 35, 37, 75, 91, 93, 99, 105, 107, 129, 135, 165, 167, 169, 171, 187, 197

ㄴ
나가사키 135,
나비부인 135
나일강 35, 37
나폴레옹 37, 49, 63, 117, 121, 123, 129, 131, 153, 159, 161, 167, 179, 197, 201, 209
나폴리 89, 137, 139
넵튠 39, 197
노르웨이 111, 189
노이만, 발타자르 101
뉘른베르크 크로니클 19
뉴델리 24, 83
뉴사우스 웨일스 193
뉴올리언스 25, 157, 159
뉴욕 24, 35, 57, 71, 141, 143, 177
뉴프랑스 157
니마이어, 오스카 163

ㄷ
달라이 라마 103
대서양 59, 67, 105, 187
대지진 107, 181
더럼 19, 85
데카르트 23
덴마크 93, 189
델리 81, 83
도미니카공화국 183
동방박사 83
동인도회사 67, 81, 83, 135
뒤러, 알브레히트 19
드레지엔 101

ㄹ
라 마르세예즈 123
라사 3, 30, 103
러시아 26, 71, 129, 131, 133, 135, 189
런던 17, 24, 25, 26, 28, 30, 35, 45, 57, 59, 65, 111, 113, 115, 155, 185, 193, 195, 197
렘브란트 30, 39
로마 12, 13, 14, 15, 16, 20, 21, 25, 30, 35, 41, 43, 47, 53, 73, 75, 83, 85, 89, 97, 105, 111, 113, 117, 121, 123, 129, 131, 137, 149, 165, 167, 169, 179, 187, 195, 197, 198
로빈슨 크루소 61
로셀리, 프란체스코 19
로코코 양식 131
루브르 성 149
루텐스, 에드윈 83
룩셈부르크 117, 149
르네상스 8, 20, 29, 53, 89, 121, 139, 147, 149, 167, 191, 201, 209
리바니우스 13
리버풀 61, 109, 155
리스본 8, 21, 105, 107, 181, 187
리우데자네이루 8, 161, 163

ㅁ
마르세유 13, 123
마르크스 27, 49, 65
마젤란 187
마카비 혁명 97
만리장성 47
만토바 121
맨체스터 119
머지 강 61, 109
메가폴리스 30
메디치 가문 89, 167, 179
메리안, 마테우스 8, 23
메소아메리카 9, 12
메소포타미아 9, 10, 11, 12
멕시코시티 125, 127, 157
멤피스 15
모르몬교도 177
모스크 41, 75, 95
모스크바 129, 131, 133
모차르트 30, 179, 201
무어족 105, 187, 195
문명화 8, 9, 27, 29, 31
미국 21, 25, 26, 30, 55, 57, 59, 71, 99, 109, 119, 125, 135, 141, 143, 155, 157, 159, 177, 181, 185, 187, 205, 207

ㅂ
바덴 101
바로크 양식 21, 24, 79, 107, 113, 125, 167, 179, 191, 207, 209
바르바리, 야코포 데 20
바빌로니아 10, 12, 97
바이에른 왕국 41, 201, 209
바티칸 167, 169
배스 24, 43, 45
백년전쟁 63
뱅크스, 조지프 193
베네치아 20, 29, 39, 41, 59, 89, 105, 121, 125, 147, 189, 197, 199
베르길리우스 27, 121
베른 53, 85
베를린 21, 24, 49, 51, 201
베이징 30, 47
베이커, 허버트 83
베트남 171
벨베데레 궁 201
벨에포크 153
보스턴 8, 25, 30, 55, 57
보어전쟁 67
보터니 만 193
볼테르 101, 149, 155
부온델몬테, 크리스토포로 19, 75
불교 81, 103, 171
불길한 거리 145
뷔르츠부르크 209
브라질리아 161, 163
브라운과 호겐베르크 21, 23, 25, 75
브라헤, 티코 93
브란덴부르크 49
브리스틀 59, 61, 109

블랙스톤, 윌리엄 55
블레이크, 윌리엄 115
블룸즈버리 그룹 65
빈 21, 201, 203, 209

ㅅ

사이공 171
사파비 왕조 95
삭사이와만 요새 79
산토도밍고 21, 183
30년전쟁 49, 93
상트페테르부르크 21, 25, 30, 39, 129, 131, 133
상형문자 11, 13
샌프란시스코 25, 181
샤 아바스 1세 21, 95
서고트족 105, 121
서배너 185
서버비아 27, 28
세계 콜럼버스 박람회 71
세비야 187
세인트 조지 대성당 67
세인트앤드루스 173, 175
세포이 반란 81
셜리, 로버트 95
셰익스피어 93, 131
솔로몬 97
솔트레이크시티 25, 177
송첸 캄포 103
쇼멋 반도 55
쇼스타코비치 133
수메르 11
슈프레 강 49
스웨덴 71, 93, 131, 189, 191
스위스 53, 85
스카모치, 비첸차 147
스칸디나비아인 17, 73
스코틀랜드 39, 85, 87, 159, 173
스톡홀름 39, 189, 191
스튜어트 왕가 87
스페인 16, 37, 39, 59, 79, 91, 105, 121, 123, 125, 137, 139, 157, 159, 181, 183, 185, 187
시드니 65, 193

시카고 24, 25, 69, 71, 191
식스투스 5세 21, 167
신고전주의 43, 49, 71, 115, 119, 147, 171, 191, 207
십자군 41, 75, 97, 99, 105, 123
싱겔 운하 39

ㅇ

아리스토텔레스 12, 41
아스텍인 125
아카드 11
아크로폴리스 12, 41, 127
아테네 12, 13, 15, 30, 35, 41, 87, 127
아프가니스탄 16, 81, 95
안티오크 13
알렉산더 대왕 13
알렉산드리아 13, 15, 30, 35, 37
알부케르케, 알퐁소 데 91
알트슈타트 53
암스테르담 8, 29, 30, 39, 67, 141
암스텔 강 39
앨런, 랠프 43, 145
양쯔강 47
언약궤 97, 99
에든버러 87, 175
에스틸로 폼발리노 107
에이번 강 59, 61, 109
엘리콧, 앤드루 205
엥겔스 49, 119
여리고 10
영, 브리검 177
영주 거주도시 49, 119
예루살렘 12, 15, 19, 97, 99, 187
오글소프, 제임스 185
오스만 남작 153
오스트리아 121, 127, 147, 179, 197, 199, 201, 203
옥스퍼드 8, 65, 85, 145
옥타비아누스 35
요새도시 17, 25, 49, 73, 117, 189, 209
우드, 존 43
우울의 해부 21

워싱턴 24, 25, 30, 71, 83, 143, 155, 205, 207
원형경기장 15, 17, 135, 165
웨스트민스터 43, 111, 113, 115
위어 강 85
윈스롭, 존 55
유대인 39, 51, 97, 99, 105, 121, 187
유스티니아누스 41, 75
이상 도시 20, 53, 99, 147
이스파한 21, 30, 95
이집트 9, 11, 12, 13, 35, 37, 97
이탈리아 20, 21, 71, 89, 95, 121, 123, 129, 131, 137, 139, 141, 147, 161, 165, 167, 179, 195, 197, 199
인더스 계곡 8, 81
일본 135, 171
잉카 제국 79

ㅈ

자금성 47
잘츠부르크 30, 179
전제주의 21
제임스, 헨리 8, 30, 57, 199
조캉 사원 103
지중해 12, 13, 16, 20, 35, 75, 123, 165, 181, 195

ㅊ

차르스코예 셀로 궁 131, 133
채터턴, 토머스 61
취리히 53

ㅋ

카날레토 197, 199
카르타고 13, 105, 195
카를스루에 21, 25, 101
카이사르, 율리우스 30, 35, 137, 149
카탈후유크 10
칼레 63
캄파넬라, 톰마소 137
캐벗, 존 59
케이프타운 67
케임브리지 65, 85
코린칸차 신전 79

콘스탄티노플 15, 37, 41, 75
콘스탄티누스 1세 99
콜럼버스, 크리스토퍼 183
쾰른 29, 49, 73
쿠빌라이 칸 47, 95
쿠스코 21, 79
퀘벡 25, 157, 159
크레이그, 제임스 87
크론보르 성채 93
클레오파트라 35, 37
클로아카 막시마 15, 165

ㅌ
탕헤르 195
테오티우아칸 33, 91
투르크 제국 37, 129, 197
투르크족 97, 99, 201, 202
트라클, 게오르크 179
티베트 103

ㅍ
파리 8, 17, 21, 24, 25, 49, 57, 122, 123, 149, 153, 159, 161, 171, 197, 199, 203
팔라디오 양식 43, 191
팔레스타인 97, 99, 165
팔마노바 101, 147
페리클레스 41
펜실베이니아 155
포르마 우르비스 로마에 15
포르투갈 21, 39, 61, 67, 91, 105, 161, 171, 195
포탈라 궁 103
포토맥 강 205
폰타네, 테오도르 51
폴리스 12, 16
폼페이 91, 137, 139
표트르 1세 131
프랑스 26, 37, 47, 63, 67, 69, 73, 89, 117, 121, 123, 141, 149, 153, 157, 159, 161, 171, 183, 185, 195, 201, 205, 207
프랑스 혁명 123, 153
프랜시스 드레이크 67, 183
프로이센 49, 51, 153, 203
프로이트 203
프로필라이아 41

프리드리히 2세 93
플라톤 10, 30, 41
피가로 187
피렌체 19, 30, 89, 167
피털루 학살 119
필라델피아 25, 29, 30, 57, 155, 205

ㅎ
하드리아누스 41, 97, 187
합스부르크 왕가 117, 201, 203
햄릿 93
헤겔 49
헨리 애덤스의 교육론 57
헬레니즘 13, 35, 97
헬싱괴르 93
현기증 181
흑사병 113, 155, 197
히스팔리스 187

옮긴이 김지현 숙명여자대학교 영문학과를 졸업하고, 동 교육대학원 영어교육과에서 석사학위를 받았다. 현재 전문번역가로 활동하고 있다. 옮긴 책으로 《포옹: 마음을 열어주는 힘, 어머니》《헌터 부인의 죽음》《더치쉬츠의 회복》《다시 찾아간 나니아》《구원의 사랑》《로마제국 쇠망사》《스웨터》 등이 있다.

세상의 도시

첫판 1쇄 펴낸날 2010년 4월 25일
첫판 2쇄 펴낸날 2013년 11월 10일

지은이 | 피터 윗필드
옮긴이 | 김지현
펴낸이 | 지평님
본문 조판 | 성인기획 (070)8747-9616
종이 공급 | 화인페이퍼 (031)955-0135
인쇄 | 중앙P&L (031)904-3600
제본 | 다인바인텍 (031)955-3735
후가공 | 이지앤비 (031)932-8755

펴낸곳 | 황소자리 출판사
출판등록 | 2003년 7월 4일 제2003-123호
주소 | 서울시 영등포구 양평동 5가 1-1 선유도역 1차 IS비즈타워 706호 (150-105)
대표전화 | (02)720-7542 팩시밀리 | (02)723-5467
E-mail | candide1968@hanmail.net

ⓒ 황소자리, 2010

ISBN 979-89-91508-66-8 03900

* 잘못된 책은 바꾸어드립니다.